■ 新编高等院校财经类创新系列精品教材

财务报表分析

主　编　田祥宇
副主编　郭　婧

中国商业出版社

图书在版编目(CIP)数据

财务报表分析/田祥宇主编. —北京:中国商业出版社,2017.2

ISBN 978-7-5044-8650-9

Ⅰ.①财… Ⅱ.①田… Ⅲ.①会计报表-会计分析 Ⅳ.①F231.5

中国版本图书馆 CIP 数据核字(2014)第 140467 号

责任编辑:蔡凯

中国商业出版社出版发行

010-63180647 www.c-cbook.com

(100053 北京广安门内报国寺1号)

新华书店总店北京发行所经销

涿州市华建印刷有限公司印刷

* * * * *

787×1092 毫米 开本:1/16 印张:17 字数:300 千字

2017 年 2 月第 1 版 2017 年 2 月第 1 次印刷

定价:36.80 元

* * * *

(如有印装质量问题可更换)

前 言

十八届三中全会通过的《中共中央关于全面深化改革若干重大问题的决定》中提出，要使市场在资源配置中起决定性作用，这不仅仅表明党对市场机制的认识前进了一大步，更重要的是为市场在社会主义市场体制下应该发挥的作用给予了准确的定位。

市场的主体包括投资者、经营者、劳动者、消费者以及企业等，而“逐利性”是市场主体最本质的特征。这些主体的行为目标都是围绕企业来实现自身利益的最大化。潜在投资者的投资决策，现有股东对经营者的激励与约束，经营者预测企业未来的财务状况和经营成果、判断投资、筹资和经营活动的成效并作出经营决策，债权人的信贷决策、企业的收购兼并决策、劳动者的薪酬设计等活动，都需要以企业财务报表为依托，分析评价并在此基础上作出有效的决策。然而，这些工作的进行并不能直接依据财务报表提供的资料，必须进一步对财务报表数据进行加工，对企业的经济活动以及所处的行业环境进行深度剖析，才能较为准确地把握企业的经济状况，为利益相关者提供决策有用的信息。财务报表分析正是进行这一精细加工的重要工具。

本书正是本着“决策有用”这一宗旨，以大量的案例分析为载体，深入浅出地介绍了财务报表分析的基础理论、基本方法，按照资产负债表、利润表、现金流量表三张主要报表为分析主线，详细讲解了如何通过财务报表了解一家企业的经济状况、盈利能力以及未来发展方向等情况的方法。

本书的分析框架独具特色，以财务报表分析的起源与发展为出发点，多采用质量分析方法；具有全面性、系统性等特点，能够在一定程度上克服传统的比率分析方法的局限性和缺陷，具有一定的实用价值。

此外，由于我国的会计准则发生了较大的变化，本书更加注重与准则中新增加内容以及发生变化的内容的融合性，将会计改革中蕴含的最新会计理念融入财务报表分析的相关环节，具有较强的时效性。

本书在编排内容上力求全面，从单一项目分析到整体报表分析；从表层描述到深层分析；立足现在、展望未来。力求为财务报表使用者提供最全面的分析框架。

本书主要由财务报表分析导论、财务报表粉饰、资产负债表分析、负债与所有者权益分析、收入分析、成本费用分析、利润分析、现金流量表分析、合并会计报表分析、财务报告的其他会计信息分析、财务分析综合分析、财务情况分析报告十二章组成，兼顾国际化与本土化，在吸收国外财务报表分析研究最新成果的基础上，系统地编写适合分析我国企业的财务报表的方法。同时注重财务报表分析与财务报表粉饰识别相结合。

本书由山西财经大学田祥宇主编，拟定编写大纲。全书共分十二章，各章撰稿人员分别为：田祥宇第一、二、三、四章；郭婧第五、七、八、十一、十二章；张志维第六章；曹璇第九章；祁瑞雄第十章。全书由田祥宇审校定稿。

在本书的写作过程中，我们参阅了国内外大量相关书籍，在此谨表谢意。由于编者的水平有限，加之财务报表分析理论和实务发展之迅速，书中难免存在不足之处，恳请广大读者批评指正。

编　者

2017 年 2 月

目 录

第一章　财务报表分析导论

【学习目标】

1. 了解财务报表分析的发展历史
2. 明确财务报表分析的理论基础
3. 掌握财务报表分析的基本内涵、目的与作用
4. 掌握财务报表分析的框架

第一节　财务报表分析的起源与发展

一、财务分析与会计发展

(一)财务分析与会计技术发展

财务分析的产生与发展是社会经济发展对财务分析信息需求与供给共同作用的结果。会计技术与会计报表的发展为财务分析的产生与发展奠定了理论基础。

财务分析的基础是财务报表，财务报表的基础是会计技术。因此，会计技术发展影响和决定着财务分析的产生与发展。会计技术的发展可分为四个阶段:第一是利用会计凭证记录交易事项;第二是利用会计分类账记录交易事项;第三是编制财务报表;第四是财务报表解释。财务报表解释的目的是给管理者提供经营管理信息。

财务报表解释要求财务分析。因为财务报表是会计分类账的缩写，相当少的财务报表数据代表了无数会计借贷的结果。由于财务报表数据非常综合，是无数业务交易的结果，因此，对于财务报表反映的单一数据与无数业务交易之间就存在许多需要解释的内容。为了解释介于财务报表与业务交易之间的中间数据，就要对财务报表进行分析，即从总体分解到其构成因素，或者说是采用与会计相反的程序，从财务报表回到原始分录。

财务报表解释要求比较。从财务构成因素的进一步检验，并不能得出最终财务状况的结论，还必须计量各因素的相关程度。例如，只有企业的流动负债绝对额还不能得出企业支付能力好坏的结论，必须将其与流动资产相比较，即从流动负债与流动资产之间的相关程度说

明企业的支付能力。因此，解释企业财务状况仅分析财务报表是不够的，还要进行各种相关比较，包括不同历史阶段的比较。而对财务信息的比较正是财务分析的基本技术。

（二）财务分析与会计汇总（或报表）的发展历史

会计汇总是应经济发展与管理需求而产生的。会计从最初记录交易到以货币计量形成会计余额，然后从会计余额发展到会计汇总，再从会计汇总发展到会计报表。

对资产与负债的汇总最早可以追溯到 14 世纪。到 16 世纪，会计汇总成为复式记账（会计平衡）形式的有机组成部分。当企业经营规模较小时，会计余额汇总可反映财务状况与经营成果，并可供企业所有者和合伙人检查，不需要在会计汇总或会计分类账基础上编制财务报表。随着 19 世纪末期企业规模的增大，公司投资者的增多，需要编制更多的会计汇总给所有股东。因此，会计余额汇总或分类账的发展成当时的资产负债表。现代会计实践中使用的其他财务报表是近代随着经济发展及对会计的需求而加入会计程序的，如利润表、财务状况变动表、现金流量表等。

从会计余额、会计汇总到财务报表的发展可以看出，随着经济发展及人们对会计信息的需求，会计技术不断发展，财务报表不断完善。而财务分析与会计发展是紧密相关的，会计技术和财务报表的发展与完善，又促进了财务分析的发展。

二、西方财务分析的发展历史

最早的财务报表分析，主要是为银行服务的信用分析。财务报表分析产生于 19 世纪末 20 世纪初，最初由美国的银行家所倡导。美国南北战争之后，出现了修建铁路的高潮，经济一度繁荣，但不久后便发生了周期性经济危机。许多企业陷入困境，濒临破产，纷纷向银行申请贷款以维持生存。于是，借贷资本在企业资本中的比重不断增加。银行需要对贷款企业进行信用分析，以便决定是否批准一笔贷款，并且在批准后保持对该贷款的控制。最初，银行主要以企业经营者个人信用作为分析判断的基础。但是，随着经济的高度发展、生产技术的日益复杂和企业规模的不断扩大，经营者的个人信用已逐渐失去意义，银行对企业财务状况的分析主要集中到企业经营是否稳定上来。银行要求企业提供财务报表，以判断其是否有充分的偿还能力。于是，信用分析就成为早期财务报表分析的主要目的及内容。

信用分析，就是分析借款企业是否按期清偿通过银行信用和商业信用取得的贷款。银行是否按期收回贷款，主要取决于借款企业是否具有偿债能力，以及是否愿意维持良好的信誉。评价偿债能力主要是看企业债务的多少及可用于偿债的资产的多少和资产流动性如何。企业负债较多，而权益资金较少，则贷款银行不能按期收回贷款的风险较大；企业资产的流动性较差，即实物资产转换为现金需要的时间较长，不容易积聚足够的现金用以偿还债务，则贷款银行按期收回贷款的风险就会增加。根据上述理论，早期以信用分析为主要内容的财务报表分析，主要侧重于对财务状况的分析、判断。1900 年，美国人托马斯·乌杜洛发表了《铁道财务诸表分析》，提出了财务报表分析的基本概念。此后，在美国银行从事贷款业务的亚历山大·沃尔发表了《比率分析体系》，提出了具有代表性的流动比率，即借贷对照表上资产部分的流动资产与负债部分的流动负债之间的比例为 2∶1，即“2∶1 法则”，亦称作“银行家比率”。在此基础上，他又继续提出了速动比率、负债比率等，使财务报表分析技术逐渐充实完善。

由于银行在财务报表分析中发挥了特有的洞察力，对贷款企业的发展前途及其他在本行业的地位及经营状况做出了较准确的判断，因此，银行的分析结果不仅为银行本身所利用，同时也引起了企业其他投资者的兴趣，他们往往以银行对企业的评价作为自己行为决策的参考。此外，企业之间进行交易往来时也很自然地借用银行分析的结论作为对对方企业实施经营方针的依据，财务报表分析的重要作用越来越被人们认识。银行纷纷开办经营咨询机构，通过提供财务报表分析资料和其他调查资料为企业及其他有关单位或个人的经营决策进行咨询服务和业务方面的指导。财务报表的内容也不再仅仅局限于信用分析，还逐渐向其他领域拓展。资本市场形成后，形成了收益分析，财务报表分析也扩展到为投资人服务。

随着社会筹资范围的扩大，股权投资人增加，社会公众进入资本市场，他们要求的信息比贷款银行更广泛。如果说债权人的收益是固定的，主要关心企业的风险，那么投资人则不仅重视企业的风险，还注重企业的报酬。投资人更关心企业的收益能力、筹资结构、利润分配等。由信用分析过渡到收益分析是一个重要的变化，此时，企业由被动地接受银行分析过渡到主动地进行自我分析，促使财务报表分析成为一门新兴的学科。收益分析的出现，使财务报表分析形成了比较完善的包括偿债能力和收益能力分析的外部财务分析体系。

公司组织发展起来以后，财务报表分析由外部分析扩大到内部分析，为改善内部管理服务。

经营者为改善收益能力和偿债能力，以取得投资人和债权人的支持，进行了内部分析。内部分析不仅使用公开报表的数据，而且利用内部的数据（如成本、预算等）进行分析，找出管理行为和报表数据的关系，通过改善管理来改善未来的财务报表。管理分析不仅适用于评价企业，而且用来寻找改善这些评价的线索。

自此，内部分析出现以后，内部分析和外部分析构成了完整的财务报表分析体系。

三、我国财务报表分析的发展历史

在我国，过去将财务分析称为经济活动分析，理论界对其产生的说法不一。会计学家李宝震教授在其《论会计在经济管理中的重要作用》一文中认为，经济活动分析随会计一起产生和发展。在唐元和八年（公元813年），宰相李吉甫所著《元和国计簿》十卷通过历年财政状况的比较，说明军费增加是财政困难的原因之一。可以说，这是我国经济活动分析最早的一本著作。而多数人认为，这本专著应看作是我国会计理论发展史的一个里程碑，不应作为分析的开始。新中国成立前，只存在财务分析的某些内容，但不具备经济活动分析的整体知识。

新中国成立后，财政部于1951年11月召开第一次全国财务管理及会计工作会议，对国营企业会计报表的格式和种类作了统一规定。1952年初，国家颁发了《国营企业决策报告编制暂行办法》的通知，为开展企业会计报表分析奠定了基础。1952年后企业开始进行分析。1955年，国务院制定了《国营企业决算报告编造办法》，明确规定企业必须编送财务状况说明书，其内容包括：(1)生产、基建、劳动工资、供应、销售、成本、财务等特种基金和其他预算拨款的使用情况；(2)财务情况分析；(3)损益原因分析；(4)成本分析；(5)流动资金的运用情况；(6)固定资产的利用情况；(7)企业奖励基金等特种基金和其他预算拨款的使用情况；(8)财务会计工作的情况和今后的改进意见。以上内容在年度终了要详细汇报，季度终了可以略报。

1953年前后，高校开设经济活动分析课程，用苏联教科书，并有中国人民大学的补充教材——《新中国国营企业经济分析特点》。1957年10月，正式出版第一本分析教科书《工业企业经济活动分析》，由中国人民大学教师编著。同时在全国范围内开始发表一些分析文章。

“大跃进”时期，提出会计“应彻底放权”、“大力简化”，企业经济活动分析的实践和理论研究基本停止。“文化大革命”期间，会计工作混乱，会计核算工作、研究工作、教学工作基本中断，经济活动分析这门学科的发展同样如此。党的十一届三中全会以后，会计工作得到重视。1979 年底中国会计学会成立，有力推动了会计理论研究。1980 年 10 月召开全国会计工作会议，研究了如何适应新形势，进一步发挥会计的作用，为“四化”服务，总结了经验，提出了要求和措施，第一次突破了传统“工具论”的提法，提出会计是经济管理的一个重要组成部分。会计除记录、反映外，还有分析经济情况、核算经济效果、监督经济活动、预测经济前景、参与经济决策的重要作用。在这以后，又全面恢复和发展了经济活动分析的实践和理论。

20 世纪 90 年代初期进行的财务与会计制度改革，是我国企业财务分析和会计报表分析的理论与实践发展的又一重大飞跃。从总体上看，新的会计报表分析理论在以下方面做了重大突破性改革。

1. 借鉴国际惯例，改革了会计报表体系。使企业会计报表分析能够更好地与国际惯例接轨，更好地适应社会主义市场经济发展的新要求。

2. 强化了报表分析和财务评价职能，并使财务报表分析和财务评价成为企业财务管理的一个专门化的重要功能，从而为企业财务报表分析和财务评价成为一门独立学科奠定了理论基础。

3. 改革了财务分析指标体系。是财务报表分析成为企业投资者、债权人、国家经济管理机关和企业内部管理者的共同需求，改变了单纯从政府角度评价企业的评价立场。

4. 改革了报表分析和财务评价方法。新的财务报表分析指标体系，以工业企业为例，主要包括资产负债率、流动比率、速动比率、应收账款周转率、存货周转率、销售利润率、成本费用利润率等。借助这套指标体系，可以从不同的角度分析和评价企业偿债能力、获利能力和营运能力，揭示企业目前的实际情况。此外，借助新指标体系，不仅可以分析评价企业计划完成程度，更重要的是采取了指标实际值与标准值、临界值的比较，以判断企业目前所处的经营环境，以适应各方面的需要。

第二节 财务报表分析的理论基础

一、信息不对称理论

信息不对称理论是指在市场经济活动中，各类人员对有关信息的了解是有差异的;掌握信息比较充分的人员，往往处于比较有利的地位，而信息贫乏的人员，则处于比较不利的地位。

信息经济学的研究成果表明，在证券市场上，信息不对称主要有两种类型:(1)投资者之间的信息不对称;(2)公司管理层和投资者之间的信息不对称。投资者之间的信息不对称使得拥有较多信息的投资者有动机“积极”交易，他们可以凭借信息优势在与信息较少投资者的交易中获利，因此投资者有动机进行私人信息采集，但由于私人信息采集是有成本的，这导致投资者之间是零和负的关系。如果投资者之间能够达成协议，局部进行私人信息采集，那么整个投资者整体福利将得到改进。但是这种协议的执行成本极高，签订人有强烈的动机私自违反协议。

公司管理层和投资者之间的信息不对称，可能导致两种情况:逆向选择和道德风险。逆向选择是指公司管理层比外部投资者掌握了更多有关公司当前状况和未来前景的信息。公司管理层可能通过其信息优势来损害投资者的利益，例如通过扭曲财务报表来误导投资者的买卖决策。道德风险涉及到公司管理层的努力工作问题。经营者为了自己的目标，不是尽最大努力去实现企业的目标。他们没有必要为提高股价而冒险，股价上涨的好处归于股东，如若失败他们的"身价"将下跌。他们不做什么错事，只是不十分卖力，以增加自己的闲暇时间。这样做不构成法律和行政责任问题，而只是道德问题，股东很难追究他们的责任。

在资本市场上，不确定性和风险是影响证券价格和构成证券价格的重要因素。信息的获取可以改变对证券不确定性和风险的评价，对证券市场的价格发现和价格均衡也就具有直接作用和决定性意义。因此，从本质上看，证券市场是一个信息市场。然而，资本市场上各种类型的信息不对称严重影响了资本市场的正常运转。投资者之间的信息不对称最终使得市场交易萎缩；公司管理层与投资者之间的信息不对称使投资者难以获知公司的实际经营状况，他们只能根据全体公司的平均经营情况来确定愿意接受的股价，这导致了实际经营情况高于平均经营情况的公司会因为股价被低估而退出市场，从而进一步降低全体公司的平均经营情况及投资者的平均估价，这样的恶性循环将不断持续，直到只剩下业绩最差的公司，在这种情况下市场崩溃在所难免。

因此，根据信息不对称理论，相对于外部投资者（包括财务报表分析者）而言，公司管理层拥有信息优势，作为"理性的经济人"，他们往往会利用各种手段将这种信息优势转换为实际利益，报表粉饰就是其滥用信息优势的重要手段。可见，财务报表分析者应当充分意识到自身所处的信息劣势地位，并对原始报表数据保持应有的怀疑态度。

二、有效市场假说

"有效市场假说（Efficient Market Hypothesis，简称 EMH）"起源于20世纪初，这个假说的奠基人是一位名叫路易斯·巴舍利耶的法国数学家，他把统计分析的方法应用于股票收益率的分析，发现其波动的数学期望值总是为零。后由尤金·法玛（EugeneFama）于1970年深化并提出。法玛（1970）将有效市场定义为：如果资产价格完全反映了可获得的信息，则市场有效。詹森（1978）将有效市场定义为：对于一组信息 θt，如果根据该组信息从事交易无法赚取到经济利润，那么市场就是有效的。

然而，完全有效的市场只是一种理想状态，现实中的资本市场只能是相对有效的，市场的有效性可以划分为三个层次：

（一）弱式有效市场假说（weak Form efficiency）

该假说认为在弱式有效的情况下，市场价格已充分反映出所有过去历史的证券价格信息，包括股票的成交价、成交量、卖空金额、融资额等。弱式有效意味着，股票价格的技术分析失去作用，基本分析还可能帮助投资者获得超额利润。

（二）半强式有效市场假说（Semi – Strong Form Efficiency）

该假说认为价格已充分反映出所有已公开的有关公司营运前景的信息。这些信息有成交价、成交量、盈利资料、盈利预测值，公司管理状况及其他公开披露的财务信息等。假如投资者能迅速获得这些信息，股价应迅速作出反映。半强式有效意味着，在市场中利用技术分析和基本分析都失去作用，内幕消息可能获得超额利润。

（三）强式有效市场假说（Strong Form Efficiency）

该假说认为价格已充分地反映了所有关于公司营运的信息，这些信息包括已公开的或内部未公开的信息。强式有效市场意味着，没有任何方法能帮助投资者获得超额利润，即使基金和有内幕消息者也一样。

因此，期望市场能够全面、充分、正确、及时地发掘出财务报表中所有的信息含量是不现实的，或者说这样做的成本太高。而且有效市场的有效性不仅依赖于信息的可获取性，还依赖于对信息的正确解释。因此，现实中的相对有效市场显然存在足够的空间使财务报表分析成为一项价值发现的活动。

实际上，有效市场的概念没有对财务报表分析的价值“说长道短”，无论是其定义还是与市场效率相关的经验证据，都丝毫没有涉及到信息反映到价格中的复杂过程，而这一复杂过程很大部分是由财务报表分析来完成的。正是有足够的财务报表分析行为，才使得难以理解的复杂会计信息成为普通投资者可以利用的信号，从而在市场价格中得到反映，这无疑将提高市场的有效性。证券市场有效程度的提高反过来又对有效的财务报表分析行为提出了更高的要求。这样，有效市场便与财务分析形成了良性互动的关系。

三、代理理论

代理是指代理人在代理权限内,以被代理人的名义与第三人实施法律行为,由此产生的法律后果直接由被代理人承担的一种法律制度。代理理论主要涉及企业资源的提供者与资源的使用者之间的契约关系。按照代理理论，经济资源的所有者是委托人,负责使用以及控制这些资源的经理人员是代理人。代理理论认为，当经理人员本身就是企业资源的所有者时，他们拥有企业全部的剩余索取权，经理人员会努力地他为自己而工作，这种环境下，就不存在什么代理问题。但是，当管理人员通过发行股票方式，从外部吸取新的经济资源，管理人员就有一种动机去提高在职消费，自我放松并降低工作强度。显然，如果企业的管理者是一个理性经济人,他的行为与原先自己拥有企业全部股权时将有显著的差别。如果企业不是通过发行股票、而是通过举债方式取得资本，也同样存在代理问题，只不过表现形式略有不同。

代理理论还认为，代理人拥有的信息比委托人多，并且这种信息不对称会逆向影响委托人有效地监控代理人是否适当地为委托人的利益服务。它还假定委托人和代理人都是理性的，他们将利用签订代理契约的过程，最大化各自的财富。而代理人出于自我寻利的动机，将会利用各种可能的机会，增加自己的财富。其中，一些行为可能会损害到所有者的利益。例如，为自己修建豪华办公室、购置高级轿车，去著名旅游区做与企业经营联系不大的商务旅行等。当在委托人(业主)和代理人(经理)之间的契约关系中，没有一方能以损害他人的财富为代价来增加自己的财富，即达到“帕雷托最优化”状态。或者说，在有效的市场环境中，那些被市场证明采用机会行为损害他人利益的人或集团，最终要承担其行为的后果。

委托人和代理人之间的利益冲突被认为只有通过签署双方都同意的契约才能达到均衡状态。在给定隐含自利动机的前提下，契约促使成员同意一系列合作行为。因此，公司被视为“契约的结合体”，在此基础上的契约成本理论认为财务报表信息可以通过监督和执行这些契约来降低某种利益冲突的代理成本。

四、盈余管理假说(报酬计划假说)

根据报酬计划假说，公司管理层的报酬水平取决于其经营表现。而管理人员薪酬计划往往将财务报表数据视为衡量其经营表现的杠杆。因此，选择较为激进的会计政策，将报告收益从未来期间提前至当期，从而提高自身薪酬水平是最符合管理人员利益的。

但是，报酬计划假说并不仅仅是“提高会计盈余”这么简单。Watts 和 Zimmerman(1990)认为薪酬计划假说并不总是促使管理人员提高会计盈余，如果会计盈余低于可发放奖金的最低标准，管理人员就可能反其道而行之，减少当年的盈余，通过这种“洗大澡”来增加下年的盈余和可能的奖金，而当盈利符合标准时，管理人员也没有动机再增加盈余。Healy (1985)也发现当盈利水平低于最低标准或高于最高标准时，公司管理层都没有动机改变当期会计政策。他们的研究都显示出公司管理层选择不稳健会计政策的目的并非为了“欺骗市场”(有效市场下不可能的)，而只是为了通过得到更高的会计盈余来提高公司管理层的报酬水平。

五、债务契约假说

债务契约假说认为公司管理层有动机通过会计政策的选择尽量减小违约的可能性，比如债务/权益比例变动较高的公司往往选择可以增加当期收益的会计政策。

债权人最关心的是保证本息的支付，因此，他们往往会限制借款人的股利支付、股票回购、债务发行等。这些限制通常是以会计数据、会计比率为标准的，如营运资金水平、利息保障倍数、净资产等。会计政策的选择将极大地影响上述会计数据，从而决定公司是否构成技术性违约。

六、政治成本假说

政治行为可能导致公司的成本增加。当政治家和监督者可以通过增加别人的成本来增加自身福利时，他们通常会这么做。财务报表数据在此过程中起了很重要的作用。如果会计盈余表明某公司或行业获得了超额利润，则可能面临价格管制压力或被征收高额利润税。因此，可能受影响的公司就有动机通过选择会计政策来减少报告盈余，从而降低政治风险。比如当石油危机导致油价狂涨时，一些石油公司就通过提取环境成本准备和资产减值准备等手段降低盈余。同样，出于税务方面的原因也可能诱使公司管理层选择降低报告盈余的会计方法。通常认为大型公司较容易受政治成本和压力的影响，因此公司规模越大越有可能选择会计政策来降低利润，减轻政治压力，比如在石油开采行业中，大公司往往选择成本法，而小公司往往选择完全成本法。

第三节　财务报表分析的概念与作用

一、财务报表分析的概念

关于财务报表分析的内涵，美国南加州大学教授 Water B. Meigs 认为，财务报表分析的本质是搜集资料与决策有关的各种财务信息，并加以分析与理解的一种技术。美国纽约市立大学 Leopold A. Bemstein 认为，财务报表分析是一种判断的过程，旨在评估企业现在或过去的财务状况及经营成果，其主要目的在于对企业未来的状况及经营业绩进行最佳预测。台湾政治大学教授等人认为，财务报表分析以审慎选择财务信息为起点，将其作为探讨的根据；以分析信息为重心，揭示其相关性；以研究信息的相关行为手段，评核其结果。我国著名会计学家余绪缨教授认为，财务报表分析是为满足与企业相关利益集团的信息需求而对会计核算信息进行加工、深化的一门学科。

综合上述观点，本书将财务报表分析定义为以会计核算和报告资料及其他相关资料为依据，采用一系列专门的分析技术和方法，对企业等经济组织过去和现在的有关筹资活动、投资活动、经营活动的盈利能力、营运能力、偿债能力和增长能力状况等进行分析与评价，为企业的投资者、债权者、经营者及其他关心企业的组织或个人了解企业过去、评价企业现状、预测企业未来、做出正确决策与估价提供准确的信息或依据的经济应用学科。

要正确理解财务报表分析的内涵，必须搞清以下几个问题：

1. 财务报表分析是一门综合性、边缘性学科

财务报表分析是在企业经济分析、财务管理和会计基础上形成的一门综合性、边缘性学科。所谓综合性、边缘性是指财务分析不是对原有学科中关于财务分析问题的简单重复或拼凑，而是依据经济理论和实践的要求，综合了相关学科的长处产生的一门具有独立的理论体系的经济应用学科。

2. 财务报表分析有完整的理论体系

随着财务分析的产生与发展，财务分析的理论体系不断完善。从财务报表分析的内涵、财务报表分析的目的、财务报表分析的作用、财务报表分析的内容，到财务报表分析的原则、财务报表分析的形式及财务报表分析的组织等，都日趋成熟。

3. 财务报表分析有健全的方法论体系

财务报表分析的实践使财务报表分析的方法不断发展和完善，它既有财务报表分析的一般方法或步骤，又有财务报表分析的专门技术方法，如趋势分析法、比率分析法、因素分析法等都是财务报表分析的专门和有效方法。

4. 财务报表分析有系统、客观的资料依据

财务报表分析的最基本资料是财务报表，财务报表体系和结构及内容的科学性、系统性、客观性为财务分析的系统性与客观性奠定了坚实的基础。

二、财务报表分析的目的

决策面向未来，决策需要进行缜密的分析判断。会计信息与决策有密切的关系，是决策过程中不可或缺的依据。财务报表分析的根本目标，就是充分利用财务报表所揭示的信息，使之成为经济决策的重要依据。财务报表分析的目的受财务报表分析主体和财务报表分析服务对象的制约，不同的财务报表分析主体进行财务报表分析的目的是不同的，不同的财务报表分析服务对象所关心的问题也是不同的。各种财务报表分析的目的和财务报表分析服务对象所关心的问题，构成了财务报表分析的目的。

1. 投资者角度

企业的投资者包括企业的所有者和潜在投资者。投资者最关心的是投资的内在风险和投资报酬。在所有权与经营权分离的情况下，财务报表成了他们可以从企业管理当局获得有用信息、进行风险判断、选择投资决策方案的重要媒介。为此，从投资者角度看财务报表分析的目的是，依据编制的财务报表，着重分析有关企业的获利能力、资本结构、利润分配政策等方面的情况。

2. 债权者角度

企业债权者包括企业借款的银行和一些金融机构，以及购买企业债券的单位与个人和潜在的债权人等。银行等债权人一方面从各自经营或收益目的的出发意愿将资金带给某企业，另

一方面又要非常小心地观察和分析该企业有无违约或清算破产的可能性。一般来说，银行、金融机构及其他债权人最关注的不仅是本金的及时归回，而且还要得到相应的报酬或收益，而这个收益大小又与其承担的风险程度相适应，通常偿还期越长，风险越大。为此，从债权者角度进行财务报表分析的主要目的，一是研究企业的偿债能力大小；二是看企业的盈利能力，此外，还应将偿债能力和盈利能力结合起来进行综合分析。

3. 经营者角度

企业经营者是指企业的管理人员。企业管理人员首先关注的是企业财务状况的好坏、经营业绩的大小及现金的流动情况。为此，从经营者角度进行财务报表分析的主要目的是，企业的资产结构分析、营运状况与效率分析、经营风险与财务风险分析、支付能力与偿债能力分析等。分析目的时及时发现生产经营中的不足，并采取有效措施解决这些问题，使企业不仅用现有资源盈利更多，而且使企业盈利能力保持持续增长。

4. 其他利益相关者角度

财务报表分析的其他利益相关者或服务对象主要有政府及相关管理机构、企业职工、业务关联企业等。

政府及相关管理机构最关注的是国家资源的分配和运用情况，需要向企业了解与经济政策（如税收政策）的制定、国民收入的统计等有关方面的信息。为此，从政府等管理角度进行财务报表分析的主要目的是，着重分析有关企业的资源及其运用、分配方面的情况，为宏观经济决策提供必要的信息。

企业职工最关注的是企业为其所提供的就业机会及其稳定性、劳动报酬高低和职工福利好坏等方面的资料，而这些情况与企业的债务结构及其盈利能力密切相关。

业务关联企业最关注的是企业的信用情况。企业从事生产经营活动，必然与其他企业发生业务联系，这些企业出于保护自身利益的需要，也非常关心往来企业的财务状况，从而进行财务报表分析。它们进行的分析主要目的在于搞清企业的信用状况，包括商业信用和财务信用。商业信用指按时、按质完成各种交易行为；财务信用则指及时清算各种款项。为此，从业务关联企业角度进行财务报表分析的主要目的是，判断企业的支付能力和偿债能力，可以判明企业完成各类交易的好坏，并分析其形成原因，最终评估企业法人的信用状况。

三、财务报表分析的作用

从财务报表分析的产生、发展与其他学科的关系到财务报表分析的目的，都说明财务报表分析是十分必要的，尤其在我国建设社会主义市场经济体制和现代企业制度的今天，财务报表分析的意义更加深远，作用更加重大。财务报表分析的作用从不同的角度看是不同的，这里主要从财务报表分析对评价过去、现在及未来的作用加以说明。

（一）财务报表分析可正确评价企业过去

正确评价企业的过去，是说明现在和揭示未来的基础。财务报表分析通过对实际会计报表等资料的分析能够准确地说明企业过去的业绩状况，指出企业存在的问题及产生的原因，是主观原因还是客观原因等，这不仅对正确评价过去的经营业绩是十分有益的，而且可对企业投资者和债权人的行为产生积极的影响。

（二）财务报表分析可以全面反映企业现状

财务报表及管理会计报表等资料是企业各项生产经营活动的综合反映。但管理会计报表的格式及提供的数据往往是根据会计的特点和管理的一般要求而设计的，它不可能全面提供不同目的的报表使用者所需要的各方面数据资料。财务报表分析，根据不同分析主体的分析目的，采用不同的分析手段和方法，可得出反映企业在某方面现状的指标，如反映企业资产结构的指标、企业权益结构的指标、企业支付能力和偿债能力的指标、企业营运能力状况的指标、企业盈利能力的指标等。这种分析对于全面反映和评价企业的现状有重要作用。

（三）财务报表分析用于估价企业未来

财务报表分析不仅可用于评价企业的过去和反映企业的现状，更重要的是它可通过对过去和现状的分析与评价，估价企业未来的发展状况与趋势。财务报表分析对企业未来的估价，第一，可为企业未来财务预测、财务决策和财务预算指明方向；第二，可准确评估企业价值及价值创造，这对企业进行经营者绩效评价、资本经营和产权交易都是十分有益的；第三，可为企业进行财务危机预测提供必要信息。

第四节　财务报表分析的基本方法

财务报表分析的方法是实现财务报表分析的手段。由于分析目标不同，在实际分析时必须要适应不同目标的要求，采用多种多样的分析方法，包括评价方法和预测方法。

一、结构分析法

结构分析法，又称垂直分析法、纵向分析法或共同比报表分析法，就是在同一财务报表内部各项目之间进行比较，以某一关键项目的金额为100%，将其他项目与之相比，以显示各项目的相对地位，分析各项目的比重是否合理。同一报表中不同项目的结构比例（百分比）的计算公式是：

结构百分比 =（某项目 ÷ 总体）×100%

结构分析法的一般步骤是：第一，根据具体的分析目的，选定恰当的项目作为共同基数；第二，计算各年度确定报表中各组成项目占基数总额的比重或百分比；第三，通过各项目的比重分析各项目在企业经营中重要性，通常认为项目比重越大则其重要程度越高；第四，根据企业各期的变动情况，研究其变动趋势或规律，从而预测出企业未来的发展变动情况。

二、趋势分析法

趋势分析法是通过比较企业连续数期的会计报表，运用动态数值表现各个时期的变化，揭示其发展趋势与规律的分析方法。企业的经济现象是复杂的，受多方面因素变化的影响，局限于某一时期或某一时点，很难看清它的发展趋势和规律，因此必须把连续数期的数据按时期或时点的先后次序整理为数列，并计算它的发展速度、增长速度、平均发展速度和平均增长速度，用发展的思路分析问题。

发展速度是全部数列中各个比较期与基期水平之比，反映各个比较期的数值为基期的百分比，从而考察总时期内各个时期的变动情况和发展速度。发展速度指标按比较标准的时期不同，分为定基发展速度和环比发展速度，其计算公式是：

定基发展速度 = 分析期某指标数值 ÷ 固定基期某指标数值

环比发展速度 = 分析期某指标数值 ÷ 前期某指标数值

趋势分析法常用于财务报表的横向比较和纵向比较。横向比较是将连续财务报表各个项目绝对数在不同时间上比较，以观察各个项目的变化趋势；纵向比较是将连续财务报表各个项目换算成百分比的形式，分析各项目在不同时期所占比重的变化情况。

三、比率分析法

比率分析法是指在同一报表的不同项目之间，或在不同报表的有关项目之间进行对比，从而计算出各种不同经济含义的比率，据以评价企业财务状况和经营成果的一种方法。运用比率分析法进行指标对比的结果是相对数，具体对比的方法有以下几种：

（一）结构比率分析

通过个体指标与总体指标的对比，计算出个体指标占总体指标的比重，分析构成项目的变化，掌握经济活动的特点及变化趋势。

（二）相关比率分析

这是指不同的但又互相联系的指标之间的对比，计算出另一经济含义的指标。分析时应确定不同指标之间客观上所存在的互相关系，如企业的净利润与所有者权益的对比，计算出所有者权益收益率；负债总额与资产总额的对比，计算出资产负债率。

运用比率分析法来评价企业的财务状况和经营成果十分有效，分析者可以从复杂的经济信息中超脱出来，关注企业财务方面的相互关系，因此在实践中广为应用。比率分析法从出现至今，经历了一个不断发展和完善的过程，由最初仅为债权人分析企业短期偿债能力，发展到今天全方位、多视角的财务指标体系的形成，显示出比率分析法在财务分析中的重要地位。

四、比较分析法

比较分析法是将企业某项目财务指标的变化进行对比，计算出财务指标变动值的大小，是财务分析中最常用的方法，也是其他分析方法运用的基础。比较分析法最主要的特点是区分相比较指标之间的差异，包括差异大小、差异方向和差异性质。通过比较分析，可了解财务指标存在的差距，结合其他分析方法的运用，寻找差异产生的原因，为决策提供依据。通过比较对象的不同，比较分析法有两种比较方式：

（一）绝对数的比较分析

绝对数的比较是将某指标的实际数与标的值进行比较，通常包括：(1)与计划（或目标、定额）相比较，了解实际完成计划、定额的情况；(2)与前期相比较，了解分析指标的发展趋势；(3)与历史最高水平相比较，了解本期与历史最高水平的差距；(4)与国内外同行业先进水平相比较，了解本企业与国内外同行业先进水平的差距；(5)与主要竞争对手相比较，了解本企业与竞争对手的差距。

（二）百分率的比较分析

绝对数的比较分析反映出增减变化的绝对数，但无法消除规模的影响，可通过计算百分率解决问题。百分率的计算分为完成百分率和增减百分率，其计算公式是：

完成百分率 =（指标的实际值 ÷ 指标的标的值）×100%

增减百分率 =［（指标的实际值 − 指标的标的值）÷指标的标的值］×100%

在运用比较分析法时，应注意指标的相关性，分析指标在性质上是同类，能够说明经济业务的内在联系。还应注意指标的可比性。具体表现在：首先，计算口径一致，即相比较的财务指标所包括的内容、范围是一致的；其次，时间长度一致，即相比较的财务指标应当是相同时间段、相同时间长度的结果；最后，计算方法一致，即相比较财务指标影响因素一致。

五、因素分析法

因素分析法，又称连环替代法，是指在分析某一因素变化时，假定其他因素不变，分别测定各个因素变化对分析指标的影响程度的计算方法。连环替代法计算程序如下：

第一，以基数为计算基础。

第二，按照公式中所列因素的统一顺序，逐次以各因素的实际数替换其基数；每次替换后实际数就被保留下来。有几个因素就替换几次，直到所有因素都变成实际数为止；每次替换后都求出新的计算结果。

第三，将每次替换后的所得结果与其相邻的前一次计算结果相比较，两者的差额就是某一因素变动对综合经济指标变动的影响程度。

第四，计算各因素变动影响的代数和。这个代数和应等于被分析指标实际数与基数的总差异数。

【例 1－1】某企业本月甲产品材料的消耗，如【表 1－1】所示。

表 1－1　　甲产品材料消耗情况

项目	计划	实际
产量（件）	90	80
单耗（公斤/件）	3	3.1
单价（元/公斤）	4.5	4

材料成本＝产量×单耗×单价

材料计划成本＝90×3×4.5＝1215

替代产量后的材料成本＝80×3×4.5＝1080

替代单耗后材料成本＝80×3.1×4.5＝1116

替代单价后材料成本＝80×3.1×4＝992

利用上述计算结果，可以推算出产量、单耗、材料单价每个因素对材料成本差异额的影响：

产量变动对差异额的影响数：1080－1215＝－135

单耗变动对差异额的影响数：1116－1080＝36

单价变动对差异额的影响数：992－1116＝－124

汇总各因素影响数＝产量变动影响数＋单耗变动影响数＋单价变动影响数

＝－135＋36＋（－124）＝－223

材料的成本总差异＝992－1215＝－223

按照连环替代法，各影响因素之和－223 等于总差异，便于核对计算的正确性，也便于分析材料成本的变化因素。

第五节　财务报表分析的逻辑架构

企业经营活动受经营环境和经营战略的影响，经营环境包括企业所处的行业、劳动力市场、资本市场、产品市场和政策法规等;经营战略决定了企业如何在经营环境中获得竞争优势。而会计信息系统提供了一个有效的信息披露工具，以便对企业经营活动进行筛选、计量并集合成财务报表数据。从企业活动与财务报表的关系可知，财务人员对企业财务报表的分析主要包括四个方面:(1)战略分析;(2)会计分析;(3)财务分析;(4)前景分析。

一、战略分析

在明确财务分析目的、搜集整理财务分析信息的基础上，企业战略分析成为财务报表分析的新起点。所谓的企业战略分析，其实质在于通过对企业所在行业或企业拟进入行业的分析，明确企业自身地位及应采取的竞争战略，以及权衡收益与风险，了解与掌握企业的发展潜力，特别是在企业价值创造或盈利方面的潜力。

(一)宏观经济环境分析

宏观经济环境是指宏观经济运行的周期性波动等规律性和政府实施的经济政策等政策性因素。市场经济从来不是单向运动的，它的运行具有周期性和波动性的特征。人们对未来经济形势的预期，使得证券市场的变动一般先于经济周期的变动，由此起到“晴雨表”的作用。当经济繁荣接近顶峰时，明智的投资者意识到这一点，便开始少量抛售股票，致使股价缓慢上涨，当更多的投资者支持同样观点时，股票市场的供求关系由于平衡逐渐过渡到供大于求，股价开始下跌，到经济衰退时，股市将加速下跌。不过，经济周期对不同行业的影响会有差异，有些行业(公用事业、生活必需品行业等)受经济周期影响较小，有些行业(钢铁、能源、房地产等)受经济周期影响比较明显。

1.货币政策。货币政策是指政府为实现一定的宏观经济目标所制定的关于货币供应和货币流通组织管理的基本方针和基本准则。中央银行的货币政策对证券市场价格有非常重要的影响，从整体而言，宽松的货币政策会使得证券市场价格上涨，紧缩的货币政策使得证券市场价格下跌。

2.财政政策。财政政策是政府依据客观经济规律制定的指导财政工作和处理财政关系的一系列方针、准则和措施的总称。财政政策的手段主要包括国家预算、税收、国债、财政支出、财政补贴、转移支付等。财政政策对证券市场的影响是多方面的，其中财政收支状况和税收调节政策所产生的影响很重要。

3.汇率。汇率是外汇市场上一国货币与他国货币相互交换的比率。汇率变化一方面会影响资本市场的外国资本流量，另一方面会影响本国企业的进出口。一般来说，如果一个国家的汇率上升，将导致外国资本流入本国，本国的证券市场将因需求旺盛而价格上涨;汇率下降，则资本流出本国，本国证券市场因需求减少而价格下降。汇率的高低对本国进出口贸易的影响表现在:本国汇率上升将导致更多的外币兑换本币，本国产品的竞争力下降，出口型企业受损，因而汇率上升对此类公司的证券价格产生不利的影响;相反，进口型企业将因汇率上升、成本下降而受益，因此汇率上升对此类公司的证券价格会产生有利的影响。

（二）行业分析

行业分析的目的在于分析行业的盈利能力与盈利潜力，因为不同行业的盈利能力和盈利潜力的大小是可能不同的。影响行业盈利能力的因素有许多，归纳起来主要可分为两类：一是行业的竞争程度，二是市场议价能力。

1. 行业竞争程度分析。一个行业中的竞争程度和盈利能力水平主要受三个因素影响：第一是现有企业间的竞争；第二是新加入企业的竞争威胁；第三是替代产品或服务的威胁。

2. 市场议价能力分析。虽然行业竞争能力是行业盈利能力的决定因素，但行业实际盈利水平的高低，还取决于本行业企业与供应商和消费者（客户）的议价能力。

3. 企业竞争策略分析。企业战略分析的关键在于企业如何根据行业分析的结果，正确选择企业的竞争策略，使企业保持持久竞争优势和高盈利能力。企业进行竞争的策略有许多，重要的有两种，即低成本竞争策略和产品差异策略。

（1）低成本竞争策略分析。低成本竞争策略是指企业能以较低的成本提供与竞争对手相同的产品或服务。这时企业可以较低的价格与竞争对手争夺市场份额。低成本竞争策略通常是取得竞争优势最明显的方式。企业要使其成本低于同行业其他企业成本，即取得低成本竞争优势，需要在降低成本方面下功夫。

（2）产品差异策略分析。产品差异策略是指企业通过其产品或服务的独特性与其他企业竞争，以争取在相同价格或较高价格的基础上占领更大市场份额，取得竞争优势与超额利润。产品或服务差异包括较高的产品或服务质量，较多的产品或服务类别，良好的销售或售后服务，独特的品牌形象。

二、会计分析

会计分析是财务报表分析的重要步骤之一。会计分析的目的在于评价企业会计所反映的财务状况与经营成果的真实程度。会计分析法既是对会计政策、会计方法、会计披露的评价，也对会计灵活性、会计估价进行调整，修正会计数据的一种方法。会计分析一方面是揭示会计信息的质量，另一方面为财务会计分析奠定基础，并保证财务分析结论的可靠性。

进行会计分析，一般可按以下步骤进行：

（一）阅读会计报告

阅读会计报告是会计分析的第一步。除了关注会计报告的内容，以下几点是值得注意的：

1. 注册会计师审计意见与结论；

2. 企业采用的会计原则、会计政策及其变更情况；

3. 会计信息披露的完整性、真实性；

4. 财务情况说明书。

（二）比较会计报表

在阅读会计报表的基础上，重点对会计报表进行比较。比较的方法包括水平分析法、垂直分析法和趋势分析法。通过各种比较，揭示财务会计信息的差异及变化，找出需要进一步分析与说明的问题。

（三）解释会计报表

解释会计报表是指在比较会计报表的基础上，考虑企业采取的会计原则、会计政策、会计核算方法等，说明会计报表差异产生的原因，包括会计原则变化影响、会计政策变更影响、会计核算失误影响等，特别重要的是要发现企业经营管理中存在的潜在“危险”信号。

（四）修正会计报表信息

会计分析是财务分析的基础，通过会计分析，对发现的由于会计原则、会计政策等原因引起的会计信息差异，通过一定的方式加以说明或调整，消除会计信息的失真问题。

在分析时下面几种方法可以作为重点来参考：

（一）水平分析法

水平分析法，是将反映企业报告期财务状况的信息（特别指会计报表信息资料）与反映企业前期或历史某一时期财务状况的信息进行对比，研究企业各项经营成绩或财务状况的发展变动情况的一种财务分析方法。水平分析法所进行的对比，一般而言，不仅仅指单指标对比，而是对反映某方面情况的报表的全面、综合对比分析，尤其在会计报表分析中应用较多。因此，通常也将水平分析法称为会计报表分析法。水平分析法的基本要点是，将报表资料中不同时期的同项数据进行对比，对比的方式有以下几种：

一是绝对值增减变动，其计算公式是：

绝对值变动数量＝分析期某项指标实际数－基期同项指标实际数

二是增减变动率，其计算公式是：

变动率＝（绝对值变动数量/基期实际数量）×100%

三是变动比率值，其计算公式是：

变动比率值＝分析期实际数量/基期实际数值

（二）垂直分析法

垂直分析法与水平分析法不同，它的基本点不是将企业报告期的分析数据直接与基期进行对比求出增减变动量和增减变动率，而是通过计算报表中各项目占总体的比重或结构，反映报表中的项目与总体关系情况及其变动情况。会计报表经过垂直分析法处理后，通常称为同度量报表，或称总体结构报表、共同比报表等。如同度量会计资产负债表、同度量利润表、同度量成本表等，都是应用垂直分析法得到的。垂直分析法的一般步骤是：

第一，确定报表中各项目占总额的比重或百分比，其计算公式是：

某项目的比重＝（该项目金额/各项目金额）×100%

第二，通过各项目的比重，分析各项目在企业经营中的重要性。一般项目比重越大，说明其重要程度越高，对总体的影响越大。

第三，将分析期各项目的比重与前期同项目比重进行对比，研究各项目的比重变动情况。也可将本企业报告期项目比重与同类企业的可比项目比重进行对比，研究本企业与同类企业的不同，以及成绩和存在的问题。

（三）趋势分析法

趋势分析法是根据企业连续几年或几个时期的分析资料，运用指标或完成率的计算，确定分析期各有关项目的变动情况和趋势的一种财务分析方法。趋势分析法既可用于对会计报表的整体分析，即研究一定时期报表各项目的变动趋势，也可对某些主要指标的发展趋势进行分析。趋势分析法的一般步骤是：

第一，计算趋势比率或指标。通常，指数的计算有两种情况：一是定基指数，二是环比指数。定基指数就是指各个时期的指数都是以某一固定时期为基期来计算的。环比指数则是指各个时期的指数都是以前一期为基期来计算的，趋势分析法通常采用定基指数。

第二，根据指数计算结果，评价与判断企业各项指标的变动趋势及其合理性。

第三，预测未来的发展趋势。根据企业以前各期的变动情况，研究其变动趋势或规律，从而可预测出企业未来发展变动情况。

三、财务分析

财务分析方法有很多，概括起来可分为两类：一是财务报表综合分析，如资产与权益综合分析、利润与现金流量综合分析等；二是财务指标体系综合分析，如杜邦财务分析体系、杜邦财务指标体系改进分析等。

上述两种分析方法在后面章节均会详细展示，这里主要讲讲模拟报表分析法。当公司面临着分立、并购或股票回购等重大行为时，未来的财务报表数据可能会发生根本性的变化，因此如果报表使用人将自身决策建立在以历史数据为主的财务分析结果的基础上，那么就可能导致决策失误。在这种情况下，分析人员可以通过编制模拟财务报表分析来进行财务分析。通过模拟财务报表的编制，能够显示出某项特定交易（如兼并、收购、大比例资产出售、置换等）如果在更早的时期完成可能对历史会计报表产生的影响，由此带来为投资者提供关于此项特定交易持续影响的信息。模拟财务报表将有助于投资者分析公司的未来前景，因为它详细阐述了公司兼并、收购等交易活动具有预测价值。模拟财务报表一般包括模拟资产负债表、模拟收益表和相关解释性附注。一般而言，模拟财务报表并不是主要财务报表，们仅仅是对历史财务报表的一种补充。

在编制模拟财务报表时，应当注意三张模拟财务报表之间的数据要保持正确的勾稽关系。此外，编制模拟财务报表时难免要做出一系列假设，这些假设应当与公司的实际情况相符，并考虑到公司管理层在未来可能做出的变动。

四、企业发展前景分析与预测

现行财务报表体系是以决策有用观为导向的，但财务报表信息往往只提供了过去的历史数据，而决策必定是面向未来的。因此，以报表中的历史数据为基础，对未来进行前瞻性预测，是实现财务报表的“决策有用性”的关键步骤。

（一）财务预测的基本思路

财务预测是指基于各种合理的基本假设，根据预期条件和各种可能影响未来经营活动、投资活动和理财活动等重要事项，作出最恰当的预估结果，并将预期的财务状况、经营成果和现金流量变动等信息，编制成各项预计财务报表。财务预测并不是凭空臆断的“空中楼阁”，而是建立在之前的战略分析、会计分析和财务分析的坚实基础之上的。比如分析人员可以通过战略分析了解到公司未来的竞争战略和公司战略有何变化？是否会影响到公司的营运资本和资本支出的需求？通过会计分析可以了解到过去的收益或资产是否被高估？对未来的财务报表有何影响？通过财务分析可以了解到公司毛利率变化的驱动因素是什么？未来的变化趋势如何？

由于财务报表体系是一个相互关联的有机整体，因此恰当的财务预测应当是全面预测，不仅需要进行收益预测，而且应当预测现金流量和资产负债表数据。这样能够防止在预测过程中出现不切实际的假设。例如，如果在预测企业未来几年的销售和收益增长时，没有意识到由此带来的营运资本和固定资产的增加以及相应的融资可能性，那么这种预测就是建立在对资产周转率、财务杠杆等因素进行不现实的假定基础上，其可靠性将大打折扣。

虽然全面预测涉及到大部分财务报表项目，但由于财务报表各项目间的相互勾稽关系，因此，通常只需对一些“驱动因素”进行预测，然后利用项目间的关联关系，预测出其他项目。

（二）销售收入增长行为

对销售收入的预测是财务预测的重要起点。尽管不同行业、不同公司的销售增长率不尽相同，但长期来看总是趋于一致的。根据美国公司的历史经验，拥有高于或低于平均水平销售收入增长率的公司往往会在不超过 3－10 年的时间内回归到“正常水平”。这可能是由于随着行业和公司的成熟，增长率会因需求饱和及行业内部竞争而减缓。因此，我们不能仅凭公司目前的高速增长就推断公司当前的高速增长可无限持续，而应当结合公司所处行业的特征、发展阶段以及公司所处的竞争战略来估计销售增长率。

（三）盈利变动行为

众多研究表明，盈利增长基本上遵循“随机游走”模型或“漂移的随机游走”模型。因此，以前年度盈利是考察未来盈利能力的良好起点。即使是简单的随机游走模型（也就是简单认为下年度盈利等于上年度盈利）也具有相当的准确性。当然，职业分析师的预测更为精准。

因此，在预测未来盈利水平时，上年度盈利水平可以作为预测基础的有用数据。此外，从总体而言，盈利的长期趋势是可持续的，因此也值得对这一趋势加以考虑。如果同时考虑季度数据，则通常应对最近季度发生的对长期趋势的偏离予以考虑。对大多数公司而言，这些最近变化往往会在以后各季度部分重复出现。

（四）权益报酬率变动行为

尽管盈利增长遵循“随机游走模型”，但权益报酬率的变动却并非如此。研究表明，拥有异常高或异常低的权益报酬率的公司往往会逐渐回落到正常水平。这可能是由于两方面的原因。首先，虽然一般公司的盈利水平比较符合随机游走模型，但拥有异常高（低）权益报酬率公司往往会经历盈利水平的下降（上升），从而导致权益报酬率的“正常化”。其次，拥有高权益报酬率的公司往往能比其他公司更快扩展投资，这会引起权益报酬率的分母迅速提高，当然，如果公司新投资的盈利水平能够与原投资的收益水平相当，则公司仍能够保持较高的权益报酬率，但实际情况往往是盈利的增长往往跟不上投资的增长，因而权益报酬率最终下降。根据美国公司的历史经验，拥有高于或低于平均权益报酬率的公司往往会在不超过 10 年的时间内（10%－15%左右）回归到正常水平。这一趋势并非巧合，而是竞争性经济环境下的必然结果，高权益报酬率下降的趋势是高盈利招致竞争加剧的结果，而低权益报酬率上升的趋势反映了无利可图资本的流出。

案例分析

案例一：四川长虹应收账款结构分析

2004 年末，四川长虹电器股份有限公司发布了一个惊人的消息：长虹的美国进口商 APEX 公司拖欠长虹的应收账款高达 4.675 亿美元，而可能收回的资金约为 1.5 亿美元，加之其他原因，预计 2004 年度会出现巨大亏损。下面对长虹 2001－2003 年的应收账款做详细的分析，如【表1－2】所示。

表1－2　　四川长虹应收账款分析表

项　目	2003年	2002年	2001年
应收账款净额/万元	498513.35	422020.90	288070.76
应收账款增长率/%	18.13	46.50	58.15
资产总计/万元	2140020.27	1867036.72	1763751.17
应收账款占资产比重/%	23.29	22.60	16.33
主营业务收入/万元	1413319.55	1258518.47	951461.85
应收账款占主营业务收入比重/%	35.27	33.53	30.28

从表中可以看出，四川长虹2001－2003年间应收账款净额虽然增长率在逐年下降，但其规模却在不断扩大，而且在总资产规模不断扩大的情况下，应收账款占资产的比重仍然在逐年增大，可见公司应收账款的增长速度超过了总资产的增长速度，这是一个相当危险的信号。从另一个角度观察，四川长虹在主营业务收入逐年增长的情况下，其应收账款占主营业务收入的比重也呈逐年变大的趋势，表明公司的应收账款增长速度超过了主营业务收入的增长速度，这说明公司的收入质量并不高，应该引起投资者的高度重视。总之，当销售收入和净利润的增长主要来自于单一或极少数客户时，尤其关注应收账款的回收情况，审慎评估这些客户的信用风险。

案例二:EA公司存货存在水分备受关注

CCTV《经济半小时》于2008年5月9日播出了来自上海国家会计学院一名青年教师夏草的“沪市十公司年报造假嫌疑”的报道，其中以服装制造而闻名于世的EA公司名列其中。夏草根据EA公司近几年来的经营状况分析，该公司1999年年底存货为12.1亿元，而在2000年以后存货一直都在20多亿元的高位盘整，2006年年底更是飙升至34亿元(与1999年相比，变动额高达21.9亿元，变动率高达180.99%)。同时，该公司近几年的资金非常紧张，根据其财务报表可以看出，EA公司的债务总额从2004年的34.55亿元飙升至2007年第三季度的89.70亿元(与2004年相比，变动额高达55.15亿元，变动率高达161.29%)，负债总额竟超过资产总额的50%。资产伴随着收入的增长，表面上没有任何异常;可是更应注意的是，EA公司自2000年以来，存货一直在20多个亿高位盘整，而上市公司资金非常紧张，债务压力很大。据此，夏草认为，EA公司有虚构存货20亿元的嫌疑。由于无法进一步获得直接证据，因此对于EA公司的存货只能是予以更多的关注。

复习思考题

1. 财务报表分析体系与内容构建的理论基础是什么?
2. 财务报表分析的内涵是什么？作用是什么?
3. 财务报表分析的基本方法有哪些?
4. 财务报表分析应该从哪几方面进行分析以及分别怎样分析?

第二章　财务报表粉饰

【学习目标】

1. 掌握财务报表粉饰的动机
2. 掌握财务报表粉饰类型
3. 了解财务报表粉饰的手法
4. 了解财务报表舞弊与识别的预警信号

第一节　财务报表粉饰的动机

所谓的财务报表粉饰，是指公司管理层通过人为操作，使财务报表反映“预期”财务状况、经营成果和现金流量的行为。判断公司管理层粉饰财务报表的潜在动机，是有效地分析和利用财务报表的关键。

根据证券监管部门披露的大量财务舞弊和报表粉饰案例，我国企业财务报表粉饰的主要动机可分为6种:业绩考核动机、信贷资金获取动机、股票发行动机和上市资格维护动机、税收筹划动机、政治利益动机、责任推卸动机。

一、业绩考核动机

企业的经营业绩，其考核办法一般以财务指标为基础，如利润(或扭亏)计划的完成情况，投资回报率、产值、销售收入、国有资产保值增值率、资产周转率、销售利润率等，均是经营业绩的重要考核指标。而这些财务指标的计算都涉及到会计数据。除了内部考核外，外部考核如行业排行榜，主要也是根据销售收入、资产总额、利润总额来确定。经营业绩的考核，不仅涉及到企业总体经营情况的评价，还涉及到企业厂长经理的经营管理业绩的评定，并影响到厂长经理的提升、奖金福利等。我国企业在设计报酬方案时，主要采用以利润为基础的奖金分享。企业的高管人员为了其自身利益，往往选择能够将报告盈利由未来期间提前至本期确认的会计政策或做法。

二、信贷资金获取动机

改革开放以来，我国的证券市场得到迅速发展，但我国的证券市场仍属于新兴市场，其深度和广度不能与发达国家的证券市场相提并论，因此，企业需要的资金，绝大部分来自银行等金融机构。国有企业超过70%的负债率，大多数上市公司的负债率也超过50%，均凸显出信贷资金的重要性。在市场经济下，银行等金融机构出于风险考虑和自我保护的需要，一般不愿意贷款给亏损企业和缺乏资信的企业。然而，资金又是在市场竞争取胜的四要素（产品质量、资金实力、人力资源、信息资源）之一。在我国，企业普遍面临资金紧缺的局面。因此，为了获得金融机构的信贷资金或其他供应商的商业信用，经营业绩欠佳，财务状况不健全的企业，就有可能对其财务报表粉饰。

从某种意义上说，企业往往为其会计报表准备多套"时装"。报送给银行等金融机构的会计报表，一般是穿上最漂亮"时装"。企业似乎都感悟出这样的一个道理：向银行只能报喜，不能报忧，否则，就很难得到银行的支持。

"债务契约假说"指出：在其他条件保持相同的情况下，企业越接近于违反以会计数据为基础的债务契约，企业的经理越有可能选择将未来期间的盈利提前至本期确认的会计程序。我们认为，这一假说对于我国同样适用。随着商业银行改革的深入，银行与企业签订的贷款合同越来越多地利用会计信息。许多银行为了控制风险，往往对贷款企业的财务指标提出限制性要求，有些甚至对贷款企业的继续举债、利润分配、收购兼并作出限制。这意味着，如果违反与银行签订的以会计数据为基础的债务契约，企业将面临着许多严重的经济后果，如银行可能提高贷款利率、要求追加抵押或质押品、提高信用担保条件、提前收回贷款等。所有这些，都会增加企业的借款成本，甚至使企业陷入技术性偿债困难，因此，为了避免违反以会计数据为基础的债务契约，企业可能诉诸于财务报表粉饰。换言之，这种情形下的财务报表粉饰可以降低违反债务契约的风险，从而达到降低借款成本的目的。

三、股票发行动机和上市资格维护动机

股票发行分为首次发行（IPO）和后续发行（SEO）如配股或增发。在IPO情况下，根据《公司法》等法律法规的规定，企业必须连续三年盈利，且经营业绩要比较突出，才能通过证监会的审批。此外，股票发行价格的确定也与盈利能力有关。因为，P = EPS × PE（即发行价格 = 预测的每股税后利润 × 发行市盈率）。为了顺利通过发行审核，尽可能多募集资金，降低募集资金的成本，拟上市公司往往对会计报表进行包装、粉饰。此外，为了使IPO顺利进行，拟上市公司发行前一年的净资产比率不得低于30%，故主要依靠举债经营企业，为了发行股票，往往通过隐瞒负债等手段粉饰财务状况。

在配股情况下，根据1999年之前证监会的规定，要符合配股条件，企业最近三年的净资产收益率（ROE）每年必须在10%以上，因此10%的ROE已成为上市公司的"生命线"。统计数据表明，1997年755家上市公司净资产收益率在10%至11%的高达211家，约占28%。1999年证监会修改了配股条件，其中对净资产收益率的要求改为3年平均不低于10%，但每年不低于6%，结果，1998年度上市公司的净资产收益率低于10%的比比皆是，但低于6%的却屈指可数。可见，为了配股而粉饰会计报表的动机并不亚于IPO。

2001年起，中国证监会开始实行"退市制度"，连续三年亏损的上市公司，其股票将暂停交易。在暂停交易的第一个半年内，如果仍无法实现盈利，则其股票将被摘掉，在交易所停止交易。这一新政策的出台，给业绩差的公司带来了很大压力。濒临退市边缘的上市公司，其报表粉饰的动机也特别强烈，少数上市公司可能因此铤而走险。

四、纳税筹划动机

尽管财务会计与税务会计日趋分离，但应税所得额基本上仍以财务会计上的利润为基础，通过纳税调整，将利润总额调整为应纳税所得额，再乘以适用的所得税率而得出的。可见，财务会计上的利润，直接关系到纳税的金额与时间分布。而税收的现值取决于纳税金额和纳税时间。

根据税收策划假说，由于税收的现值取决于纳税金额与纳税时间，其他条件保持相同的情况下，企业一般会选择能够报告较少盈利或将报告盈利由本期推迟至未来期间确认的会计程序或做法。

然而，税收策划动机有时受制于其他报表粉饰动机。税收策划动机与财务报表粉饰的其他动机如业绩考核动机、信贷资金获取动机、股票发行动机、上市资格维护动机经常互相抵触。因此，企业最终是否选择最低限度地降低税收现值的会计政策或做法，取决于对其他报表粉饰动机的权衡和抉择。

税收筹划动机可能还与企业的所有制形式和其他经营效应有关。一般而言，国有企业、拟上市公司、面临退市压力的上市公司，基于税收策划目的而粉饰其他报表的可能性较小。相反地，这类企业很有可能选择多交税或提早交税的会计政策做法，以证明其经营业绩的“真实性”。

五、政治利益动机

“政治成本假说”指出：在其他条件保持相同的情况下，企业面临的政治成本越大，其高管人员越有可能选择将本期报告盈利递延至未来期间确认的会计程序。一般地说，盈利能力越强的企业，尤其是关系到百姓生计的公用设施企业如水电煤气公司，其潜在的政治成本也越高，潜在的政治成本包括更加严格的价格管制、更严格的政府或消费者监管、更激烈的商业竞争、更高的税收、更严厉的反垄断指控。企业通过选择异常保守的会计政策，降低财务报告所体现的盈利水平，可避免成为社会公众关注的焦点，从而达到降低潜在政治成本的目的。

政治成本假说在中国是否适用，目前还缺乏令人信服的实证数据。但是，我国的企业基于政治目的而粉饰财务报表的行为时有发生。

国企改革已进入了攻坚战（现在流行的说法是，要么消灭企业的亏损，要么就消灭亏损的企业）。从某种意义上说，国企扭亏为盈，创造良好经营业绩已成为一项政治任务。对厂长经理而言，完成这项任务可能仕途光明，否则可能职位难保，甚至下岗分流，在这种政治压力下，国企很有可能粉饰财务报表。

此外，许多地方的市长、局长从大型国有企业的厂长经理中挑选。为了表现其才能，体现业绩，厂长经理们就有粉饰会计报表的动机。不难发现，一些企业的老总一旦被提拔为市长或局长，继任者往往不得不花费几年的时间来消化上任厂长经理因粉饰会计报表而遗留下的沉重历史包袱。

六、责任推卸动机

为了推卸责任而粉饰财务报表，主要表现为：(1)更换高级管理人员时进行的离任审计，一般暴露出许多会计问题。新任总经理就任当年，为了明确责任或推卸责任，往往大刀阔斧地对陈年老账进行清理，甚至将本应在未来会计期间确认的成本费用提前至本期确认；(2)会计准则、会计制度发生重大变化时，如《企业会计制度》和具体会计准则的实施，可能诱发上市公司粉饰财务报表，提前消化潜亏，并将责任归咎于新的会计准则和会计制度；(3)发生自然灾害时，或高级管理人员卷入经济案件时，企业也很可能粉饰财务报表。

第二节 财务报表粉饰的类型

根据粉饰对象的不同，财务报表粉饰可分为三种类型：经营业绩粉饰、财务状况粉饰和现金流量粉饰。

一、经营业绩粉饰

经营业绩粉饰的具体表现形式包括：利润最大化、利润最小化、利润均衡化和利润清洗。

(一)利润最大化

公司在上市前一年和上市当年采用这种类型的报表粉饰尤其明显。典型的做法是：提前确认收入、推迟结转成本、亏损挂账、资产重组、关联交易。

(二)利润最小化

当公司达不到经营目标或可能出现连续三年亏损，面临被摘牌时，采用这种类型的会计报表就不足为奇了。典型的做法是：推迟确认收入、提前结转成本、转移价格。

很多公司制定的薪酬计划将管理层的奖金与利润挂钩，并设计了下限和上限，如【图2－1】所示。这种制度设计，也很容易诱发利润最小化的财务报表粉饰。

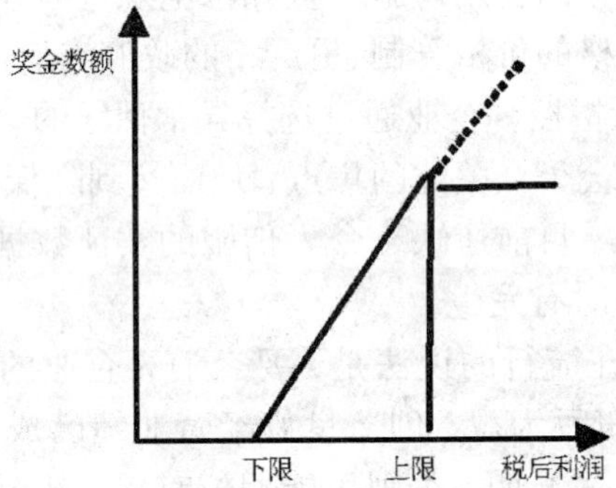

图2－1　设计上下限的奖金计划

假设ABC公司管理层的奖金等于税后利润的10%，且只有在税后利润达到2000万元时才可享受奖金计划，税后利润超过1亿元后，超过的部分不再发放奖金。在这一奖金计划下，假设ABC公司当年的实际税后利润为1980万元，管理层将无缘分享奖金，此时，管理层可能采用利润最小化的报表粉饰，通过预提费用、预计负债或者加大研究开发和广告促销等斟酌支出，据以为下一年获得奖金创造机会。

(三)利润均衡化

企业为了塑造绩优股的形象或获得较高的信用等级评定，往往采用这种类型的会计报表粉饰。典型的做法是:利用其他应收、应付款、待摊费用、递延资产、预提费用等科目调节利润，制造利润稳步增长的趋势。

(四)利润清洗

利润清洗俗称“洗大澡”，亦称巨额冲销，其做法是:在某一特定会计期间，将坏账、存货积压、长期投资损失、闲置固定资产、待处理流动资产和待处理固定资产等所谓虚拟资产一次性处理为损失，以便卸掉包袱，轻装前进，为未来会计期间实现盈利拓展空间。

二、财务状况粉饰

财务状况粉饰的具体表现形式包括:高估资产、低估负债和或有负债。

(一)高估资产

对外投资和股份制改组时，企业往往倾向于高估资产，以获得较大比例的股权，典型的做法是:编造理由进行资产评估、虚构业务交易和利润。

(二)低估负债和或有负债

企业贷款或发行债券时，为了证明其财务风险较低，通常有低估负债及或有负债的欲望。典型的做法是:账外账，将负债和或有负债隐匿在关联企业。

三、现金流量粉饰

现金流量粉饰的具体表现形式主要包括:突击制造现金流量、混淆现金流量的类别。

(一)突击制造现金流量

为了使对外报告的利润表显得真实，企业可能在粉饰利润表的同时，对现金流量表进行粉饰。典型做法是突击制造不可持续的现金流量。如在会计期间即将结束前，突击收回关联企业结欠的账款，降价处置存货，低价抛售有价债券，高额融入资金，在会计期间结束前形成现金流入的“高峰”。

(二)混淆现金流量的类别

不同类别的现金流量发生的信号也存在差别。其他条件保持相同的情况下，经营活动产生的现金流入净额越大，意味着企业的利润质量越高。反之，如果企业的现金流量主要来自投资活动或融资活动，则其利润的质量较低。为此，企业为了改变投资者对利润表的“印象”，可能蓄意混淆现金流量的类别，将投资活动或融资活动产生的现金流量划分为经营活动产生的现金流量。

四、财务报表粉饰动机与类型的关系

财务报表粉饰的首要动机决定了财务报表粉饰的类型。一般而言，基于业绩考核、获取信贷资金、发行股票和政治目的，会计报表粉饰一般以利润最大化、利润均衡化、高估资产、低估负债和或有负债、虚增经营活动现金流量等形式出现。基于纳税和推卸责任等目的，会计报表粉饰一般以利润最小化和利润清洗(巨额冲销)、低估资产、高估负债和或有负债、虚减经营活动现金流量等形式出现。

第三节　财务报表粉饰的手法

综观中国证监会和新闻媒体披露的会计造假丑闻，我国上市公司粉饰报表可归纳为12种惯常手法，区分为传统手法和现代手法两大类。

一、传统的财务报表粉饰手法

传统的财务报表粉饰手法，主要包括：提前或推迟确认收入，或者确认虚假的收入；利用虚拟资产高估利润；期间费用资本化；借助股权转让"炮制"利润；高估存货成本少计销售成本；利用其他应收应付款隐瞒亏损或藏匿利润。

（一）操纵收入确认时间或确认虚假收入

利用收入确认粉饰报表的典型手法是提前或推后确认收入、或者确认虚假的收入。收入准则对收入的确认主要着眼于经济实质，然而在实际操作中，存在着许多需要会计人员进行职业判断的余地，也为管理当局进行会计报表粉饰提供了余地，而且，对收入进行粉饰，会计准则没有要求进行披露，一般外部的投资者通过分析会计报表较难发现。

上市公司操纵收入确认的手法，可归纳为：(1)寅吃卯粮，透支未来收入；(2)以丰补歉，储备当期收入；(3)鱼目混珠，伪装收入性质；(4)张冠李戴，弯曲部分收入；(5)借鸡生蛋，夸大收入规模；(6)瞒天过海，虚构经营收入；(7)里应外合，相互抬高收入；(8)六亲不认，隐瞒关联收入；(9)随心所欲，篡改收入分配。

（二）利用虚拟资产高估利润

所谓虚拟资产，是指已经实际发生的费用或损失，但由于上市公司缺乏承受能力而暂时挂列为待摊费用、长期待摊费用、待处理财产损溢等资产科目。广义的虚拟资产，还包括资产潜亏，如潜在的坏账损失、潜在的存货跌价损失、潜在的长期资产（如长期股权投资、固定资产、在建工程和无形资产）的价值减损。利用虚构资产科目作为"蓄水池"，不及时确认、少摊销或不摊销已经发生的费用和损失，是上市公司粉饰会计报表，虚盈实亏的常用手法。

【案例——东北制药的利润制造】

东北制药股份公司就是利用虚拟资产调节利润的"高手"。该公司1996年报告了1920万元的净利润。年度报告显示，该公司根据当地财政部门的批复，将已经发生的折旧费用、管理费用、退税损失、利息支出等累计约14000万元挂列为"递延资产"。东北制药公布了这份年度财务报告后，引起投资者一片哗然。如果已经发生的经营费用只要经过当地财政部门的批复，即可通过挂账予以"摊销"或"递延"，那么，上市公司还会亏损吗？最终，东北制药受到证券监管部门的通报批评，并被处以罚款。

财政部为此还专门向各地财政部门发文，明确指出上市公司属于全国性公众公司，其会计处理必须遵循财政部颁发的会计制度和准则，地方财政部门无权对上市公司违反会计制度和准则的会计处理作出批复。

（三）期间费用资本化

根据现行会计制度的规定，上市公司发生的支出必须区分为资本性支出和收益性支出。资本性支出是指能够使上市公司在一个会计年度或一个经营周期以上的期间受益的支出项目，如购置固定资产和无形资产支出。收益性支出是指只能在一个会计年度或一个经营周期以内的期间使上市公司受益的支出项目，如管理费用和销售费用。根据这一要求，上市公司为在建工程和固定资产等长期资产而支付的专项长期借款而支付的利息费用，在这些长期资产投入使用之前，可予以资本化，计入这些长期资产的成本。广告促销支出和研究开发支出，有可能使上市公司在一个以上的会计年度或经营周期受益，从理论上说属于资本性支出，然而，由于广告促销支出和研究开发支出所能带来的未来经济利益具有很大的不确定性，因此，我国现行会计制度和准则均要求将其当作期间费用，不得资本化。

在实际工作中，一些上市公司滥用资本化的规定，或将广告促销和研究开发支出计入资本化项目，蓄意调节利润。

（四）借助股权转让“炮制”利润

由于我国的产权交易市场还很不发达，对股权投资的会计规范尚处于起步阶段，有不少国有企业和上市公司利用股权投资调节利润。除了借助资产重组之机，利用关联交易将不良股权投资以天价与关联公司置换股权获取“暴利”外，还有少数上市公司利用利润转投资掩盖虚假投资收益和投资项目合作分成等手段蓄意粉饰会计报表。

此外，一些上市公司迫于利润压力，经常在会计年度即将结束之际，与关联公司签订股权转让协议，按权益法或通过合并会计报表，将被收购公司全年的利润纳入上市公司的会计报表。1998 年 5 月，财政部发布通知，明确规定股权转让时，收购企业只能从收购之日起以权益法或合并报表的方法确认被收购企业的利润，收购之日前被收购企业实现的利润只能作为收购成本，收购企业不得将其确认为投资收益。这一规定，无疑将抑制国有企业和上市公司利用股权投资调节利润，粉饰会计报表。

（五）高估存货少计销售成本

经营规模较大的上市公司，由于其存货品种繁多，构成复杂，存放地点分散，盘点工作量大，应收账款数量多，难以函证，很容易利用存货和应收账款调节利润，粉饰会计报表。典型做法包括：(1)利用存货难以直接盘点或计量误差，夸大期末存货或存货盘盈，少转主营业务成本；(2)向关联方高价销售商品或提供劳务，夸大主营业务收入，提高销售毛利率；(3)多提存货跌价准备，为未来会计期间拓展盈利空间；(4)空挂应收账款，虚构销售收入；(5)随意改变应收账款账龄结果或坏账准备计提比例，调节利润；(6)全额计提坏账准备，并在收回期间确认为当期收益。

（六）利用其他应收款应付款隐瞒亏损或藏匿利润

根据现行会计制度规定，“其他应收款”和“其他应付款”科目主要用于反映除应收账款、预付账款、应付账款、预收账款以外的其他款项。在正常情况下，“其他应收款”和“其他应付款”的期末余额不应过大，然而，许多上市公司披露的年报显示，“其他应收款”和“其他应付款”期末余额巨大，往往与“应收账款”、“预付账款”、“应付账款”和“预收账款”的余额不相上下，甚至超过这些科目的余额。其所以出现这些异常现象，主要是因为许多上市公司利用这两个科目调节利润。事实上，老练的财务报表使用者已经将这两个科目称为“垃圾桶”和“聚宝盆”。

一般而言，“其他应收款”主要用于隐藏潜亏，高估利润，而“其他应付款”主要用于隐藏收入，低估利润。为此，通过分析这两个科目的明细构成项目和相应的账龄，便可发现上市公司是否利用这两个科目调节利润，粉饰会计报表。

一般而言，其他应收款余额特别巨大可能意味着：(1)关联股东占用了上市公司的资金；(2)变相的资金拆借；(3)隐性投资；(4)费用挂账；(5)或有损失(将贷款担保发生的损失挂账)；(6)误用会计科目。

二、现代财务粉饰手法

现代的财务报表粉饰手法主要包括：以资产重组之名，行会计造假之实；通过关联交易，不当输送利益；滥用“八项准备”，上演“洗大澡”闹剧；随意追溯调整，逃避监管规定；借助补贴收入，编造经营业绩；利用收购兼并，进行数字游戏。与传统手段相比，现代手段具有粉饰效果立竿见影，粉饰手段没有逾越法律法规界限等特点，因此，其危害性更应当引起报表使用者的高度重视。

(一)以资产重组之名，行会计造假之实

资产重组是上市公司为了优化资本结构，调整产业结构，完成战略转移等目的而实施的资产置换和股权置换。然而，资产重组现已被广为滥用，以致提起资产重组，人们立即联想到做假账。近年来，在上市公司中，资产重组被广泛用于粉饰财务报表。

在我国，许多上市公司是通过国有企业局部改组而成的，鉴于上市公司具有很强的融资功能，即使我国已经放弃了沿用多年的“限报家数，总量控制”政策，由审批制改为核准制，上市公司的“壳资源”仍具有很大价值。因此，当上市公司连续两年亏损时，其母公司(在多数情况下是非上市的国有企业)或所在地的地方政府，往往以“资产重组”为名，十分慷慨地向这些陷入困境的上市公司伸出援助之手。

这类资产重组的目的，实际上是转移利润，即由非上市的关联股东将利润转移至上市公司，以达到配股、增发或避免被摘牌的厄运。其典型做法包括：(1)借助关联交易，由非上市的关联股东以优质资产置换上市公司的劣质资产；(2)由非上市的关联股东将盈利能力较高的下属企业廉价出售给上市公司；(3)将亏损子公司高价出售给关联股东；(4)将不良债权和股权出售给关联股东；(5)互购资产，哄抬利润和资产价值；(6)剥离资产和负债。

(二)通过关联交易，不当输送利益

我国的许多上市公司由国有企业改组而成，过去在实行行政审批制下，股票发行额度十分稀缺，上市公司往往通过对国有企业局部改组的方式设立。股份制改组后，上市公司与改组前的母公司及母公司控制的其他子公司之间普遍存在着错综复杂的关联关系和关联交易。利用关联交易粉饰财务报表，不当输送利益已成为上市公司乐此不疲的“游戏”。

利用关联交易不当输送利益，其主要方式包括：(1)虚构经济业务，人为抬高上市公司业务和利益；(2)采用大大高于或低于市场价格的方式，进行购销活动或资产置换；(3)以旱涝保收的方式委托经营或受托经营，虚构上市公司经营业绩；(4)以低息或高息发生资金往来，调节财务费用；(5)以收取或支付管理费、或分摊共同费用调节利润；(6)隐瞒关联关系，为关联企业提供贷款担保。

(三)滥用“八项准备”，上演“洗大澡”闹剧

会计制度和准则作为确认、计量和报告经济活动的规范手段，必须与时俱进，根据宏观经济环境和企业经营模式的变迁，不断做出动态调整和完善。进入20世纪90年代，不论是

美国，还是中国，会计制度和准则均发生了巨大变化。美国从90年代中期开始，逐渐淡化配比原则，转而以资产负债观作为收益确定基础。我国从1988年开始，要求上市公司计提“四项准备”，2001年进一步升格为“八项准备”，2000年还颁布了“或有事项”准则。这些制度和准则背后所蕴含的会计思想与美国如出一辙，即只有夯实资产和负债，才能使会计报表上报告的利润真实可靠。

客观地说，中美两国最近几年会计准则和制度的变化极大地提高了会计信息的质量，但准则的变化，难免会被少数上市公司所利用，这或许是准则制定机构始料不及的。当会计准则和制度发生重大变化时，一些过去做假账或采用不稳健会计政策导致资产负债不实的上市公司，往往将其视为千载难逢之机，选择巨额冲销，并巧妙地将巨额亏损归咎于新的会计准则和制度。

2001年开始执行的《企业会计制度》，成为我国少数上市公司进行巨额冲销的借口，以下分析的三个上市公司中，巨额冲销的方式不尽相同，但“功效”却大同小异：通过巨额冲销，消化以前年度的不良或不实资产，为未来期间的盈利营造空间。

【案例——南方证券带来的尴尬】

近年来，频繁发生的券商倒闭事件从一个侧面戏剧地展现了上市公司“各取所需”地计提资产减值准备的乱象。【表2－1】是截至2003年12月31日多家参股南方证券的上市公司计提投资减值准备的情况：

表2－1　　上市公司对南方证券计提的投资减值准备差异

股票简称	投资金额	计提情况		年净利润	净资产收益率
		金额	比例		
上海汽车	3.96	3.96	100%	15.16	14.55%
首创股份	3.96	0.59	15%	4.04	9.08%
东电B股	2.20	1.80	82%	6.09	10.14%
四川长虹	1.30	0	0	2.40	1.84%
邯郸钢铁	1.10	0.52	47%	6.26	8.63%
万鸿集团	0.83	0.75	90%	-7。68	N/A
海王生物	0.77	0.23	30%	0.44	25.1%
中原油气	0.49	0.27	55%	5.22	12.16%

从上表可以清楚地看出，在南方证券生死不明的2003年，对其投资的上市公司依据各自的估计和判断，计提了长期投资减值准备，计提比例迥然不同，譬如，并列为第一大股东的上海汽车和首创股份投资额均为3.96亿元，上海汽车因利润充盈计提了100%的减值准备，而首创股份的计提比例仅为15%；计提比例较高者还有盈利情况较好的东电B股（计提了80%以上的减值准备）和巨亏的万鸿集团（洗大澡似地计提了90%的减值准备）。

当然，减值准备计提额的多少并不仅仅受上市公司当年经营业绩的影响，其他的影响因素还有：经营战略（如上表中忙着筹备去香港上市的海王生物的计提比例也明显偏低）；当地政府的财政压力（如2005年4月底，一家会计师事务所因坚持将某上市公司委托某证券公司购买国债6000万元投资款的减值准备计提比率提高到80%，而在该上市公司大股东的重压下惨遭解聘）。

对于资产减值准备的计提，我国会计制度的规定与国际会计准则趋同。但现实中，按资产可收回金额低于账面价值的部分确认减值却很难操作，对计提金额的合理性也难有统一的验证标准，这就滋生了利润操纵空间。从上述案例我们不难看出：减值准备远不是管理层根据准则要求计算出的一个简单数字，其背后隐含着公司经营战略、业绩目标、大股东利益取向、当地政府财政意志和会计师事务所风险把握的较量。

（四）随意追溯调整，逃避监管规定

根据财政部颁布的《会计政策、会计估计变更和会计差错更正》准则，上市公司变更会计政策（包括自愿变更和强制变更）或发生重大差错时，必须采用追溯调整法，将会计政策变更的累积影响或重大会计差错的影响数在以前年度进行反映。而对于会计估计变更，则采用未来适用法，将变更的影响数在当期及以后各期反映。财政部颁布的这一准则，与国际准则保持一致。然而，在实际工作中，会计政策变更、会计估计变更和会计差错更正的区分界线有时并不是十分清楚，给一些上市公司滥用这个准则的规定以粉饰其报表提供了机会。典型的做法是，故意混淆会计政策和会计估计变更，或者将会计估计变更解释为重大会计差错，滥用追溯调整。

滥用追溯调整的另一种手法是将会计舞弊解释为会计差错，以逃避被监管部门处罚的命运。因为根据规定，上市公司是否连续两年亏损（此时其股票就要实行特别处理）和三年连续亏损（此时其股票就要退市），判断标准以上市公司首次对外报告数为准，不受会计政策变更或会计差错更正的影响。另一方面，如果上市公司发现以前年度存在着会计舞弊，必须进行追溯调整，且是否连续亏损以追溯调整后的利润表为依据。因此，将会计舞弊诠释为会计差错，就可避免其股票被特别处理或退市。

（五）借助补贴收入，编造经营业绩

出于种种原因，地方政府直接为上市公司提供财政补贴的现象屡见不鲜，有的政府补贴数额巨大，有的补贴没有正当理由，往往是“业绩不够，补贴来凑”。这种或多或少带有“官商勾结”烙印的粉饰行径，短期内难以得到有效的遏制，使用者在分析财务报表时必须保持警惕，睁开慧眼，才能“雾里看花”。

（六）利用收购兼并，进行数字游戏

收购兼并不仅在美国如火如荼，在我国也日趋普遍。在我国，利用收购兼并进行数字游戏常见的手法包括：(1)规避购买法，选用权益结合法；(2)操纵收入和费用确认时间，将被并购公司购买日前的利润转移到购买日后的会计期间；(3)在购买日前滥用“八项准备”，为购买日后业绩提升埋下伏笔；(4)在购买日前计提大量或有负债，在购买日后冲回或冲减经营费用。

第四节　财务报表舞弊和粉饰的识别

科学技术日新月异，能够经得起几百年历史检验的技术和方法为数甚少，复式簿记便是其中之一。沿用了500多年的复式簿记之所以长盛不衰，主要在于它所固有的平衡机制和对经济交易和事项来踪去迹无与伦比的解释能力。也正因为这种独特的簿记方法，保持高度审慎的财务报表使用者往往能够发现财务报表舞弊和粉饰的征兆。此外，人类固有的局限(如喜欢显耀的心理、追求享乐的冲动和千虑一失的疏忽大意)，注定大多数财务报表舞弊和粉饰会留下蛛丝马迹。这些征兆和蛛丝马迹在会计记录和财务报表的异常表现，就是所谓的预警信号。实践表明，关注预警信号是识别财务报表舞弊和粉饰的有效方法。

一、舞弊的预警信号

按照 Albrecht 教授的观点，舞弊的预警信号可分为6类:会计异常;内部控制缺陷;分析性异常;奢侈生活方式;异常行为;暗示与投诉。

(一)会计异常的预警信号

会计异常的预警信号主要包括:(1)原始凭证不合常规(如凭证缺失、银行调节表出现呆滞项目、过多空白或贷项、收款人或客户名称或地址太普通、应收账款拖欠增加、调节项目增多、凭证篡改、付款雷同、支票二次背书、凭证号码顺序不合逻辑、凭证上字迹可疑、以凭证复印件取代原件);(2)会计分录存在瑕疵(如缺乏原始凭证支撑、对应收款、应付款、收入和费用进行未加解释的调整、会计分录借贷不平衡、会计分录由异常人士编制、临近会计期末编制的异常会计分录);(3)日记账不准确(如日记账不平衡、客户或供应商的个别账户合计数与控制账户不相等)。

(二)内控缺陷的预警信号

内部控制缺陷的预警信号主要包括:(1)缺乏职责划分;(2)缺乏实物资产保护措施;(3)缺乏独立检查;(4)缺乏适当的文件和记录保管;(5)逾越内部控制;(6)会计系统薄弱。

(三)分析性异常的预警信号

分析性异常类的预警信号主要包括:(1)未加解释的存货短缺或调整;(2)存货规格存在背离或废品日增;(3)采购过度;(4)借项或贷项通知繁多;(5)账户余额大幅增减;(6)资产实物数量异常;(7)现金出现短缺或盈余;(8)不合理的费用或报销;(9)注销费用未及时确认且金额繁多;(10)财务报表关系诡异(收入增加存货减少、收入增加应收账款减少、收入增加现金流量减少、存货增加应付账款减少、在产量增加的情况下单位产品成本不降反增、产量增加废品下降、存货增加仓储成本下降)。

(四)奢侈生活方式的预警信号

奢侈生活方式的预警信号主要包括:(1)生活方式与收入水平不相称;(2)豪华的生活方式引人注目(如购买豪宅、名车和名贵珠宝服饰、参加豪华旅游、豪赌等);(3)生活作风绯闻不断。必须指出，这类预警信号对于识别腐败和挪用资产这两种舞弊比较相关，但对于财务报表舞弊的识别能力较低。

(五)异常行为的预警信号

异常行为的预警信号主要包括:(1)失眠、酗酒、吸毒;(2)易怒、猜疑、神经高度紧张;(3)失去生活乐趣，在朋友、同事和家人面前表露出害羞之情;(4)防御心理增强或动辄与人争执;(5)对审计人员的询问过于敏感或富有挑衅性;(6)过于热衷于推卸责任或寻找替罪羊。

(六)暗示与投诉

暗示与投诉是指企业内外部知情人以匿名或明示的方式，向企业管理层、注册会计师或政府监管部门提供的有关舞弊检举线索。2002 年 10 月，美国特许舞弊审查师学会公布的一份调研报告显示，在 1997－2002 年上半年期间的 603 个重大舞弊案例中，只有 26.9% 是通过内部审计发现的，而通过各种举报发现的比例却高达 46.1%（其中雇员举报 26.3%、客户举办 8.6%、匿名举报 6.2%、卖方举报 5.1%）。可见，关注"有心人"发出的暗示与投诉预警信号，也就是发现舞弊的重要途径。

二、财务报表舞弊和粉饰的一般预警信号

与一般舞弊（如行贿受贿和挪用资产等）相比，财务报表粉饰的具有四个显著的特点：（1）企业高管层往往牵涉其中；（2）上下串通、内外勾结等群体舞弊司空见惯；（3）通常以维护企业利益为幌子（至少不像受贿和挪用资产那样赤裸裸地公然损害企业利益）；（4）造成的损害更具有破坏性。根据上述特点，Albrecht 教授提出，财务报表舞弊和粉饰一般预警信号可以从管理层面、关系层面、组织结构和行业层面以及财务结果和经营层面加以识别。而 AICPA 于 2002 年 10 月颁布 SAS99，则以 Albrecht 教授提出的"舞弊三角论"为基础，从动机（压力）、机会和态度（辩解理由）等角度为注册会计师提供了评估舞弊概率的 42 个风险要素。这些所谓的风险要素，实际上就是财务报表舞弊和粉饰的预警信号，只是叫法较为温和。

综合 Albrecht 对舞弊风险预警信号的研究以及 SAS99 对风险要素的论述，财务报表舞弊和粉饰的一般预警信号可归纳为以下四类。

（一）管理层面的预警信号

发现以下管理层面的预警信号时，表明企业可能存在着财务报表舞弊：（1）高管人员有舞弊和其他违反法律法规的不良记录；（2）高管团队或董事会频繁改组；（3）高管人员或董事会成员离职率居高不下；（4）关键高管人员的个人财富与企业的经营业绩和股价表现联系过于密切；（5）高管人员处于达到盈利预期或其他财务预期的压力下；（6）高管人员对不切实际的财务目标做出承诺；（7）高管人员的报酬主要以财务业绩为基础（如奖金、股票期权和销售佣金）；（8）高管人员的决策受制于债务契约，且违规成本高昂；（9）高管人员过分热衷于维持或提升股票价格；（10）高管人员热衷于税收筹划；（11）公司重大决策由极少数关键人物（如公司创始人）所左右，且逾越决策程序的独裁现象司空见惯；（12）高管层对于倡导正直诚信的文化氛围缺乏兴趣；（13）高管人员经常向下属经营班子下达激进的财务目标或过于严厉的支出预算；（14）高管层过多地介入专业性很强的会计政策选择、会计估计和会计判断；（15）高管层频繁接受媒体的采访宣传且对沽名钓誉的活动乐此不疲。

（二）关系层面的预警信号

通过观察企业在处理与金融机构、关联企业、注册会计师、律师、投资者和监管机构的关系时是否存在异常情况，也可对企业是否进行财务报表舞弊作出判断。这些关系层面的预警信号主要包括：（1）贷款或其他债务契约的限制对企业的经营或财务决策构成重大问题；（2）银企关系异常（如与异地的金融机构关系过于密切、开设的银行账户众多）；（3）高管人员或董事会成员与主办银行的高层关系过于密切；（4）频繁更换为之服务的金融机构；（5）缺乏正当的商业理由，将主要银行账户、子公司或经营业务设置在避税天堂；（6）企业向金融机构借入高风险的贷款并以关键资产做抵押；（7）企业的经营模式缺乏独立性，原料采购和产品销售主要通过关联企业进行；（8）经常在会计期末发生数额巨大的关联交易；（9）当期的收入或利润主要来自于罕见的重大关联交易；（10）对关联方的应收或应付款居高不下；（11）企业与其聘请

的会计师事务所关系高度紧张或关系过于密切；(12)企业频繁更换会计师事务所或决绝更换信誉不良的会计师事务所；(13)企业高管人员向注册会计师提出不合理的要求(如审计时间或审计范围方面的不合理要求)；(14)企业高管人员对注册会计师审计过程中需要询问的人员或需要获取的信息施加了正式或非正式限制；(15)企业经常变更为之服务的律师事务所或法律顾问；(16)企业经常卷入诉讼官司；(17)企业高管层与股东之间的关系紧张；(18)企业频繁发行或增发新股、债权，导致投资者抱怨或抵制；(19)企业高管层与投资银行或证券分析师关系过于密切或紧张；(20)企业高管层与证券监管机构关系紧张；(21)企业高管人员或董事成员在财务报告和信息披露方面受到证券监管机构的处罚或批评；(22)企业与税务机关税务纠结不断。

(三)组织结构和行业层面的预警信号

组织机构和行业层面的主要预警信号包括：(1)企业的组织机构过于复杂；(2)企业的主要子公司或分支机构地域分布广泛，且缺乏有效控制和沟通；(3)缺乏内部审计机构或内部审计人员配备严重不足；(4)董事会成员主要由内部执行董事或"灰色董事"组成；(5)董事会的作用过于被动，受制于企业高管层；(6)未设立审计委员会，或审计委员会缺乏独立性和专业胜任能力；(7)企业的信息系统薄弱或IT人员配备严重不足；(8)企业所在行业处于成熟与衰退阶段；(9)企业所在行业竞争加剧，经营失败与日俱增；(10)企业所在行业技术进步迅猛，产品和技术具有很高的新旧风险；(11)在行业一片萧条时，企业的经营业绩一枝独秀；(12)企业遭受巨额经营损失，面临破产、被敌意收购或其他严重后果；(13)企业所在行业对资产、负债、收入和成本的确认高度依赖于主观的估计和判断。

(四)财务结果和经营层面的预警信号

财务结果和经营层面的主要预警信号包括：(1)报表项目余额和金额变动幅度异常惊人；(2)收入和费用比例严重失调；(3)报表项目的余额和金额源于一笔或少数几笔重大交易；(4)会计期末发生"形式重于实质"的重大交易且对当期经营业绩产生重大影响；(5)经营业绩与财务分析师的预测惊人接近；(6)在连年报告净利润的同时，经营活动产生的现金流量持续入不敷出；(7)企业高度依赖于持续不断的再融资(包括股票和债务融资)才得以持续经营；(8)对外报告的资产、负债、收入和费用主要建立在高度主观的估计和判断基础之上，且企业的财务状况和经营业绩很可能随着估计和判断基础的变化而严重恶化；(9)企业对外报告的盈利能力以远高于竞争对手的速度迅猛增长；(10)企业的主要成本费用率大于某竞争对手；(11)财务报表附注晦涩难懂；(12)财务报表被注册会计师出具"不干净"意见的报告；(13)企业连续多年通过非经营性收益得以保持盈利记录；(14)企业经营业绩与其所处的行业地位不相称；(15)企业经营成功与否高度倚重的产品或服务面临着市场竞争、技术进步、消费偏好或替代品的严峻挑战；(16)企业财务杠杆高，处于违反债务契约的边缘；(17)企业对外报告的经营业绩与内部预算或计划总是保持高度一致，罕有例外情况发生；(18)企业因经营业绩不佳导致其股票交易持续低迷，面临着被交易所终止交易的风险。

三、财务报表舞弊和粉饰的具体预警信号

从会计角度看，财务舞弊和粉饰的作用对象包括销售收入、销售成本、负债和费用、资产和披露等5种形式。这5种形式的财务报表舞弊和粉饰，其常见的具体预警信号分析如下：

（一）销售收入舞弊和粉饰的预警信号

收入舞弊的常见预警信号主要包括：(1)分析性复核表明对外报告的收入太高、销售退回和销售折扣过低、坏账准备的计提明显不足；(2)在对外报告的收入中，已收回现金的比例明显偏低；(3)应收账款的增幅明显高于收入的增幅；(4)在根据收入测算的经营规模不断扩大的情况下，存货急剧呈下降趋势；(5)当期确认的应收账款坏账准备占过去几年销售收入的比重明显偏高；(6)本期发生的退货占前期销售收入的比重明显偏高；(7)销售收入与经营活动产生的现金流入呈背离趋势；(8)与收入相关的交易没有完整和及时地加以记录，或者在交易金额、会计期间和分类方面记录明显不当；(9)记录的收入缺乏凭证支持或销售交易未获恰当授权；(10)最后时刻的收入调整极大地改善了当期的经营业绩；(11)销售交易循环中的关键凭证"丢失"；(12)未能提供用以证明收入的原始凭证，或以复印件代替原件的现象屡见不鲜；(13)未能对银行存款往来调节表或其他调节表上的重大差异项目作出合理解释；(14)销售收入和现金日记账存在明显的不平衡；(15)与收入相关的记录(如应收款记录)与询证证据(如函证回函)存在异常差异；(16)高管层逾越销售交易循环的内部控制；(17)新客户、异常客户或大客户未遵循惯常的客户审批程序；(18)高管层或相关雇员对收入或收入异常现象的解释前后矛盾、含混不清或难以置信；(19)存在着禁止注册会计师接触相关设施、雇员、记录、客户、供应商等有助于获许收入证据的行为；(20)高管层在收入确认上对注册会计师施加了过分的时间压力；(21)对注册会计师要求提供的收入相关信息拖延搪塞；(22)高管层对注册会计师就收入提出的质询做出行为失常的举动(如勃然大怒、威胁利诱等)；(23)接到客户、雇员、竞争对手关于收入失实的暗示或投诉。

（二）销售成本舞弊和粉饰的预警信号

销售成本舞弊的常见预警信号主要包括：(1)分析性复核表明对外报告的销售成本太低后降幅太大、购买退回和购货折扣太高；(2)分析性复核表明期末存货余额太高或增幅太大；(3)与存货和销售成本相关的交易没有完整和及时地加以记录，或者在交易金额、会计期间和分类方面记录明显不当；(4)记录的存货和销售成本缺乏凭证支持或与之相关的交易未获恰当授权；(5)期末的存货和销售成本调整对当期的经营成果产生重大影响；(6)存货和销售成本的关键凭证"丢失"；(7)未能提供用以证明存货和销售成本的原始凭证，或只能提供复印件；(8)与销售成本相关的会计记录(如购货、销售、现金支付日记账)明显不相勾稽；(9)存货和销售成本的会计记录与佐证证据(如存货实物盘存记录)存在异常差异；(10)存货盘点数与存货记录数存在系统性差异；(11)存货收入报告与存货实收数存在差异；(12)采购订单、采购发票、存货收入报告和存货记录之间存在着不一致现象；(13)存货供应商没有出现在经过批准的卖主清单上；(14)存货丢失或盘亏数量巨大；(15)采购订单或发票号码被复制；(16)供应商的身份难以通过信用调查机构或其他渠道予以证实；(17)高管层逾越与存货和销售成本循环的内部控制；(18)新的或异常供应商未遵循正常的审批程序；(19)存货实物盘点制度薄弱；(20)高管层或相关雇员对存货和销售成本的解释前后矛盾、含混不清或难以置信；(21)存在着禁止注册会计师接触相关设施、雇员、记录、客户、供应商等有助于获取存货和销售成本证据的行为；(22)高管层对注册会计师解决复杂的存货和销售成本问题施加不合理的时间压力；(23)对注册会计师要求提供的存货和销售成本相关信息拖延搪塞；(24)高管层对注册会计师就收入提出的质询做出行为失常的举动；(25)接到知情者关于存货和销售成本不实的暗示或举报。

（三）负债和费用舞弊和粉饰的预警信号

负债和费用舞弊的常见预警信号：(1)期后事项分析表明，在下一会计期间支付的金额属于资产负债表日已存在的负债，但未加以记录；(2)存货盘点数超过存货会计记录数；(3)仓库进出记录表明期末有验收入库的存货，但采购部门未能提供采购发票；(4)供货商发货声明上载明的金额未体现在会计记录上；(5)采购金额、数量和条件与询证函存在着重大差异，且未能调节一致；(6)截止期测试发现大量存货被归属于错误会计期间；(7)未能提供雇员薪酬个人所得税代扣证明；(8)有贷款但没有相应的利息支出，或有利息支出但未体现贷款；(9)有租赁办公场所，但没有相应的租金支出；(10)在会计期间编制了增加了销售收入减少了预收货款的重分类分录；(11)收入会计记录与客户函证存在重大差异；(12)产品担保支出大大超过担保负债；(13)客户的回函表明企业与客户签订了回购协议；(14)将保证金记录为收入；(15)董事会已批准的贷款在会计记录上未得到体现；(16)银行回函上载明的贷款没有在会计记录上体现；(17)有租金支出，但没有租赁负债；(18)银行对账单上出现巨额的贷项；(19)董事会会议记录讨论的或有负债没有体现在会计记录上；(20)向外聘律师支付了大额费用，但未确认任何或有负债；(21)律师函表明企业可能卷入重大法律诉讼；(22)监管部门的公函表明企业可能存在重大违法违规行为，但企业既未确认或有负债，也未在附注中披露；(23)企业设立了众多的特殊目的实体，且资金往来频繁；(24)企业与关联方的资金往来频繁，委托付款或委托收款现象突出；(25)在收购兼并过程中未预提重组负债和重组费用；(26)以前期间提取的重组负债在本期被用于重建经营费用；(27)对注册会计师要求提供的重要负债和费用相关信息拖延搪塞；(28)高管层对注册会计师就重要负债和费用提出的质疑作出行为失常的举动；(29)接到知情者对重要负债和费用不实的暗示或举报。

（四）资产舞弊和粉饰的预警信号

资产舞弊的常见预警信号主要包括：(1)缺乏正当理由对固定资产进行评估并将评估增减值调整入账；(2)频繁进行非货币性资产置换；(2)重大资产剥离；(4)在某个会计期间计提了巨额的资产减值准备；(5)注销的资产价值大大超过以前年度计提的减值准备；(6)固定资产、在建工程和无形资产中包含了研究开发费用或广告促销费用；(7)固定资产和在建工程当期增加额与经过批准的资本支出的预算存在重大差异，且未能合理解释；(8)缺乏正当理由将亏损子公司排除在合并报表之外；(9)采用成本法反映亏损的被投资单位；(10)经常将长期投资转让给关联方或关联方置换；(11)频繁与关联方发生经营资产买卖行为；(12)固定资产和无形资产的折旧与摊销政策显失稳健；(13)未能提供重要厂房设备资产和土地资源有效的产权凭证；(14)重大资产的购置或处置未经过恰当的授权批准程序；(15)未建立有效的固定资产盘点制度；(16)高管层或相关雇员对重大资产的解释前后矛盾、含混不清或难以置信；(17)存在着禁止注册会计师接触相关设施、雇员、记录、供应商等有助于获取重大资产证据的行为；(18)高管层对注册会计师解决复杂的资产计价题施加不合理的时间压力；(19)对注册会计师要求提供的重要资产相关信息拖延搪塞；(20)高管层对注册会计师就重要资产提出的质询做出行为失常的举动；(21)接到知情者对重要资产不实的暗示或举报。

（五）信息披露舞弊和粉饰的预警信号

信息披露舞弊的常见预警信号主要包括：(1)因信息披露原因受到证券监管部门或证券交易所的处罚或警告；(2)披露程度历来只达到部门的最低要求，鲜有额外的自愿性披露；

(3)会计政策披露晦涩难懂;(4)对收购兼并、或有事项等重大事项的披露过于简单扼要;(5)对重大经营和非经营损失的解释有避重就轻之嫌;(6)财务信息的披露与经营活动的总结相互矛盾;(7)财务信息的披露与公司的对外宣传或新闻媒体的相关报道存在着严重的不一致现象;(8)财务信息披露与董事会会议记录存在重大差异。

案例分析

案例一:"审计风暴"下的南海华光骗贷案

2004年审计总署李金华总审计长掀起的"审计风暴",揭露了南海华光集团通过粉饰财务报表骗取中国工商银行74亿元贷款的恶性案件。

表2-2　　南海华光集团财务数据比较　　单位:亿元

项目名称	资产总额	所有者权益	销售收入	净利润	增值税
真实金额	9.77	1.17	3.22	0.11	0.04
报表金额	36.43	18.63	64.38	7.31	1.55
虚假金额	26.66	17.46	61.16	7.20	1.51
虚假比例	273%	1492%	1899%	6545%	3775%

该案例说明了上市公司有时会为了获取信贷资金而不惜粉饰财务报表。面对数额偏差如此之大的报表粉饰,如果不加以识别,银行信贷决策者进行再高明的财务报表分析都是徒劳的。从这个意义上说,我国商业银行也是会计信息失真的"牺牲品",唯有提高识别报表粉饰的能力,才能避免产生不良的巨额贷款。

案例二:"无知畏惧"的渝钛白

渝钛白股份公司公布了1997年度财务报告后,立即在证券公司市场引起轩然大波,成为万众瞩目的对象,因为负责审计渝钛白股份公司的重庆会计师事务所对该公司的年度会计报表发表了否定意见。这是中国证券市场上第一家被注册会计师出具否定意见审计报告的审计公司。

在编制1997年度会计报表时,渝钛白股份公司将钛白粉工程建设项目期间的借款及应付债券利息8064万元资本化为在建设工程本。重庆会计师事务所的注册会计师审计时发现,钛白粉工程已于1995年下半年开始试产,1996年就已经生产出合格产品,按会计制度规定8064万元应当计入1997年度的财务费用。重庆会计师事务所要求该公司更正这一违反会计规定的政务处理,将这8064万元利息支出反映为期间费用,但遭到渝钛白公司的"严正拒绝"。经过多次徒劳无益的协商后,重庆会计师事务所的注册会计师被迫出具否定意见的审计报告。上市公司被出具否定意见的审计报告,这在我国的上市公司中还是第一次,在国际证券界也是十分罕见的。明知自己财务公司的财务报表要被发表否定意见,渝钛白管理层竟欣然接受,可谓无知者无畏!

通过该事件主要是要说明财务报表粉饰手法之一是期间费用资本化。

针对渝钛白股份公司上述年度报告,《中国证券报》进行了连续两周的跟踪报道,引起证券监管部门的高度关注。1998 年 6 月 30 日，该公司召开股东大会，经表决，一致同意按重庆会计师事务所的审计报告调整 1997 年度会计报表，调整后，该公司 1997 年的亏损额由原来的 3879 万元增至 11943 万元。

复习思考题

1. 试结合学术界的研究成果和我国的经济现实，简要阐述我国企业财务报表粉饰的主要动机。

2. 我国上市公司的财务报表粉饰有哪些常见的手法？

3. 财务报表舞弊有哪些预警信号，分析我国上市公司的财务报表时，尤其应当关注哪些可能表明存在财务报表舞弊的预警信号？

4. 针对我国上市公司粉饰会计报表的惯用手法，作为信息使用者，我们可采用哪些方法识别会计报表粉饰、以客观评价企业的真实盈利能力？

第三章　资产负债表分析

【学习目标】

1. 了解资产负债表的基本概念
2. 掌握资产负债表项目质量分析
3. 掌握资产结构与质量分析
4. 掌握资产负债表总括分析

第一节　资产负债表概述

理解财务报表是进行财务报表分析的前提，只有完全理解财务报表列示的内容才能准确地分析财务报表。通过资产负债表，可以提供某一日期资产的总额及其结构，表明企业拥有或控制的资源及其分布情况、清晰地了解资产总量及其结构；可以提供某一日期负债的总额及其结构，表明企业未来需要用多少资产或劳务清偿债务以及清偿债务的时间；可以反映所有者所拥有的权益，据以判断资本保值、增值的情况以及对负债的保障程度。

一、资产负债表的含义

资产负债表是指反映企业在某一特定日期（通常为各会计期末）财务状况的报表。它反映企业在某一特定日期所拥有或控制的经济资源、承担的现时义务和所有者对净资产的要求。资产负债表利用“资产 = 负债 + 所有者权益”的会计平衡式，将涉及资产、负债、所有者权益的会计科目分为“资产”和“负债及所有者权益”两大块内容，以特定日期的企业静态财务状况为基准编制到一张报表上，使报表使用者了解企业的财务状况。

资产负债表提供企业资产、负债、所有者权益的信息，资产是企业拥有或控制的经济资源，负债是企业的一项借入资本，所有者权益是企业的一项自有资本。它反映的是某一时点的情况，所以是静态报表。

资产负债表可以提供进行财务分析的基本资料，只有全面了解资产负债表才能对企业的财务状况进行全面分析。如将流动资产与流动负债进行比较，计算出流动比率；将速动资产与流动负债进行比较，计算出速动比率等，可以表明企业的变现能力、偿债能力和资金周转能力，从而有助于报表使用者做出经济决策。

二、资产负债表的作用

资产负债表是关于财务构成的记录，主要反映资产、负债、所有者权益三方面的内容，并满足“资产 = 负债 + 所有者权益”平衡式。资产负债表的作用主要体现在以下五个方面：

（一）反映企业拥有或控制的资源及其分布状况

资产负债表能够反映企业在某一日期资金来源总额及其结构，它表明企业拥有或控制的资源总量及其分布情况，即企业有多少资产，流动资产、固定资产、长期股权投资、无形资产等各占多大比例。这样，财务报表使用者通过分析企业资产总规模及其具体分布情况，可以对企业的资产质量做出一定的判断。

（二）表明企业所承担的债务及其偿债能力

资产负债表能够表明企业未来需要用多少资产或劳务清偿债务以及清偿时间，即流动负债有多少，长期负债有多少。如果是流动负债，就必须在一年内偿还；如果是长期负债，偿还期限就可以超过一年。因此，从资产负债表可以清楚地知道，在特定时点上企业承担的负债情况，偿还情况，企业债务是否适度，结构是否合理。将资产与负债进行比较，计算出流动比率、速动比率等相关指标，可以反映企业的偿债能力和支付能力。

（三）反映企业净资产及其形成原因

资产负债表能够反映在特定时点投资人所拥有的净资产及其形成的原因。净资产是股东权益，或者说是所有者权益。在某一个特定时点，资产应该等于负债加股东权益。因此，净资产就是资产减负债。应该注意的是，可以说资产等于负债加股东权益，但绝不能说资产等于股东权益加负债，它们有着根本性的区别。因为会计准则特别强调债务优先，也就是说，企业的资产首先要用来偿还债务，剩下的才都归投资人所有。

（四）预测企业未来财务状况趋势

资产负债表分别列示期初数、期末数，通过将两期数据或不同年份数据进行比较，可以分析资产、负债、所有者权益的变动情况，掌握变动规律，预测企业发展趋势。

（五）为企业财务分析提供依据

资产负债表可以提供进行财务分析的基本资料，据以计算各种财务指标。通过对相同时期项目的横向比较和不同时期相同项目的纵向比较，可以分析和预测企业未来的发展潜力和趋势，从而有助于财务报表使用者做出经济决策。

三、资产负债表的结构与披露要求

资产负债表的结构一般是指资产负债表的组成内容及各项目在表内的排列顺序。它是根据资产、负债、所有者权益各项目予以适当排列。企业通常按资产、负债、所有者权益分类分项反映：资产按照流动性强弱进行列示，具体分为流动资产、非流动资产；负债按照期限长短进行列示，具体分为流动负债、非流动负债；所有者权益则按照实收资本、资本公积、盈余公积、未分配利润项目分别列示。

资产负债表就组成内容而言，一般有表首、基本内容和补充资料等。其中，表首概括地说明报表名称、编制单位、编制日期、报表编号、货币名称、计量单位等；基本内容部分是资产负债表的主体，列示了用以说明企业财务状况的各个项目；补充资料则列示或反映了一些在基本内容中未能提供的重要信息或未能充分说明的信息，这部分资料一般在资产负债表的附注中列示。

一般来说，资产负债表的基本格式有账户式和报告式两种格式，账户式资产负债表又称为横式资产负债表，它是根据“资产 = 负债 + 所有者权益”的会计平衡式，按照账户的形式列示各类项目，即资产类项目排在报表的左方，负债类和所有者权益类项目排在报表的右方，并使资产负债表的左右两方数额保持平衡。在我国，资产负债表采用账户式，经典的账户式资产负债表格式如【表 3 – 1】所示。

表 3 – 1　　　**资产负债表（账户式）**

编制单位：　　　**× × 年 × × 月 × × 日**　　　**单位：元**

资产			负债和所有者权益（或股东权益）		
项目	期末余额	年初余额	项目	期末余额	年初余额
流动资产：			流动负债：		
货币资金			短期借款		
交易性金融资产			交易性金融负债		
应收票据			应付票据		
应收账款			应付账款		
预付账款			预收账款		
应收利息			应付职工薪酬		
应收股利			应交税费		
其他应收款			应付利息		
存货			应付股利		
一年内到期的非流动资产			其他应付款		
其他流动资产			一年内到期的非流动负债		
流动资产合计			其他流动负债		
非流动资产：			流动负债合计		
可供出售金融资产			非流动负债：		
持有至到期投资			长期借款		
长期应收款			应付债券		
长期股权投资			长期应付款		
投资性房地产			专项应付款		
固定资产			预计负债		
在建工程			递延所得税负债		
工程物资			其他非流动负债		

续表

固定资产清理			非流动负债合计		
生产性生物资产			负债合计		
油气资产			股东权益:		
无形资产			实收资本(或股本)		
开发支出			资本公积		
商誉			减:库存股		
长期待摊费用			盈余公积		
递延所得税资产			未分配利润		
其他非流动资产			股东权益合计		
非流动资产合计					
资产总计			负债和股东权益总计		

报告式资产负债表是垂直列示资产、负债、所有者权益项目的一种格式，它是根据“资产－负债＝所有者权益”的会计平衡式，由上而下列示各项目，即上面列示资产，中间列示负债，下面列示所有者权益。报告式资产负债表的基本格式如【表3－2】所示。

表3－2　　资产负债表(报告式)

编制单位:　　××年××月××日　　单位:元

项目	年初数	年末数
资产:		
流动资产:		
非流动资产:		
资产总计		
减:负债		
流动负债:		
非流动负债:		
负债合计		
所有者权益:		
实收资本		
资本公积		
……		
所有者权益合计		

报告式资产负债表便于编制比较资产负债表，通过前后期资产负债表的比较，可以反映企业财务变动状况。报告式资产负债表的缺点是资产和权益间的恒等关系并不一目了然。

第二节　流动资产项目分析

一、流动资产的含义与构成

流动资产是指企业可以在1年内或超过1年的一个营业周期内变现或耗用的资产。这表明:(1)流动资产或以现金形式体现，或将在短期内变为现金;(2)划分流动资产与其他各类长期资产的时间标准，通常为1年，但当营业周期超过1年时，也可以以营业周期为基准，例如建筑行业、造船行业等。

在资产负债表中，作为流动资产列示的项目很多，包括货币资金、交易性金融资产、应收票据、应收账款、预付账款、其他应收款、存货、待摊费用、待处理流动资产损失、一年内到期的非流动资产、其他流动资产等。各流动资产项目，一般是按它们的变现能力大小来排列顺序。在各项流动资产中，货币资金、交易性金融资产、应收账款和存货是四种非常重要的资产，其中应收账款和存货又被称为“两种关键性的资产”，经常极大地影响着企业的变现能力和盈利能力。

二、货币资金

在资产负债表中，货币资金包括库存现金、银行存款和其他货币资金。货币资金是企业生产经营过程中停留在货币形态的那部分资产，是企业流动性最强的资产，但也是企业获利能力最差的资产。企业货币资金越少，说明企业的支付能力和财务适应能力就越差。值得注意的是，货币资金过多，会导致企业资金的闲置，影响企业资金的利用效果。因此，确定一个合理的货币资金持有量对企业来说至关重要。货币资金的分析要关注以下几个方面:

(一)分析货币资金发生变动的原因

企业货币资金变动的主要原因可能是:

1. 销售规模的变动。企业销售商品或提供劳务是取得货币资金的重要途径，销售规模的变动必然导致货币资金存量的变动，两者具有一定相关性。

2. 信用政策的变动。在销售时，企业提高现销比例，货币资金存量规模就会变大。如果企业奉行较严格的收账政策，货币资金的存量也会变大。

3. 为大笔现金支出做准备。在企业生产经营过程中，可能会发生大笔的现金支出，如准备派发现金股利，偿还将要到期的巨额银行贷款，或集中收货等，企业为此必须提前做好准备，积累大量的货币现金以备需要。

4. 资金调度。一般来说，企业货币资金存量过小，会降低企业的支付能力和信誉，负担不必要的罚金支出，或丧失优惠进货的机会等;相反，货币资金存量过大，会使企业丧失这部分资金的获利机会，影响企业资金的利用效果。

5. 所筹集资金尚未使用。企业通过发行新股、债券、和银行存款而取得大量现金，如果未来得及运用或暂时未投资，会形成较大的货币资金余额。

(二)分析货币资金规模及变动情况与货币资金比重及变动情况是否合理

货币资金是企业资产中一项特殊资产，其特殊性表现在货币资金是满足企业正常经营必不可少的资产，但它又是几乎不产生收益的资产。企业货币资金存量及比重是否合适应结合以下因素考虑：

1. 企业货币资金的目标持有量。企业货币资金的目标持有量是指既能满足企业正常经营需要，又避免现金闲置的合理存量。企业应根据其目标持有量，控制货币资金存量规模及比重。

2. 资产规模与业务量。一般来说，企业规模大，处于货币资金形态的资产就可能越多。

3. 企业融资能力。企业有良好的信誉，融资渠道畅通，就没有必要持有大量的货币资金，其货币资金的存量与比重就可以降低些

4. 企业运用货币资金的能力。如果企业运用能力较强，能灵活进行资金调度，则货币资金的存量与比重可维持在较低水平。

5. 行业特点。处于不同行业的企业，由其行业性质决定，货币资金存量与比重会有不同。

（三）对货币资金的使用效率进行分析

对货币资金的使用效率进行分析可以用货币资金周转率指标反映，其计算公式如下：

$$货币资金周转率=\frac{计算期实际收到的销售额}{货币资金平均余额}$$

公式中“计算期实际收到的销售额”通常用现金流量表中经营活动现金流量项目中“销售商品、提供劳务收到的现金”数额，不包括投资活动、筹资活动产生的现金流量；公式中“货币资金平均余额”为资产负债表中年初货币资金与年末货币资金之和的平均数额。这个指标表示企业一定时期内货币资金平均占用额收回了几次。次数越多，货币资金的使用效率就越高。

三、交易性金融资产

交易性金融资产是指为交易而持有、准备近期出售的金融资产。交易性金融资产分为交易性股票投资、交易性债券投资、交易性基金投资和交易性权证投资四种。企业拥有交易性金融资产的目的主要是利用闲置的货币资金，购入随时可以变现的有价证券，以获得高于银行存款利息率的收益。交易性金融资产是企业货币资金的后备来源，与货币资金一样，交易性金融资产越多，企业的支付能力和财务适应性越强。但它又与货币资金不同，相比较而言，交易性金融资产的风险要大于货币资金。因此，对于持有该资产的企业来说，应当注意防范和控制风险。交易性金融资产是企业货币资金的一种转换形式。对交易性金融资产进行分析，主要侧重它的流动性和收益性分析。

（一）交易性金融资产的流动性分析

交易性金融资产作为货币资金的替代品，具有较高的流动性。当企业货币资金余量较大时，通常是将货币资金兑换成有价证券；当企业货币资金不足时，企业则立即出售有价证券获得货币资金。在对交易性金融资产的流动性进行分析时，应结合货币资金存量。一是看其是否保证了理想的货币资金需要；二是看其存量是否合适。此外，应结合市场行情，对流动性较差的有价证券看其是否根据其经营状况及时进行了处理。

（二）交易性金融资产的收益性分析

交易性金融资产的收益性是指纳税后股息、利息和资本增值（或贬值）数额的大小。在各有价证券中，企业债券、国库券的收益固定，但其价格会随市场利率波动而变化。当市场利率上升时，企业债券、国库券的价格便会下跌。普通股股票的收益不确定，完全随发行股票的企业的经营状况、获利能力和股市状况而定。对交易性金融资产的收益性进行分析时，首

先要确认某项交易性金融资产乃至全部交易性金融资产是取得了净收益，还是发生了净损失。如果取得了净收益，一般应高于把这部分投资资金存在银行所获得的利息。如果经计算或测试，某项投资的收益低于同期可获得的银行利息，则一般应立即出售该项有价证券。

四、应收票据

应收票据是指企业因赊销商品、材料、提供劳务等在采用商业汇票结算方式下收到的商业汇票而形成的债权。按承兑人的不同，商业汇票可以分为商业承兑汇票和银行承兑汇票两种形式。票据的法律约束力和兑付能力强于一般的商业信用，尤其是银行承兑汇票，其信用度更高，风险更小。商业汇票既可到期通过银行办理收款手续，又可中途转让或办理贴现进行融资。因此，期末的资产负债表上，应收票据有确凿的证据证明不能收回或收回的可能性不大时，则应将这部分应收票据并入应收账款计提坏账准备。

商业汇票作为一种结算手段和信用工具，在企业之间被使用得越来越频繁。一是由于商业债权的回收安全性较高，二是利用应收票据贴现这种途径不失为一个变相获得借款的渠道，其实质相当于企业从银行获得更多贷款额度。特别值得注意的是，企业采用商业汇票结算的合理性和合法性。尤其是在关联企业之间，有无互相开具商业承兑汇票，让债权企业用商业承兑汇票向银行贴现，然后再将从银行取得的贴现款转划给原票据债务企业，从而达到原票据债务企业间接从银行融资的目的行为。再如，企业有无在会计期末，通过将部分应收账款转化为应收票据，从而少提坏账准备的行为。

五、应收账款

应收账款是指企业因赊销商品、材料、提供劳务等业务而形成的商业债权。应收账款主要是从规模和质量两个方面进行分析，企业的应收账款规模的大小取决于两个因素：

第一，企业所处行业特点。处于零售行业的企业，大部分的业务是现金销售业务，其应收账款较少；而工业企业往往采用赊销方式，从而有较多的应收账款。

第二，企业的信用政策。如果企业实行较为宽松的信用政策则会刺激销售，但形成较多的应收账款；如果企业实行较为紧缩的信用政策则会制约销售，但会减少应收账款的规模。

（一）应收账款的分析

1. 应收账款构成及发展趋势分析。应收账款的构成，主要是看正常的应收账款和不正常的应收账款各占应收账款总额的比重。应收账款正常与否的划分标准主要有两个：一是看应收账款的发生是否符合国家结算制度的规定，违反规定的赊销款项为不正常的应收账款；二是看应收账款是否超过了结算期限，凡超过银行结算凭证传递的正常期限或企业约定的赊销期限的应收账款都为不正常的应收账款。对于不正常的应收账款尤其是长期应收未收的账款，应采取切实有力的措施催收，防止坏账损失的发生。

2. 应收账款规模分析。企业采取赊销方式，应收账款增加，有利于扩大销售，增加利润，但同时也会产生应收账款占用的机会成本、坏账损失、收账费用。因此，应收账款规模的确定应在其增加的利润和成本之间进行权衡。在分析应收账款时，要结合企业的特点、经营方式、信用政策等方面，特别应结合内部管理尤其是信用政策来分析。

3. 应收账款质量分析。一般来说，企业应收账款比重过大的原因主要有：用赊销方式来解决资金紧张的情况，从而筹措资金；企业为扩大销售而放宽信用条件；企业应收账款管理不力，造成应收账款不能及时收回。应收账款的质量分析要从四个方面入手：

第一，应收账款账龄分析。应收账款账龄分析是将应收账款时间长短（如拖欠一个月、三个月、半年、一年、两年、三年等）归类排队并列表反映，为企业制定和调整信用政策、组织和催收应收账款提供依据。应收账款账龄分析表见【表3－3】和【表3－4】。

表3－3　**应收账款账龄分析表（按账龄结构披露）**

账龄结构	期末账面余额	期初账面余额
1年以内（含1年）		
1年至2年（含2年）		
2年至3年（含3年）		
3年以上		
合计		

表3－4　**应收账款账龄分析表（按客户类别披露）**

客户	未过信用期	已过信用期小于3个月	已过信用期大于3个月小于1年	已过信用期1至3年	已过信用期3年以上
甲客户					
乙客户					
丙客户					
……					
合计					

第二，应收账款实际坏账率。实际坏账率是实际坏账损失占平均应收账款的比率，它是考察账龄同实际坏账关系，决定信用规模和期限以及计提坏账准备的一个依据。企业可计算全部应收账款实际坏账率和各信用期限实际坏账率。

第三，债务人构成情况分析。对债务人的所有权性质、行业构成、区域构成、与债权人的关联关系、业务稳定程度等方面进行分析。

第四，关注企业是否利用应收账款调节利润。

（二）坏账准备分析

坏账准备作为应收账款的备抵科目，也常被用来进行费用调整，从而对资产负债表和利润表产生影响。坏账准备的分析应注意：

分析坏账准备的提取方法、提取比例的合理性。按会计制度规定，企业可以自行确定计提坏账准备的方法和计提比例。这可能导致一些企业出于某种动机，利用会计估计的随意性选择提取比例，随意选择计提方法，人为地调节应收款项和当期利润。

比较企业前后会计期间坏账准备提取方法、提取比例是否改变。一般来说，企业坏账准备的提取方法和提取比例一经确定，不能随意改变。分析时应首先查明当企业坏账准备提取方法和比例变更时，企业是否按照信息披露制度的规定，对其变更原因予以说明。然后分析企业这种变更的理由是否充分合理，是正常的会计估计变更还是为了调节利润。

区别坏账准备提取数变动的原因。坏账准备提取数发生变动，既可能是因为应收款项变动引起的，也可能是由会计政策或会计估计变更引起的，分析时应加以区别。

六、存货

存货是指企业日常活动中持有以备出售的产成品或商品、处在生产过程中的在产品、在生产过程中耗用的材料、物料等。企业的存货具体通常包括：原材料、在产品、产成品、商品和周转材料等。企业中存货占流动资产的比重较大，其管理的好坏直接影响企业的损益。企业保持适当的存货，有利于组织均衡生产，保证原材料的供应，满足销售。但是，如果存货过多，会增加成本，影响流动资金的周转，不便于企业灵活地应对市场变化。存货分析的最终目的在于：在保证企业正常经营活动需要的前提下，尽量减少存货资金的占用。存货分析的重点是：

（一）存货规模与变动情况分析

存货规模与变动情况分析主要是观察各类存货的变动情况与变动趋势，分析各类存货增减变动的原因。从资金占用角度分析，若存货过多会影响周转，最终会导致生产中断，使经营难以为继；若存货过少，也会影响企业正常的生产经营，使企业坐失销售良机。存货规模对企业生产经营活动的变化具有特殊的敏感性，必须使存货数量与企业经营活动保持平衡。因此，企业应关注存货总量与资金占用的关系，具体可以结合企业自身的生产效率、经营模式、原材料供应商的供应能力、经营区域的交通状况等因素，确定各种原材料在产品、成品之间合理的比例及总量。

（二）存货结构与变动情况分析

存货结构是指各种存货资产在存货总额中的比重。各种存货资产在企业再生产过程中的作用是不同的，其中库存商品和发出商品存货是存在于流通领域的存货，其不是保证企业再生产过程不间断进行的必要条件，必须控制在最低限度。材料类存货是维护再生产活动的必要物质基础，然而它只是生产的潜在因素，所以应把它限制在能够保证再生产正常进行的最低水平上。在产品存货是保证生产过程连续性的存货，企业的生产规模和生产周期决定了在产品存货的质量，在企业正常经营条件下，在产品存货应保持一个稳定的比例。

企业生产经营的特点决定了企业存货资产的结构，在正常情况下，存货资产结构应保持相对的稳定性。财务分析时应特别注意对变动较大的项目进行重点分析。任何存货资产比重的剧烈变动，都表明企业生产经营过程中有异常情况发生，因此应深入分析其原因，以便采取有针对性的措施加以纠正。

（三）存货计价分析

存货在取得时，是按照成本进行初始计量的。但在计算耗用成本或销售成本时，就要采用一定的计价方法进行核算。根据企业会计准则的规定，企业应当采用先进先出法、加权平均法或个别计价法确定发出存货的实际成本。因为价格的变动，存货的不同计价方法会导致不同的结果。在通货膨胀条件下，存货的不同计价方法对资产负债表和利润表的影响见【表 3－5】

表 3－5　　存货的不同计价方法对资产负债表和利润表的影响

计价方法	对资产负债表的影响	对利润表的影响
先进先出法	基本反映存货当前价值	利润被高估
个别计价法	基本反映存货真实价值	基本反映真实利润水平
加权平均法	介于两者之间	介于两者之间

存货发出采用不用的计价方法，对企业财务状况、盈亏情况会产生不同的影响，主要表现在以下三个方面：

1. 存货计价对企业损益的影响。期末存货如果计价过低，会减少当期的收益；期末存货如果计价过高，会增加当期收益。因此，分析存货时，应分析企业是否有利用改变存货计价方法，调节利润的迹象。

2. 存货计价对资产负债表有关项目的影响。存货计价方法直接影响流动资产总额、所有者权益等项目，分析时要引起重视。

3. 存货计价方法对所得税的影响。不同的计价方法，结转的当期销售成本不同，影响当期应纳所得税额，从而影响当期应纳所得税。因此，在进行存货项目分析时，要对企业会计报表附注中揭示的会计政策特别关注。

（四）存货占用率分析

存货占用率是指存货占流动资产的比率。生产经营特点相近的企业或行业，存货占用率的水平一般应相差不大，可以建立存货占用率的较优评价标准。存货占用率的计算公式：

$$存货占有率=\frac{存货}{流动资产}\times 100\%$$

上述公式中分子、分母通常是期末数。存货占用率反映每 100 元流动资产有多少是存货占用的资金。

（五）存货占营业收入的比率分析

存货占营业收入的比率称为营业收入存货率。它反映企业每创造 100 元营业收入需要占用多少存货资金。其计算公式如下：

$$存货占营业收入的比率=\frac{存货}{营业收入}\times 100\%$$

上述公式中“存货”由年初存货与年末存货之和除以 2 得出，营业收入是全年营业收入。

（六）存货周转速度分析

存货周转速度描述的是存货资金流动的时间或效率，常用存货周转率和存货周转天数表示。存货周转率是存货周转额与存货平均占用额之间的比率；存货周转天数是存货资金周转一次所需要的天数。

存货周转额，从整体看是存货总周转额。存货总周转额是指一定时期内存货资金在不间断的周转过程中所完成的累积数额。它可以用一定时期内的主营业务收入或主营业务成本来反映。

1. 存货总周转天数的计算和评价

存货（总）周转天数计算公式如下：

$$存货（总）周转天数=\frac{平均存货\times计算期天数}{计算期主营业务成本总额}$$

$$其中，平均存货=\frac{期初存货余额+期末存货余额}{2}$$

2. 存货资金节约额的计算

企业为了进一步分析存货周转速度加快给企业带来的效益，还需要计算存货资金相对节约额。公式如下：

$$存货资金节约额=\frac{\left[\left(\begin{matrix}实际（或计划）\\周转天数\end{matrix}-\begin{matrix}实际周\\转天数\end{matrix}\right)\right]\times\left(\begin{matrix}计算期主营\\业务成本\end{matrix}\right)}{计算期天数}$$

七、其他流动资产

（一）预付账款

预付账款是企业按照购货合同的规定，预先支付给供货单位的货款而形成的债权。在会计上，预付账款按实际支付的金额入账。企业在计算坏账准备时，在债权中不包括预付账款。

一般情况下，企业的预付账款债权不会构成流动资产的主体部分。如果企业的预付账款较高，则可能与企业所处行业的经营特点和付款方式相关；也可能是由企业以往的商业信用不高引起；还有可能是企业向有关单位提供贷款的信号，如果属于这种情况，则该项目很有可能成为不良资产区域。

在供货商较为稳定的条件下，企业的预付账款应该按照约定转化为存货。因此，正常的预付账款质量较高。

（二）其他应收款

其他应收款是指企业除应收票据、应收账款、应收股利、应收利息和预付账款以外的各种应收、暂付款项。其他应收款包括企业应收的各种赔款、存出保证金、备用金以及应向职工收取的各种垫付款项等。一般地，如果企业生产经营活动正常，其他应收款数额不应过大。

在实际工作中，一些企业通常把其他应收款作为企业调整成本费用和利润的手段。因此，分析其他应收款时，最主要的是观察其他应收款的增减变动趋势。如果企业的其他应收款数额过大，甚至超过应收账款，就应该注意分析是否存在操纵利润的迹象。

（三）应收股利、应收利息

应收股利反映公司因股权投资而应收取的现金股利。公司应收其他单位的利润，也包括在此项中。

应收利息反映公司因债权投资而应收取的利息。公司购入到期还本付息债券应收的利息，不包括在此项中。

由于应收股利、应收利息的可收回性强，变现性较高，因而一般都会有较好的质量。

（四）一年内到期的非流动资产

一年内到期的非流动资产中反映企业非流动资产中一年内到期的部分，主要包括长期债权投资等。由于其有明确的到期日，一般来说，该项目的变现性较高，质量较好。

第三节 非流动资产项目分析

企业在其生产经营本身之外，可以利用富余的资金向其他单外进行投资。投资不仅包括对内投资，如企业自身购买固定资产等，还包括对外投资，如对外投出流动资产、固定资产等。对外投资按照资产负债表归类属性分，可以分为“归作流动资产类的投资项目”（交易性金融资产）和“归作非流动资产类的投资项目”两类。

“归作非流动资产类的投资项目”，简称“非流动资产投资”。它是指企业对外进行的，不准备在一年内或长于一年的一个营业周期内变现的投资。投资目的是为了实现长期战略目标，谋求长期经济利益，影响和控制其他企业的重大经营决策，获得较高的投资收益。它同调节企业现金流量、借以提高资金使用效益的短期投资行为截然不同，具有投资金额大、回收期限长、投资报酬率高等特点。进行非流动资产投资时，要以不影响本企业正常资金周转和本企业信誉为基本原则。

非流动资产投资按会计核算科目分类，分为可供出售金融资产、持有至到期投资、长期股权投资、投资性房地产等。

一、可供出售金融资产

可供出售金融资产通常是指没有划分为以公允价值计量且其变动计入当期损益的金融资产、持有至到期投资、贷款和应收款项的金融资产。比如，企业购入的在活跃市场上有报价的股票、债券和基金等，没有划分为以公允价值计量且其变动计入当期损益的金融资产或持有至到期投资等金融资产的，可归为此类。

可供出售金融资产的分析，重点关注以下三个方面：

（一）关注可供出售金融资产的价值

在解读财务报告时，关注可供出售金融资产的增减变动及余额是十分必要的。可供出售金融资产在会计确认与计量上的最大特点在于其以公允价值进行后续计量，公允价值变动形成的利得或损失，除减值损失和外币货币性金融资产形成的汇兑差额外，应当直接计入所有者权益（资本公积——其他资本公积），待该金融资产终止确认时再转出，计入投资收益。不难看出，可供出售金融资产在持有期间以公允价值计量，但并不影响公司业绩，只有在处置后才对公司业绩有影响。这样做的好处在于可以避免可供出售金融资产期间公允价值波动对企业当期损益的影响。

（二）关注可供出售金融资产处置损益

由于可供出售金融资产处置损益计入当期损益，通过分析该部分金融资产的增减变动，可以预见公司的持续获利能力，并结合证券市场的变动对未来期间的损益情况进行预测。

（三）可供出售金融资产减值

可供出售金融资产发生的公允价值变动损失，先在“资本公积”项目中反映，不会对利润表产生影响。但是，一旦可供出售金融资产发生了减值（比如，权益工具投资的公允价值发生严重或非暂时性下跌），则原来计入所有者权益的因公允价值下降形成的累积损失，应该予以转出，计入当期损益，此时会对利润指标产生影响。

二、持有至到期投资

持有至到期投资是指到期日固定、回收金额固定或可确定，且企业有明确意图和能力持有至到期的非衍生金融资产。包括企业持有的在活跃市场上有公开报价的国债、企业债券以及金融债券等。持有至到期投资的目的主要是通过定期收取利息来获得长期稳定的收益，同时又由于到期收回本金从而在很大程度上降低了投资风险。对持有至到期投资的分析，主要从以下几个方面进行：

（一）持有至到期投资的项目构成及债权人分析

对持有至到期投资而言，虽然投资者按照约定，将定期收取利息、到期收回本金，但是债务人能否到期支付利息、到期偿还本金，取决于债务人在需要偿还的时间点是否有足够的现金。因此，有必要对持有至到期投资的投资项目或投资对象的具体构成进行分析，并在此基础上对债务人的偿债能力作进一步的判断，从而评价持有至到期投资的质量。分析时可以参阅会计报表附注中的持有至到期投资明细表，并结合其他市场信息等进行。

（二）持有至到期投资收益的分析

企业购买国债、企业债券或金融债券是持有至到期投资的主要内容，其投资收益为定期收取的利息。对持有至到期投资收益的分析，首先应当根据当时金融市场情况，判断投资的回收水平，即收益率的高低。一般来说，持有至到期投资的收益率应高于同期银行存款利率。另外还要注意，持有至到期投资的投资收益是按照权责发生制原则确定的，并不与现金流入量相对应，即无论投资企业是否收到利息，都要按应收利息计算出当期的投资收益。大多数情况下，投资收益的确认都先于利息的收取，由此会导致投资收益与现金流入不一致。

（三）持有至到期投资的减值

当持有至到期投资发生减值时，应当将其账面价值减记至预计未来现金流量的现值。计提持有至到期投资减值准备不仅会导致持有至到期投资账面价值的减少，而且会影响当期的利润总额，因此一些企业可能出于某种不良动机，通过少提或多提减值准备来达到虚增或虚减持有至到期投资账面价值和利润的目的。尤其是按照我国相关会计准则的规定，大部分长期资产，如固定资产、无形资产、长期股权投资及采用成本模式计量的投资性房地产的资产减值准备在处置前是不得转回的，但对持有至到期投资、贷款和应收款项等金融资产，确认减值损失后如有客观证据表明该金融资产的价值已经恢复，且客观上与确认损失后发生的事项有关（如债务人的信用评级已提高）的，原确认的减值损失应当予以转回。对此应当尤为注意，要特别警惕企业是否存在利用持有至到期投资减值准备的计提和转回人为操纵利润的行为。

三、长期股权投资

长期股权投资是企业持有的对其子公司、合营企业及联营企业的权益性投资及企业持有的对被投资单位不具有控制、共同控制或重大影响，并且在活跃市场中没有报价、公允价值不能可靠计量的权益性投资。企业进行长期股权投资的目的多种多样，有的是为了建立和维持与被投资企业之间稳定的业务关系，有的是为了控制被投资企业，有的是为了增强企业多元化经营的能力，创造新的利润源泉。不过大多数企业进行长期股权投资的目的是为了增加企业的利润，作为对自身经营活动的补充。

由于长期股权投资投资期限长，金额通常很大，因而对企业的财务状况影响较大。对于企业来说，进行长期股权投资意味着企业的一部分资金，特别是现金投出后在很长时间内无法收回。如果企业资金不是十分充裕，或者企业缺乏足够的筹集和调度资金的能力，那么长期股权投资将会使企业长期处于资金紧张状态，甚至陷入困境。

另外，由于长期股权投资的投资收益会成为企业收益与现金流量的重要源泉，成为企业的“救命稻草”。可见，长期股权投资是一把“双刃剑”，关键看企业是否运用得当。因此，在进行会计报表分析时，应对长期股权投资给予足够的重视。长期股权投资的分析可以从以下几个方面进行。

（一）长期股权投资的构成分析

长期股权投资主要是从企业投资对象、投资规模、持股比例等方面进行分析。通过对其构成进行分析，可以了解企业投资对象的经营状况及其收益方面的情况，从而有助于判断长期股权投资的质量。

（二）长期股权投资初始投资成本确认分析

根据我国相关会计准则，长期股权投资初始投资成本分为企业合并和非企业合并取得，分别进行确认。其中企业合并取得又分为同一控制下的企业合并取得和非同一控制下的企业合并取得。

第一，同一控制下的企业合并取得的长期股权投资，应当在合并日按照取得被合并方所有者权益账面价值的份额作为长期股权投资的初始投资成本。长期股权投资初始投资成本与支付的现金、转让的非现金资产及所承担的债务账面价值之间的差额，应当调整资本公积；资本公积不够冲减的，调整留存收益。这一会计处理方法的实质是按权益结合法核算合并业务。

第二，非同一控制下的企业合并取得的长期股权投资，初始投资成本为投资方在购买日为取得对被购买方的控制权而付出的资产、发生或承担的负债及发行的权益性证券的公允价值，即以付出的资产等的公允价值作为初始投资成本。这一会计处理方法的实质是按购买法核算企业合并业务。

第三，除企业合并形成的长期股权投资以外，其他方式取得的长期股权投资，应当结合长期股权投资的取得形式，按照取得投资时对价付出资产的公允价值确认初始投资成本。

分析时要特别注意企业长期股权投资初始投资成本的确认是否符合会计准则的规定，尤其是企业合并形成的长期股权投资，是否正确地区分了同一控制下的企业合并和非同一控制下的企业合并，因为这是判断长期股权投资初始投资成本正确性的基础。

（三）长期股权投资减值准备分析

长期股权投资减值准备的分析，不仅要准确判断长期股权投资减值准备计提是否合理，还要注意，根据《企业会计准则第 8 号——资产减值》的规定，长期股权投资减值损失一经确认，在以后会计期间不得转回。在实物中，对于有市价的长期股权投资，如果无法获得被投资单位详细可靠的资料，就难以对投资企业是否应当计提减值准备作出正确的判断。遇到这种情况，报表使用者要深入分析，才不至于发生偏差。

（四）对企业资本结构和长期偿债能力影响的分析

长期股权投资的资金占用额较大，投资期限较长，其效益在短期内很难反映出来，而且长期股权投资的资金占用在一定程度上会削弱企业资产的流动性，直接影响企业的短期偿债能力。如果企业长期股权投资规模较大，也有可能是企业为了弥补长期股权投资造成的资金缺口，采取举债等方式筹集资金，从而影响企业的资本结构，削弱企业长期偿债能力。分析时，在考虑增加长期股权投收益的同时，也应分析长期股权投资对企业资本结构和长期偿债能力的影响。

四、投资性房地产

投资性房地产，是指为赚取租金或资本增值，或两者兼有而持有的房地产。即企业持有这类房地产的目的不是自用，而是用于投资。主要包括已出租的土地使用权、持有并准备增值后转让的土地使用权和已出租的建筑物。

投资性房地产是新会计准则颁布实施后资产负债表中新增加的一个项目，对该项目分析，首先应注意企业对投资性房地产的分类是否恰当，即企业是否将投资性房地产与固定资产、无形资产的界限作了正确的区分。注意，作为投资性房地产，企业持有的目的是为了赚取租金或资本增值或二者兼而有之；而企业自用的房地产，即生产商品、提供劳务或者经营管理而持有的房地产和房地产开发企业作为存货的房地产，则分别属于固定资产、无形资产和存货，并非投资性房地产。另外，当有确凿证据表明房地产用途发生改变，满足下列条件之一的，应当将投资性房地产转为其他资产或者将其他资产转为投资性房地产：

第一，投资性房地产开始自用（投资性房地产转为固定资产或无形资产）

第二，作为存货的房地产，改为出租（存货转为投资性房地产）

第三，自用土地使用权停止自用，用于赚取租金或资本增值（无形资产转为投资性房地产）

第四，自用建筑物停止自用，改为出租（固定资产转为投资性房地产）

对投资性房地产的分析还要重点关注其计量。根据《企业会计准则第 3 号——投资性房地产》的规定，投资性房地产的初始计量是采用成本模式，与固定资产的初始计量较为接近，但其后续计量则有成本模式和公允价值模式两种。

具体来说，当有确凿证据表明投资性房地产的公允价值能够持续可靠取得时，可以对投资性房地产采用公允价值模式进行后续计量。采用成本模式计量的，投资性房地产的会计处理与固定资产、无形资产类似，要按照一定年限计提折旧或摊销，从而将投资性房地产的成本逐渐计入损益，投资性房地产的账面价值会递减；采用公允价值模式计量的，不对投资性房地产计提折旧或摊销，应当以资产负债表日投资性房地产的公允价值为基础调整其账面价值，公允价值与原账面价值的差额计入当期损益，投资性房地产的账面价值也会不断发生波动。

可见，对投资性房地产采用不同的计量模式，会产生不同的经济后果。也正是因为如此，会计准则规定，企业对投资性房地产的计量模式，一经确定不得随意变更，如果原来按成本模式计量的投资性房地产以后具备了采用公允价值模式的条件，可以转为公允价值模式，但应当作为会计政策变更处理；但是，采用公允价值模式计量的投资性房地产，不得从公允价值模式转为成本模式。

五、固定资产与在建工程

（一）固定资产

固定资产是指企业使用期限长、单位价值高、在使用中不改变其实物形态的资产。企业的固定资产是生产经营过程中必不可少的物质条件，企业拥有的固定资产数量和质量，是企业经济实力和生产发展水平的标志。由于固定资产周转期较长，因此，企业所拥有的固定资产越多，在总资产中的比重越大，企业资产的流动性和变现能力就越差。一般说，固定资产的规模和结构与企业所处的行业性质直接相关。进行固定资产分析，其目的在于促使企业合理使用固定资产，充分发挥固定资产的生产能力，提高固定资产的运用效果，并在一定的固定资产规模下，增加企业的盈利。

固定资产分析的要点如下：

1. 固定资产规模分析。企业进行固定资产规模分析时，应将本企业固定资产规模与同类企业相比，看是否存在较大的差距。如果企业固定资产规模小于同类企业的规模，则表明企业生产能力较弱。当然，企业的固定资产规模与当前所处经济发展时期相关。不同的经济发展时期，企业固定资产具有不同的规模特征。

2. 固定资产构成分析。生产用固定资产和非生产用固定资产是固定资产的两大主要组成部分。生产用固定资产特别是其中的机器设备，同企业生产经营直接相关，在全部资产中占较大的比重；非生产用固定资产与生产经营间接相关。因此，固定资产增长应遵循优先生产用固定资产增长的原则。未使用和不需用固定资产会降低资产的使用效率，对这类固定资产应该查明原因，采取措施，积极处理，将其数量降到最低的限度。

3. 固定资产会计政策分析。固定资产会计政策主要是指计提固定资产折旧和固定资产减值准备两个方面。由于计提固定资产折旧和固定资产减值准备具有一定的灵活性，因此，如何进行固定资产折旧以及如何计提固定资产减值准备，会给固定资产账面价值带来很大的影响。因此，应注意利用固定资产会计政策选择的灵活性虚增或虚减固定资产账面价值和利润的现象。财务分析人员必须认真分析固定资产会计政策，正确评价固定资产账面价值的真实性。固定资产折旧应分析以下两方面：

第一，分析企业固定资产预计使用年限和预计净残值确定的合理性。分析时，应注意固定资产预计使用年限和预计净残值的估计是否符合国家有关规定。因为固定资产预计使用年限的长短和预计净残值的大小，会影响折旧费用的高低，从而影响企业损益。若固定资产预计使用年限和预计净残值不符合企业的实际情况和制度规定，将导致会计信息失真。因此，报表使用者在分析时应持谨慎态度。

第二，分析企业固定资产折旧方法的合理性。企业会计制度规定，企业应当根据科技发展、环境及其他因素，选择合理的折旧方法。折旧方法一经确定不能随意改动，分析时，应结合报表附注判断企业有无利用折旧方法的改变而调整固定资产净值和利润的现象。

（二）在建工程

在建工程是企业进行的与固定资产有关的各项工程，包括固定资产新建工程、改扩建工程、大修理工程等。在我国，企业资产负债表中的在建工程项目，反映企业期末各项未完成工程的实际支出和尚未使用的工程物资的实际成本，反映了企业固定资产新建、改扩建、更新改造、大修理等情况和规模。资产负债表的“在建工程”金额包括了交付安装的设备价值、未完建筑安装工程已经耗用的材料、工资和费用支出、预付出包工程的价款、已经建筑完毕但尚未交付使用的建筑安装工程成本、尚未使用的工程物资的实际成本等。

在建工程本质上是正在形成的固定资产，它是企业固定资产的一种特殊表现形式。在建工程占用的资金属于长期资金，但是投入前属于流动资金。如果工程管理出了问题，会使大量的流动资金沉淀，甚至造成企业流动资金周转困难。因此，分析该项目时，应深入了解工程的工期长短，及时发现存在的问题。

此外，还应重点关注企业有关借款费用资本化的问题。上市公司有可能以某项固定资产还处于试生产阶段或安装调试阶段为借口，将理应计入当期费用的借款利息资本化为该项资产的成本，从而虚增资产和利润。

六、无形资产与商誉

(一)无形资产

无形资产，是指企业拥有或者控制的没有实物形态的可辨认非货币性资产。相对于其他资产，无形资产具有以下特征:不具有实物形态，具有可辨认性，属于非货币性资产。无形资产通常包括专利权、商标权、土地使用权、著作权、非专利技术等。由于商誉属于不可辨认资产，因此不属于无形资产。对无形资产质量的分析，应注意以下几个问题。

1.无形资产的规模和构成的分析。伴随着科技进步特别是知识经济时代的到来，无形资产对企业生产经营活动的影响越来越大。以前，只有外购的无形资产才能体现在资产负债表中，企业内部研发的无形资产多采用费用化的处理方式，使得企业的无形资产未能得到充分反映，进而影响无形资产的规模。目前无形资产准则中将无形资产的开发划分为两个阶段:研究阶段和开发阶段。研究阶段的支出应当计入当期损益，即费用化;而开发阶段的支出，如果能够满足相关条款的规定，即可进行资本化处理，计入无形资产。开发费用的资本化不仅会扩大无形资产的规模，无疑对企业提升科技创新能力有巨大的推动作用。此外，还要注意考察企业无形资产的构成，借以判断无形资产的质量。比如说专利权作为一项无形资产，其价值易于鉴定;而非专利技术不受法律保护，主要以自我保密的方式进行，资产的价值不易确定。

2.无形资产的盈利水平分析。在知识经济时代，企业控制的无形资产越多，可持续发展能力和竞争能力就越强。但是，无形资产本身所具有的特性决定了其盈利性具有很大的不确定性，因而分析无形资产的盈利性不是一件容易的事情。在分析时要详细阅读报表附注及其他有助于了解企业无形资产类别、性质等情况的说明。不同项目的无形资产的属性相差悬殊，其盈利性也各不相同，因此不可一概而论。一般的，专利权、商标权、著作权、土地使用权、特许经营权等无形资产由于明确的法律保护的时间，因此其盈利性相对较为容易判断。而像专有技术等不受法律保护的项目，其盈利性就不太好确定，同时也容易产生资产的泡沫。

3.无形资产的摊销政策分析。无形资产准则规定，企业应当于取得无形资产时分析判断其使用寿命。无形资产的使用寿命如为有限的，应当估计该使用寿命的年限或者构成使用寿命的产量等类似计量单位数量;无法预见无形资产为企业带来未来经济利益期限的，应当视为使用寿命不确定的无形资产。对于使用寿命有限的无形资产，应在其预计的使用寿命内采用系统合理的方法对应摊销的金额进行摊销;对于使用寿命不确定的无形资产，在持有期间不需要摊销，如果期末重新复核后仍为不确定的，应当在每个会计期末进行减值测试，需要计提减值准备的，相应计提有关的减值准备。分析无形资产的摊销应详细审核是否符合使用寿命有限的无形资产作为使用寿命不确定的无形资产不予摊销;摊销方法的确定是否考虑了经济利益的预期实现方式;摊销方法和摊销年限有无变更、摊销是否合理等。

4.无形资产减值准备分析。无形资产是一种技术含量很高或是具有垄断性的特殊资源，它的价值变化存在较大的不确定性。因此，无形资产减值也是一种正常的现象。通过分析企业无形资产减值准备的计提情况，可以分析判断企业所拥有的各项无形资产的变现能力。分析时一方面要注意无形资产减值准备计提的合理性，另一方面也要注意无形资产减值准备一经计确认，在以后期间也不得转回，这在一定程度上杜绝了企业利用无形资产减值准备的计提来操纵利润的行为。

（二）商誉

商誉是指在非同一控制下的企业合并中，购买方付出的合并成本超出合并中取得的被购买方可辨认净资产公允价值的差额。

在不同的合并形式下，商誉的确认有所区别。在吸收合并和新设合并情况下，商誉在企业合并时作为一项单独的资产入账，体现在购买方的账簿及个别财务报表中；但在控股合并情况下，购买方并不需要将支付的购买成本超过其在被购买企业可辨认净资产公允价值中股权份额的部分单独确认为商誉入账，而是在投资时将其记作长期股权投资成本的一部分，在编制合并报表时再将其单项列示。

商誉是一项特殊的资产，它只有在企业合并中才有可能产生并确认，代表了被购买企业的一种超额获利能力。企业合并所形成的商誉，至少应当在每年年度终了进行减值测试。初始确认后的商誉，以其成本扣除累计减值准备后的金额计量。对该项目的分析，主要是结合企业会计政策的说明，判断商誉确认和商誉减值测试的正确性，从而分析商誉价值的真实性。

七、长期待摊费用

长期待摊费用是指企业已经支出，但摊销期在一年以上（不含一年）的各项费用。包括租入固定资产的改良支出、固定资产的大修理费等。长期待摊费用从其性质上看是按照权责发生制原则资本化的支出，本身没有交换价值，即企业已经支付，需要在以后几个会计年度内摊销的费用。其数额越大，表明企业未来的费用负担越重。

对长期待摊费用质量分析，主要关注是否存在人为将长期待摊费用作为利润调节器的情况，即利润不足时将本期费用转为长期待摊费用或延期摊销，而利润充裕时加大长期待摊费用的摊销。有一些特殊情况，在对长期待摊费用进行分析时要格外注意。

第一，分析长期待摊费用中是否有为零的情况。这种情况在新上市的公司中比较常见，而在其他效益突然转好的公司中也有所见。主要原因是因为资金比较充足，或者经济效益良好，企业通过加快长期待摊费用的摊销速度，为以后各期经营业绩的提高奠定基础。这种做法不符合现行会计制度的规定，因此财务人员要对此现象引起关注。

第二，分析长期待摊费用中是否存在开办费未摊销的情形。企业会计制度规定，企业在筹建期间所发生的费用，应该在企业开始生产经营当月起一次性计入当月损益。如果企业会计报表附注中的长期待摊费用出现开办费，就要引起注意。

第三，分析长期待摊费用是否存在已经不能使以后会计期间受益的情况。如果存在这种情况，根据企业会计制度的规定，则企业应将尚未摊销的该项目的摊余价值全部转入当期损益。

八、其他非流动资产

其他非流动资产是指企业正常使用的固定资产、流动资产等以外的，由于某种特殊原因企业不得随意支配的资产。这种资产一经确定，未经许可企业无权支配和使用，但仍应加强管理，并单独予以存放和核算。

一般来说，除了“特准储备物资”，企业的其他非流动资产往往是不正常的，如待处理海关罚没物资、税务纠纷冻结物资、未决诉讼冻结财产、海外纠纷冻结财产等。这些挂在账上的所谓“资产”，能否保证变现不能确定。显然，这种资产的质量极差。另外，即便是特准储备物资，其变现和流动性也是很差的。这是因为特准储备物资是专为特大自然灾害所储备的，因此非常重要，任何单位、个人未经有关部门批准不得随意处理。所以，在分析资产的流动性和偿债能力时，一般应将其他非流动资产扣除。

九、递延所得税资产

所得税准则采用资产负债表债务法核算所得税。资产负债表法较为完整地体现了资产负债观，在所得税的会计核算方面贯彻了资产、负债的界定。由于资产、负债的账面价值与其计税基础不同，产生了在未来可收回资产或清偿负债的期间内，应纳所得税额增加或减少并导致未来期间应交所得税增加或减少的情况，形成企业的递延所得税资产和递延所得税负债。企业应当将当期和以前期间已经支付的所得税超过应支付的部分确认为资产，即存在可抵扣暂时性差异的，以未来期间很可能取得用来抵扣可抵扣暂时性差异的应纳税所得额为限确认递延所得税资产。对递延所得税资产主要分析一般情况和特殊项目产生的可抵扣暂时性差异是否按所得税准则规定的原则进行确认，分析不确认递延所得税资产的特殊情况是否合理。

第四节　资产总体分析

一、资产的总体质量分析

所谓资产的总体质量评价，是对企业资产整体质量状况给出一个综合性的评价。评价时，要注意以下几个方面：

（一）计算总资产增长率

通过将企业当年度的总资产增加额同年初的总资产额进行比较，可以初步评价企业在经营规模总量上扩张的程度。

（二）考察现金净流量和净利润之间的长期互动关系

如果企业的现金净流量长期地低于净利润，这意味着企业之前已经确认的，相对应的资产可能属于不能转化为现金流量的虚拟资产。类似地，如果企业的现金流量经常性地支大于收，则说明该企业的资产质量处于恶化状态。

（三）分析总资产中已经被抵押或担保的资产占多少比重

一旦企业出现违约，其所抵押或担保的资产将不再完整，这可能会影响企业正常生产经营，增加或有风险。

同时，我们对企业的异常资产要给予特别关注：

第一，对总资产中的异常资产（虚拟资产、不良资产、贬值资产）作出准确评估，通过将异常资产与总资产进行比较，测算企业资产的损失程度。

第二，将扣除异常资产后的正常、有效资产与负债相比，并以此调整后的资产负债率来准确考察企业的偿债能力和财务杠杆程度。

第三，将异常资产与净资产进行比较，如果企业的异常资产接近或超过净资产的话，企业的持续经营能力将面临挑战，而且意味着在异常资产中可能包含着大量过去人为夸大利润而形成的“资产泡沫”。

第四，要加强对异常资产的有效管理，减少资产损失。

二、资产的结构质量分析

所谓的资产结构质量分析，是指对企业资产各组成部分之间的结构关系所作的系统分析。一般来说，我们可以把资产划分为流动资产、长期投资、固定资产、无形资产、递延资产和其他资产六个部分，而每个组成部分又都可以做进一步的划分。因此，分析这些不同层次的资产构成之间相互所占的比重，能够比较直观地反映出企业的资产结构是否合理、经营是否有效。具体来说，主要包括以下几个方面：

第一，总资产中流动资产和固定资产所占的比重。如果固定资产所占比重偏高，将会削弱营运资本的作用；如果固定资产所占比重偏低，则意味着企业的长期发展缺乏后劲。

第二，流动资产中应收账款等结算资产和存货资产所占的比重。如果应收账款等结算资产所占的比重过高，则潜在风险较高，易产生不良资产。

第三，在存货资产中，库存商品及产成品是企业开展正常经营的物质基础，但是我们需要进一步分析库存商品及产成品中适销对路、残损变质等部分各自所占的比例。

经验上讲，如果一家企业流动资产占总资产的比重大于60%、净资产占总资产的比重也大于60%的话，那么这家企业的财务结构会被认为是非常理想的，它一方面表明企业资产的变现能力强，另一方面表明企业股东投入资金所占的比例较大，自有资金比较充裕。但是在使用这一标准时，需要把握以下原则：①与合理财务结构相差过大的公司，其财务结构可能存在较大的风险；②与合理财务结构比较接近的公司，其财务结构并不一定合理，需要作更细致的结构分析和质量分析才能确定；③就不同行业、不同类型的公司来说，其合理财务结构的比重和内容可能会发生变化。

三、资产的总括分析

到现在为止，我们已经讨论了如何对企业资产负债表的资产项目进行质量分析，特别是对重点项目的质量分析。下面，我们继续讨论如何对资产负债表进行总括分析。

对资产负债表的分析，应按照下面几个主要步骤来进行，见【表3－6】。

表3－6　　资产负债表的分析的主要步骤

步骤	分析内容
1	企业的背景资料
2	资产总体规模及其行业定位
3	资产结构及其盈利模式
4	主要的资产变化区域及其变化方向的质量含义
5	主要的不良资产区域
6	对流动负债的保障程度——短期偿债能力
7	负债融资发展的潜力(对负债总额的保障程度)——长期偿债能力
8	股权结构变化对企业产生的方向性影响
9	利用资产负债表预测企业发展前景

（一）了解企业的背景资料

在分析企业的资产负债表和其他财务报表之前，读者应该首先对企业所从事行业、企业的基本发展沿革、企业股权结构等重要方面有一个基本了解。这些信息将成为财务报表分析的基础，对财务报表分析的结果会产生重大影响，是必须加以考虑的表外因素。这些信息均可以从企业披露的年度报告中直接获取（可以参见各企业基本财务报表后面的附注）。

（二）关注资产总体规模及其行业定位

大多数报表使用者习惯于从资产负债表的第一项开始，逐项往下阅读，其实这种方法可能并不好，很难有大局观。正确的方法是首先要对企业资产的总体规模及其变化情况有一个大致认识。

企业在确立了其从事经营活动的行业以后，还需要根据其所掌握资源的多少，选择合适的经营规模，进行恰当的行业定位。这种选择和定位，将直接决定企业具体的资产结构和盈利模式，对企业规模效益的形成及抵御风险能力的形成均具有重要意义。在实际分析时，可以结合企业产品的竞争优势（包括成本优势、技术优势、质量优势等）、产品的市场占有率以及品牌战略等各项因素，了解企业在其行业内的定位选择偏好，从而进一步判断其资产规模的合理性。

此外，还应该分析企业的资产总额在年度间的变化情况。也就是分析资产总额年末规模及其与年初规模之间的差异，通过这种对资产总额年末规模及其与年初规模之间差异的了解，可以对企业所拥有或控制的资源规模的变化及其方向（是越来越雄厚而得以持续发展，还是越来越萎缩等）有一个初步认识。

（三）关注资产结构及其盈利模式

还有一个需要重点考察的内容是：在企业的资产结构中所奠定的利润支持基础如何。所选择的盈利模式如何。即企业以什么样的方式对利润作出贡献：是以经营活动为主、投资活动为主，还是二者并重？

在这方面，我们可以直接比较平均资产（平均资产等于期初资产和期末资产的平均数，下同）中，平均经营性资产和平均投资性资产各占的比重。

如果在企业的平均资产总额中，经营性资产占有较大比重，而投资性资产占比较小，且双方之间有一定差异，则认为这是一个经营主导型企业，这样的资产结构决定了对企业利润作出主要贡献的应该是其自身的经营性资产，核心利润应成为利润的主要支撑点。

如果在企业的平均资产总额中，投资性资产占有较大比重，经营性资产占比较小，且双方之间有一定差异，则认为这是一个投资主导型企业，这样的资产结构决定了对企业利润作出主要贡献的应该是投资性资产，投资收益应成为利润的主要支撑点。

如果在企业的平均资产总额中，经营性资产与投资性资产所占比重大体相当，则认为这是一个并重型企业，即这样的资产结构决定了经营性资产与投资性资产将共同对企业利润作出贡献，核心利润和投资收益应成为利润的共同支撑点。

特别注意的是，一定要注意资产结构是否导致了我们所预期的利润结构，通过这方面可以透视出企业对战略的实施情况。如果利润结构与资产结构出现不一致（即资产结构属于经营主导型的企业，其利润结构中投资收益反而占主导地位的情况；而资产结构属于投资主导型的企业，又有可能出现在其利润结构中核心利润占主导地位的情况），这说明了什么呢？

这可能说明，第一，企业不同性质资产的盈利能力出现了显著差异，企业战略的实施效果并不理想；第二，盈利能力显著偏低的资产，存在着大量的不良资产占用，资产管理质量偏低；第三，盈利能力明显偏高的资产区域，可能存在着利润操纵行为。

（四）关注主要的资产变化区域及其变化方向的质量含义

在任何会计期间内，企业的资产结构和规模都有可能会发生某些变化。由于不同的资产项目在企业战略实施过程中所处的位置不同，因而其变化的质量含义也不相同。在分析中应当注意其中产生的重大变化及其方向性影响。

（五）关注主要的不良资产区域

就不良资产的区域而言，主要集中在其他应收款、周转缓慢的存货、因被投资企业巨额亏损而严重贬值的长期股权投资、利用率不高且难以产生效益的固定资产、无明确对应关系的无形资产、长期待摊费用等等。不良资产迟早会对企业的经营业绩造成负面影响，关注企业主要的不良资产区域，对预测企业的发展前景和业绩变动趋势将会提供重要帮助。

（六）关注对流动负债的保障程度

1. 考察营运资本与流动比率、速动比率。流动资产对流动负债的保障程度，完全可以用营运资本、流动比率和速动比率加以考察。但是，除了考虑企业会计期末的财务信息是否有代表性，还必须考虑企业流动资产和流动负债的具体情况以及企业所处行业的具体经营特点和结算方式。

2. 考察流动资产的有效性。流动资产的有效性，可以从考虑各项流动资产的实际质量入手，剔除变现性或周转性较差的不良资产，至少应该将基本不能用于偿还流动负债的其他应收款以及潜在坏账、积压存货从流动资产中予以剔除。这就要求充分结合企业应收账款周转率和存货周转率来考察流动资产实际的速动状况，并同时考虑应收账款的账龄结构和存货的毛利率等因素。

3. 考察流动负债的“沉淀”状况。与流动资产中的债权不能完全回收一样，企业的某些流动负债也可能最终不用支付或者可以形成长期稳定的资金来源。这些流动负债可以作为长期负债来看待，从近期需要支付的债务中予以剔除。

4. 考察未在财务报表上反映的其他因素。在分析企业流动资产对流动负债的保证程度时，还应该注意一些并未在财务报表中反映的其他因素。当存在下列情况时，企业流动资产实际的流动性要比财务指标所显示的更好：

（1）未动用的银行信贷额度。

（2）一些长期资产可以迅速变现。

（3）企业筹资环境较好，随时可以筹措新的资金。

而当存在下列情况时，企业流动资产对流动负债的保障程度可能要比财务指标所显示的更差：

（1）附注中披露了企业存在已贴现并附有连带责任的应收票据。

（2）存在大额其他或有负债。

（3）企业为其他企业提供担保。

5. 考察企业经营活动现金净流量的充分性

在稳定发展阶段，企业的核心利润（可以简单地用营业利润扣除投资收益计算得出）与经营活动现金净流量之间保持平衡是至关重要的。考虑到核心利润与经营活动现金净流量之间口径上的差异，在一般企业的稳定发展阶段，经营活动现金流量的净额大于其同期核心利润，将使企业的现金周转处于良性状态。

应该说，不论企业流动资产对流动负债的账面保障程度如何，只要经营活动现金净流量有足够的支付能力，企业就不会出现短期偿债或者现金支付困难问题。

（七）关注股权结构变化对企业产生的方向性影响

企业具有什么样的股权结构对企业的类型、发展以及组织结构的形成都具有重大的意义。股权结构的动态变化会导致企业组织结构、经营走向和管理方式的变化。因此，分析者要在企业的股权结构发生重大变化时，进一步分析控制性股东、重大影响性股东会产生怎样的变化以及这种变化对企业会产生什么样的方向性影响，因为这将在很大程度上决定企业未来的发展方向。

（八）利用资产负债表预测企业发展前景

利用资产负债表预测企业的发展前景，一般来说，可以通过以下几个步骤进行，见【表3－7】。

表3－7　**利用资产负债表预测企业发展前景的步骤**

步骤	预测内容	
1	关注经营性资产的结构和质量，预测经营活动的前景	
2	关注投资性资产的结构和质量，预测投资活动的前景	
3	关注融资潜力对企业未来发展的贡献	

1. 关注经营性资产的结构和质量，预测经营活动的前景。根据经营性资产的规模、结构和质量，考虑到企业从事行业的特点及其发展方向，我们可以对企业经营活动未来的发展趋势及其所应采取的措施进行预测。

要使企业步入良性发展轨道，采取的措施有：优化经营性资产的结构、减少不良资产占用、及时处置闲置资产、适量增加企业经营性资产的规模、改善经营性资产的结构，通过经营性资产的合理利用，提高企业产品的盈利能力（如改善企业产品的毛利率等）；也可以进行适当的经营性资产置换，增加与其他资产组合的增值潜力等等。

若企业出现以下变化趋势，则有可能会使其经营活动日趋恶化：经营性资产结构失衡，难以进行有效组合；不良占用加剧，难以对利润产生贡献；资产严重闲置；产品难以满足市场需求等等。

2. 关注投资性资产的结构和质量，预测投资活动的前景。根据企业现有投资性资产的结构和质量，我们同样可以对企业投资活动的未来发展趋势进行预测。

要使企业步入良性发展轨道，采取的措施有：优化投资性资产的结构、及时处置盈利能力较低的投资性资产、适量增加投资性资产的规模、改善投资性资产的结构，进行适当的投资性资产置换等等。

若企业出现以下趋势，则有可能会使其经营活动日趋恶化：投资性资产结构严重失衡，难以对利润产生贡献;企业难以寻找到新的投资点以改善投资性资产的结构等等。

3.关注融资潜力对企业未来发展的贡献。除了关注企业自身的经营性资产和投资性资产的结构和质量，在这两类资产内部挖掘潜力以外，在对企业发展的前景进行预测时，一定要关注企业利用其尚有的融资能力实现快速发展的潜力。一般来说，在资产负债率不高的情况下，可以通过贷款，谋求经营性资产的结构和规模的改善与优化;谋求投资性资产的结构和规模的改善与优化;进入新的行业，谋求新的利润增长点;进行企业并购，实现业务的扩张;甚至通过被其他公司兼并，进入新的发展阶段等等。

案例分析

案例一:四川长虹的存货和应收账款质量分析

一、背景

四川长虹是国内最大的彩电厂家，截至2002年6月，彩电销售量超过5000万台，平均每6个家庭就有一台长虹彩电。“长虹”品牌也闻名遐迩，2001年末的品牌估值达261亿元。相应地，四川长虹也曾是中国股市耀眼夺目的绩优股(600839)。但是，自从1998年以来，四川长虹的业绩大幅滑坡，净利润由鼎盛时期(1997年)的26.12亿元锐减至2001年的不足1亿元。

本章我们学习了有关资产负债表的资产项目质量分析，对于四川长虹的业绩下降，我们从资产负债表中的存货和应收账款两个重要项目展开具体分析，来寻找其资产管理上存在的问题。

二、四川长虹的存货质量分析

以【表3-8】数据为基础，可以对四川长虹的存货质量进行分析:(1)通过纵向比较可以看出，长虹的存货居高不下，主要是1998年的存货余额比1997年增加了117%，此后存货余额就一直徘徊在60亿~70亿元;(2)与竞争对手相比，存货跌价准备的比例适中，但存货周转率最低，意味着存货积压可能最为严重，积压存货的清理也落后于竞争对手;(3)对长虹存货质量分析的初步结论是:长虹的存货积压较为严重，存货比率明显偏高，周转天数远高于其主要竞争对手，以前年度积压的库存尚未及时清理，风险仍未释放。

表3-8　**四川长虹有关存货指标的趋势纵比数据和同行业横比数据**

项目＼年份	1997	1998	1999	2000	2001	2002	2001年同行业横向比较		
							康佳	海信	厦华
存货余额(亿元)	35.54	77.05	69.49	67.08	62.14	71.93	29.25	13.07	7.28
跌价准备(亿元)	0.16	2.67	1.87	2.51	2.73	2.77	0.99	0.52	0.77
存货比率(%)	21	41	41	41	34	39	41	33	23
跌价比率(%)	0.47	3.47	2.70	3.74	4.39	3.85	3.39	3.96	10.67
存货周转率(次)	——	——	1.14	1.38	1.34	1.7	1.57	2.4	2.35

三、四川长虹的应收账款质量分析

以【表3-9】数据为基础，可以对四川长虹的应收账款质量进行分析:(1)与主要竞争对手相比，长虹的应收账款占资产总额的比重较高，且2000年起呈上升趋势;(2)应收账款的增幅大于收入的增幅。2001 年，主营业务收入同比下降 11%，但应收账款余额却增长了 58%（预警信号），之后仍然继续增加；(3) 上述情况的出现，即可能是放宽了信用条件，也可能是应收账款催收力度不足；(4) 总的来看，四川长虹的坏账准备计提比例太低，远低于其主要竞争对手，可能夸大盈利能力；在 4 家比较对象中，长虹应收账款占资产总额的比例最高，且贷款回收期最长（2001 年 4 家家电上市公司的应收账款收款天数从 18 ~ 89 天不等，平均为 56 天，而长虹为 89 天；1999 ~ 2001 年，长虹平均为 83 天），但坏账准备的计提比例却最低；(5) 通过更细致地考察财务报表附注（此处从略），我们可以发现，长虹坏账准备计提不足的原因主要有：对账龄在一年之内的应收账款没有计提坏账准备（其他 3 家主要竞争对手对一年内应收账款的计提比例为 3.33%）；对应收票据和关联方应收账款（主要是长虹集团占款）没有计提任何坏账准备。

对长虹应收账款质量分析的初步结论是：应收账款占资产总额的比例偏高，坏账准备计提比例明显低于其主要竞争对手的平均水平，大股东占用资金的现象较为突出，应收账款余额逐年上升，平均收款时间越来越长，形成大量的资金沉淀。

表 3－9　四川长虹有关应收账款指标的趋势纵比数据和同行业横比数据

年份 / 项目	1999	2000	2001	2002	2001 年同行业横向比较		
					康佳	海信	厦华
应收账款/总资产（%）	19.03	10.96	16.33	22.60	8.00	3.00	13.00
计提比例（%）	0.03	0.12	0.12	0.30	10.39	6.38	2.30
主营业务收入（亿元）	99.17	107.07	95.14	125.85	–	–	–
应收账款（亿元）	26.91	18.21	28.82	42.2	–	–	–
应收账款周转率（次）	5.09	4.75	4.05	3.70	9.13	20.2	4.68

四、初步总结

前述分析表明，长虹的存货和应收账款资产管理指标明显逊色于其主要竞争对手，资产质量不高、运用效率低下、隐含风险较大，而且会计政策不够稳健，存在财务报表粉饰行为。

案例二：蓝田股份的业绩造假与资产质量分析

蓝田股份自 1996 年上市以来一直是中国资本市场上的财务“绩优股”，其总资产规模从上市前的 2.66 亿元发展到 2000 年末的 28.38 亿元，增长了 10 倍；上市后净资产收益率始终维持在极高的水平，1998－2000 年三年更是高达 28.9%、29.3% 和 19.8%，其每股收益分别为 0.82 元、1.15 元和 0.97 元，位于沪深两地上市公司前列。但是，刘姝威 2001 年 10 月发表的《应立即停止对蓝田股份发放贷款》一文却引发了轰动全国的“蓝田事件”。通过财务分析，刘姝威指出蓝田的业绩是造假的业绩。“蓝田事件”的最终结果是其股价从 20 元左右一路跌到 5 元后摘牌，其董事长瞿兆玉获刑 3 年。

蓝田股份基本上是由中小投资者持股的，由于该股到三板市场后仅剩几毛钱，这些中小投资者血本无归。综合已有的资料，运用本章学习的资产负债表的资产总括分析，我们大致可以发现蓝田股份业绩造假案的线索主要有：

一、应收账款占销售收入的比例畸低，极不合理公司2000年的销售收入为18.4亿元，但应收账款仅有857.2万元；类似地，公司2001年中期的销售收入为8.2亿元，但应收账款仅有3159万元。无法想象，在现代信用经济条件下，数额如此巨大的销售，不必通过代理商（通过代理商必然会产生相当规模的应收账款），而全部都是通过“现金交易结算”的方式进行。

二、良好的现金流表现与日益增加的融资行为相互矛盾

如果蓝田股份的庞大销售都是通过现金交易来实现的话，这么良好的现金流表现必然意味着其自有资金是非常充裕的。但是，2001年中报显示，蓝田股份的流动资金借款增加了1.93亿元，增幅达200%，这令人非常费解。

三、固定资产所占比例畸高

2000年年报显示，蓝田股份的年末固定资产已达21.69亿元，占总资产的76.4%，这一比例已超出合理范围。同时，现金流量表显示，2000年蓝田股份的经营性现金净流量为7.86亿元，而投资活动（绝大部分是固定资产投资）的现金净流量则为-7.15亿元。可见，公司的经营收入和其他资金来源大部分都被转化为固定资产。

四、固定资产计价严重高估，存在大量水分

事实上，蓝田股份所编造的虚假业绩最后都累积到固定资产中。由于蓝田股份所处的行业属于农业和农产品加工业，其资产折旧没有固定标准，而且很难实地盘点，这为蓝田股份造假及非法转移资金提供了便利条件。可见，在蓝田股份极度扩张的固定资产中，存在大量水分，而这些水分实际上是由两部分组成的，一是由前面几年所编造的虚假业绩转移过来；二是从企业中被非法转移出去的资金。最后，企业实际上已经被人掏空了，只留下若干虚假的、严重高估的、充满水分的庞然大物——固定资产，但是这些固定资产其实就像气泡一样，早晚都会破裂。

复习思考题

1. 资产负债表的作用如何？你认为对资产负债表进行分析有何意义和作用？
2. 如何理解资产质量的概念？
3. 如何对存货进行质量分析？
4. 对应收账款进行质量分析的重点是什么？
5. 如何分析企业交易性金融资产的质量？
6. 如何对固定资产进行质量分析？
7. 对资产项目的分析应遵循怎样的分析程序？你认为资产负债表中的哪些资产项目是分析的重点？重点项目分析的内容是什么？
8. 如何进行资产结构分析？

第四章　负债与所有者权益分析

【学习目标】

1. 了解负债项目的构成以及负债质量的分析方法
2. 掌握或有负债的概念、披露要求及其质量分析方法
3. 掌握会计利润与应交所得税之间的关系以及分析方法
4. 掌握企业资产负债表的总括分析方法

第一节　负债概述

一、负债的含义与构成

国际会计准则委员会将负债定义为：负债是指企业过去的交易或事项形成的、预期会导致经济利益流出企业的现时义务。

负债是企业承担的，以货币计量的在将来需要以资产或劳务偿还的债务。它代表着企业偿债责任和债权人对资产的求索权。

负债一般按其偿还速度或偿还时间长短划分为流动负债和非流动负债两类。流动负债是指将在一年（含一年）或超过一年的一个营业周期内偿还的债务，主要包括短期借款、应付票据、应付账款、应付利息、预收账款、应付职工薪酬、应交税费、应付股利、其他应收款等。长期负债是指偿还期在一年或超过一年的一个营业周期以上的债务，包括长期借款、应付债券、长期应付款等。

二、负债的特征

根据以上定义可以看出，负债具有以下特征：

（一）负债是由于过去的交易或者事项，而使企业承担的现时义务

负债作为企业的一种义务，是由企业过去的交易或事项形成的，现时应承担的义务；未来发生的交易或者事项形成的义务，不属于现时义务，不应当确认为负债。

（二）负债的清偿预期会导致经济利益流出企业

只有企业在履行义务时会导致经济利益流出企业的，才符合负债的定义，如果不会导致企业经济利益流出的，就不符合负债的定义。在履行现时义务清偿负债时，导致经济利益流

出企业的形式多种多样，例如用现金偿还或以实物资产形式偿还；以提供劳务形式偿还等等。

（三）负债有确定的或可以估计的数额

任何一笔负债都有一个到期需偿付的确定金额，或者虽无确定金额，但可以通过合理的判断，确定一个较为合理估计数。因此，大多数债务是能够用货币确切计量的，对于金额不确定的债务，只要可以合理地估计，则应包括在负债之中。

（四）负债一般有确切或合理估计的债权人和到期日

负债一般都有确切的收款人和偿付日期，但这并不是确认负债的必要条件。只要收款人和偿付日期可以通过合理估计加以确定，即使在不知道具体收款人和偿付日期的情况下，也可以确认负债，如质量担保负债。

三、负债的确认与计量

（一）负债的确认

根据负债的定义及特征，可总结出确认负债的四个基本标准：

1. 可定义性。即符合负债的定义，并且具备负债的四个基本特征；

2. 可计量性。具有一个相关的计量属性，能充分可靠地予以计量或进行合理的估计；

3. 相关性。有关信息在信息使用者决策中具有重要的作用；

4. 可靠性。有关信息反映是客观真实的。

一般来讲，将一项义务确认为负债，首先应当符合负债的定义，除此之外，还需同时满足以下两个条件：

1. 与该义务有关的经济利益是很可能流出企业。根据负债的定义，预期会导致经济利益流出是负债的一个基本特征。

2. 未来流出的经济利益的金额能够可靠的计量。对于与法定义务有关的经济利益流出金额，通常可以根据合同或者法律规定的金额予以确定。考虑到经济利益的流出一般发生在未来期间，有关金额的计量通常需要考虑货币时间价值等因素的影响。对于与推定义务有关的经济利益通常需要较大程度的估计。

（二）负债的计量

正确的对负债进行计量，是保证企业所承担的债务及其未来现金流量能够客观公正反映的重要条件之一，同时，也是正确计量其他各会计要素的重要因素。

从理论上讲，负债的计量应以未来应付金额的现值为基础，而未来应付金额通常是由负债发生日的有关交易或契约合同决定的。在大多数情况下，由于签订合同而产生的义务，其金额和支付时间均已由合同或契约所规定。但也有个别负债的金额要取决于未来的经营活动并估计未来支付价值。在会计实务中，对于流动负债一般按未来应付金额计量，而对于长期负债，由于货币时间价值影响较大，一般根据合同或契约在未来必须支付的本金和所有利息按适当的折现率计算的折现值之和计量。

第二节　流动负债项目分析

一、流动负债的含义与构成

流动负债是指偿付期在一年或一个经营周期之内的负债。一般来说，流动负债比重越高，企业面临的偿债压力就越大，财务风险也就越高。但是，由于流动负债的融资成本较低，因此，企业为提高收益率，需保持合理的流动负债比率。

企业流动负债主要包括：短期借款、交易性金融负债、应付票据、应付账款、预收账款、应付职工薪酬、应交税费、应付股利、其他应付款、一年内到期的非流动负债及其他流动负债等。

二、流动负债项目分析

(一)短期借款

短期借款是指企业从银行或其他金融组织借入的期限在一年之内的各种借款。短期借款是为了满足企业短期资金的需求，解决日常生产经营的资金问题，其利息费用作为企业的财务费用，计入当期损益。

分析短期借款项目时应注意：

1. 与流动资产规模相适应。从财务角度分析，短期借款筹资快捷，弹性较大，企业在生产经营活动都会发生短期借款。但短期借款必须与企业的资金需求、流动资产尤其是存货规模相适应。一般而言，短期借款应当以小于流动资产的数额为宜。

2. 与企业当期收益相适应。短期借款绝对数的高低并不代表企业运营状况的好坏，关键是企业的产出是否大于投入，即营运效率是否高于借款利率，可利用财务杠杆进行分析。

(二)交易性金融负债

企业将满足下列条件之一的金融负债划分为交易性金融负债：

1. 承担该金融负债的目的，主要是为了近期内回购；

2. 属于进行集中管理的可辨认金融工具组合的一部分，且有客观证据表明企业近期采用短期获利方式对该组合进行管理；

3. 属于衍生工具。但是，被指定为有效套期工具的衍生工具、属于财务担保合同的衍生工具、与在活跃市场中没有报价且其公允价值不能可靠计量的权益工具投资挂钩，并需通过交付该权益工具结算的衍生工具除外。

交易性金融负债项目数额反映企业承担的交易性金融负债的公允价值。

(三)应付票据

应付票据是指企业在商品购销活动和对工程价款进行结算，因采用商业汇票结算方式而发生的，由出票人出票，委托付款人在指定日期无条件支付确定的金额给收款人或者票据的持票人，包括商业承兑汇票和银行承兑汇票。商业汇票的承兑期限一般不超过6个月，无论是带息的票据还是不带息的票据，核算时一般均以面值对应付票据进行计价。资产负债表中应付票据项目反映的是尚未到期付款的应付票据面额。

(四)应付账款

应付账款是指企业购进材料等物资或接受劳务而应付但尚未支付给供应单位的款项。应付账款是买卖双方在购销活动中由于取得物资与支付货款在时间上不一致而产生的负债。应付账款的入账时间应以与所购物资所有权有关的风险和报酬已经转移或劳务已经接受为标志，按应付金额入账，而不按到期应付金额的现值入账。

（五）预收账款

预收账款是指企业在销售货物或提供劳务之前，按照合同规定预先向购货单位或接受劳务供应的单位收取的款项。作为流动负债，预收账款不是用货币抵偿的，而是要求企业在一年或者一个营业周期内用某种商品、提供劳务或服务来抵偿。分析预收账款应结合企业的生产经营能力来评价其合理性。

（六）应付职工薪酬

应付职工薪酬是指企业为获得职工提供的服务而应给予的各种形式的报酬以及其他相关支出。应付职工薪酬包括：职工工资、职工福利费、社会保险费、住房公积金、工会经费、职工教育经费、非货币性福利、因解除与职工的劳动关系给予的补偿等项目。在正常情况下，有信誉且资金不紧缺的企业，不会拖欠职工薪酬。如果企业出现拖欠职工薪酬的现象，说明企业有经营困难的情况。企业应当在财务报表附注中披露与职工薪酬有关的信息，见【表 4－1】。

表 4－1　　应付职工薪酬的披露格式

项目	年初账面余额	本期增加额	本期支付额	期末账面余额
一、工资、奖金、津贴和补助				
二、职工福利费				
三、社会保险费				
其中：1. 医疗保险费				
2. 基本养老保险费				
3. 年金缴费				
4. 失业保险费				
5. 工伤保险费				
6. 生育保险费				
四、住房公积金				
五、工会经费和职工教育经费				
六、非货币性福利				
七、因解除劳动关系给予的补偿				
八、其他				
其中：以现金结算的股份支付				
合计				

（七）应交税费

应交税费是指企业按照税法和税制规定，在会计期末向税务机关应交未交的各种税金和费用。目前，我国企业按规定应缴纳的税金主要有：增值税、消费税、营业税、所得税、资源税、土地增值税、城市维护建设税、房产税、土地使用税、车船税、教育费附加、矿产资源补偿费，以及代扣代缴的个人所得税等。资产负债表中该项金额表示企业截至报表编制日按照计税依据和相关税率计算出来的应交未交的税金总额。如果该项目的金额过多，说明企业有严重的拖欠国家税款的现象；如果该项目金额为负数，则表示企业多交的应当退回给企业或由以后年度抵交的税金。

（八）应付利息

应付利息是指企业按照合同约定应支付的利息，包括吸收存款、分期付息到期还本的长期借款、企业债券等应支付的利息。

本项数额反映企业应付未付的利息，根据应付利息账户期末余额填列。

（九）应付股利

应付股利是指股份公司取得净利润后，按协议规定向股东分配的现金股利。由于企业的资金通常有投资者投入，因此，企业在生产经营过程中实现的利润，在依法纳税后，还必须向投资人分配利润。而这些利润在应付未付之前暂时留在企业内，构成了企业的一项负债。

（十）其他应付款

其他应付款是指企业应付、暂收其他单位或个人的款项。主要包括：存入保证金、应付租入固定资产和包装物的租金、应付各类社会保险费、应付工会会费、应付统筹退休金以及暂收其他单位的款项等。

1. 存入保证金是其他单位或个人由于使用企业的某项资产而交付的押金（如出租、出借包装物押金），待以后资产归还后需退还的暂收款项。

2. 应付租入固定资产租金是指企业采用经营性租赁方式租入固定资产所应支付的租金。这项租金应计入企业的费用（销售费用）。

3. 实行退休金统筹办法的企业，根据退休金统筹办法按月提取统筹退休金，定期交给社会保险统筹机构，由社会保险统筹机构弥补给企业，由企业支付给退休职工。在社会保险机构未收到统筹退休金之前，该项金额构成企业流动负债的一部分。

（十一）一年内到期的非流动负债

一年内到期的非流动负债项目反映企业各种非流动负债在一年之内到期的金额，包括一年内到期的长期借款、长期应付款和应付债券。为了准确反映企业短期内需偿付的债务金额，正确评价企业的短期偿债能力，资产负债表中也应将一年内到期的、已转化为流动负债的非流动负债在流动负债中予以反映。

（十二）其他流动负债

其他流动负债项目反映企业除上述流动负债以外的其他流动负债。

三、流动负债项目自身结构分析

流动负债比重是指流动负债与负债总额之比。其计算公式为：

流动负债占负债总额的比重 = 流动负债/负债总额 × 100%

一个企业流动负债占负债总额的比重越大，说明企业对短期资金的依赖性强，企业偿还债务的压力就大，要想改变这种状况，唯一的办法就是加快资金周转速度。评价一个企业流动负债占负债总额的比重是否合理，主要看企业是否存在债务风险，同时还要考虑企业资产的周转速度和流动性。如果企业目前不存在债务风险，企业就可以尽可能多地利用流动负债;如果企业的流动资产周转速度快且流动性强，企业也可以有较多的流动负债。

流动负债结构分析是通过计算短期借款、应付票据、应付账款、其他应付款等项目占流动负债总额的比重，分析各项流动负债构成的合理性。其分析要点:第一，分析各项流动负债的性质和数额，进而判断企业流动负债主要来自何方，偿还紧迫程度如何;第二，结合企业的经营形势，分析企业的采购政策、付款政策、股利分配政策及其他经营特点;第三，结合企业的流动资产构成、实现利润情况，判断流动负债结构的变化。

第三节　非流动负债项目分析

一、非流动负债的含义与构成

非流动负债是指一年以上偿还的债务，即长期负债。由于非流动负债是企业向债权人筹措的可供长期使用的资金，因此，也称为固定负债。

与流动负债相比，企业的非流动负债除具有负债的一般特征外，还具有以下特点:

1. 偿还期限较长

非流动负债的偿还期应为超过一年的一个正常营业周期。

2. 债务金额较大

企业举借非流动负债，一般都是用于构建固定资产、扩大经营规模，因此，所需金额较大。

3. 借款费用高

由于非流动负债金额较大，期限较长，利率较高，因此，其利息费用较高，构成企业的一项长期的固定性支出。

4. 偿还方式灵活

非流动负债可采用分期偿还的方式，也可采用分期偿还利息、定期偿还本金的方式，还可采用一次偿还本息的方式。而流动负债的偿还方式一般是到期一次偿还。

目前，我国企业的非流动负债主要包括长期借款、应付债券、长期应付款、专项应付款、预计负债、递延所得税负债及其他非流动负债等。

二、非流动负债项目分析

(一)长期借款

长期借款项目反映企业向银行或其他金融机构借入的尚未还款的期限在一年以上的(不含一年)的各期借款。长期借款一般用于企业的固定资产构建、固定资产改建扩建工程、固定资产大修理以及流动资产的正常需要等方面，如目前的大修理借款、更新改造借款、出口工业品生产专项借款、进口设备人民币借款等。长期借款按其偿还方式不同，可分为定期偿还的长期借款和分期偿还的长期借款，前者是指在规定的借款到期日一次还清本金的借款,后者是指在借款期限内，分期偿还本息，至到期日全部还清的借款。

资产负债表中长期借款项目反映的是企业尚未归还的长期借款本金和利息。借款分析可用企业报表附注中披露格式，对于期末逾期借款，应分别贷款单位、借款金额、逾期时间、年利率、逾期未偿还原因和预期还款期等进行披露，见【表4-2】。

表 4－2　　借款的披露格式

项目	短期借款		长期借款	
	期末账面余额	年初账面余额	期末账面余额	年初账面余额
信用借款				
抵押借款				
质押借款				
保证借款				
合计				

（二）应付债券

应付债券是指企业为筹集长期资金而发行的偿还期在一年以上的债券。不论企业债券是溢价还是折价发行，应付债券均以实际收到的款项入账。也就是说，在应付债券的会计处理中，当债券的发行价款与债券面值相同（即按面值发售）时，“应付债券”的入账价值仅为债券的面值；当债券的发行价款高于债券面值（即溢价发售）时，“应付债券”的入账价值则为债券的发行价格，但会计中区分“面值”与“溢价”单独反映；当债券的发行价款低于面值（即折价发售）时，“应付债券”的入账价值为实际价款，但区分“面值”和“折价”分别反映。

在借款存续期间，企业还要分期计提或支付债券利息；同时，也需对债券折价或溢价分期进行摊销，折价摊销转为利息费用，溢价摊销冲减利息费用。通过摊销，债券的置存价值（账面价值）逐期恢复到面值。因此，资产负债表中应付债券项目反映的是企业应付债券期末的置存价值（不一定等于面值）和应付债券应计未付的利息。这样，在任一会计期末，资产负债表中“应付债券”的金额为：

“应付债券”金额＝债券面值＋（债券初始发行时入账的溢价－已摊销溢价）－（债券初始发行时入账的折价－已摊销折价）＋应计未付债券利息

（三）长期应付款

长期应付款是指企业发生的除长期借款和应付债券以外的其他各种长期应付款项，主要包括应付引进设备款和融资租入固定资产应付款。相对而言，这部分负债的风险最小。

1. 应付引进设备款，是根据企业与外商签订来料加工、来料装配和中小型补偿贸易合同而引进国外设备所发生的应付款项。此项应付款在设备安装完成投产后，按合同规定的还款方式，用应收的加工装配收入和出口产品收入归还。引进设备所需用人民币支付的国内费用（如进口关税、国内运杂费和安装费等），可以向银行取得进口设备人民币借款。

2. 融资租入固定资产应付款，是指用融资租赁方式租入固定资产所需支付的全部租赁费，包括租入固定资产的价款、运输费、途中保险费、安装调试费、手续费和利息支出等。融资租赁实际上是分期付款购置固定资产的一种形式。企业支付的融资租赁费中，租赁手续费计入财务费用，有关利息支出和汇兑损益除在安装尚未使用前计入固定资产价值外，其他一律计入财务费用。

（四）专项应付款

专项应付款反映企业取得政府作为企业所有者投入的具有专项或特殊用途的款项，如专项用于技术革新、技术研究等。

（五）递延所得税负债

递延所得税负债是指企业采用资产负债表债务法计算所得税时，根据账面价值与计税基础产生的应纳税暂时性差异形成的递延负债。

（六）其他非流动负债

其他非流动负债是指企业除长期借款、应付债券、长期应付款和专项应付款等负债以外的其他非流动负债。

三、借款费用资本化处理分析

在企业的正常生产经营过程中，向银行等金融机构借款是不可避免的。借款费用是指企业因借款发生的利息及其他相关成本，借款所产生的费用包括借款的利息、溢折价的摊销、因借款发生的手续费等辅助费用、外汇借款的汇兑差额等。借款费用的处理方法有两种：一是于发生时直接确认为当期损益，即借款费用费用化；二是予以资本化，借款费用的资本化是指将借款费用直接计入所购建资产的价值，在财务报表中作为购置资产的历史成本的一部分。

关于借款费用资本化的处理，我国企业会计准则是这样规定的：

（一）开始资本化的条件

以下三个条件同时具备时，因专门借款而发生的利息、折价或溢价的摊销和汇兑差额应当开始资本化：

1. 资产支出已经发生。其中，资产支出只包括为购建固定资产而以支付现金、转移非现金资产或者承担带息债务形式发生的支出。

2. 借款费用已经发生。企业已经发生了因构建或者生产符合资本化条件的资产而专门借入款项的借款费用或者占用了一般借款的借款费用。

3. 为使资产达到预定可使用状态所必要的购建活动已经开始。是指符合资本化条件的资产的实体建造或者生产工作已经开始。

（二）暂停资本化的条件

符合资本化条件的资产在构建或者生产过程中发生非正常中断，且中断时间连续超过3个月的，应当暂停借款费用的资本化，其中断期间所发生的借款费用，直接计入当期损益。但中断的原因必须是非正常中断，属于正常中断的，相关借款费用仍可资本化。

非正常中断是由于企业管理决策上的原因或者其他不可预见的原因等所导致的中断，包括：企业与施工方发生纠纷；工程、生产用料没有及时供应；资金周转发生困难；工程、生产发生了安全事故；发生了与构建、生产有关的劳动纠纷等。

（三）停止资本化的条件

当所购建的固定资产达到预定可使用状态时，应当停止其借款费用的资本化，以后发生的借款费用应当于发生当期确认为费用。

达到预定可使用状态是指资产已经达到购买方或建造方预先设想的可以使用的状态。如果所购建固定资产需要试生产或试运行。则在试生产结果表明资产能够正常运行或能够生产出合格产品时，或试运行结果表明能够正常运转或营业时，就应当认为资产已经达到预定可使用状态，并应停止借款费用的资本化。

第四节 或有负债与预计负债分析

一、或有负债分析

(一)或有负债概述

或有负债是指过去的交易或者事项形成的潜在义务，其存在须通过未来不确定事项的发生或不发生予以证实；或过去的交易或者事项形成的现时义务，履行该义务不是很可能导致经济利益流出企业或该义务的金额不能可靠计量。

或有负债具有以下特征：

1. 或有负债是过去的交易或者事项形成的；

2. 或有负债的结果具有不确定性。

企业面临的主要或有负债有：

1. 担保。此类负债包括为其他企业等单位提供的贷款担保和为自己的产品提供的产品后服务担保或承诺。前者负债是否发生，取决于被担保者在其付款期满时能否付清其债务。如果被担保者在贷款到期时不能清偿其债务，担保企业就要代被担保人清偿债务。此时或有负债就成了真实负债。反之，企业的或有负债将不会转化成实际负债。后者负债是否发生，则取决于在质量担保期内企业售出的产品或提供的劳务是否出现质量问题。如果出现质量问题，企业的或有负债转化为实际负债。

2. 未决诉讼。企业的诉讼有时会经历较长时间。当诉讼跨会计年度时，这种未决诉讼就成为企业的一项或有事项。

3. 应收票据贴现。票据贴现是企业以转让票据的办法从银行或金融公司获取借款的一种方式。如果在票据到期日，出票人或付款人不能如数付款，企业作为票据的背书人负有连带的代为偿还的责任。实际上就是企业在持票据像银行贴现后，就要承担或有负债的责任。

4. 应收账款抵借。为了筹措资金，企业可以用应收账款作为抵押，向银行或金融机构借入现款。当抵借期限过后，如果银行或金融机构无法向债务人收回账款，则有权向借款企业索取现款，企业负有代为如数偿还的责任。

(二)或有负债披露要求

或有负债的披露一般遵循稳健原则。在我国，或有负债无论作为潜在义务还是现时义务，均不符合负债的确认条件，因而不予确认。但是，如果或有负债符合某些条件，则应予以披露。

企业应在会计报表附注中披露如下或有负债：

1. 已贴现商业承兑汇票形成的或有负债；

2. 未决诉讼、仲裁形成的或有负债；

3. 为其他单位提供债务担保形成的或有负债；

4. 其他或有负债(不包括极小可能导致经济利益流出企业的或有负债)。

或有负债披露的基本原则是：极小可能导致经济利益流出企业的或有负债一般不予披露。但是，对某些经常发生或对企业的财务状况和经营成果有较大影响的或有负债，即使其导致经济利益流出企业的可能性极小，也应予以披露，以确保会计信息使用者获得足够充分和详细的信息。

或有负债应披露以下内容:

1. 或有负债形成的原因;

2. 或有负债预计产生的财务影响(如无法预计,应说明理由);

3. 获得补偿的可能性。

但是,在涉及未决诉讼、仲裁的情况下,如果按照有关规定披露全部或部分信息预期会对企业造成重大不利影响,则企业无须披露这些信息。这并不表明企业可以不披露任何相关的信息。在这种情况下,企业至少应披露未决诉讼、仲裁的形成原因。

二、或有负债质量分析

或有负债虽然没有经过会计的账务处理,不能在会计报表中通过确定的数字体现出来,但在未来的某个时点,企业产生一定的经济利益流出的可能性是不能被排除的。同时,企业对或有负债的估计也可能是不准确、不完整的。根据谨慎性原则,在利用这些会计资料进行决策时,不应排除最终企业的可能损失超出估计的情况。对或有负债的质量分析,主要应对引起或有负债的原因进行分析。从前面对或有负债和预计负债的讨论可以看出。或有负债的产生有的是由于外部经济环境变化而引起的;有的是企业从事正常的经营活动所必须发生的(如质量保证等所引起的或有负债);有的则是由于企业自身管理不善而引起的。对引起或有负债的原因进行分析,有助于区分或有负债产生过程的主观原因和客观原因,这一点对于企业内部管理者来说尤为重要。

对于已贴现商业承兑汇票形成的或有负债,如果贴现银行在汇票到期时,不能从汇票的承兑方获得汇票上的资金,则银行将从贴现企业的银行账户中将汇票上记载的资金金额划走或者转为企业的短期借款。这种方式下,企业贴现商业承兑汇票后,并没有与汇票彻底摆脱关系,还是有可能被银行划走资金的。因此,附追索权的贴现方式会令企业形成或有负债,会计信息使用者需要进一步结合附注资料,分析这种或有负债转化为现时义务的可能性以及对企业未来现金流量造成的影响。

诉讼是指当事人不能通过协商解决争议,而在人民法院起诉、应诉,请求人民法院通过审判程序解决纠纷的活动,如因产品质量、担保、专利权被侵犯等原因引起的诉讼。如果该诉讼在起诉当年经过法院进行了终审裁决,原告和被告应根据裁决结果进行相应的会计处理;而如果至起诉当年年底法院尚未裁决,则该事项属于未决诉讼。对于未决诉讼和仲裁事项,需要考虑的是:若企业败诉,因负有支付原告提出的赔偿要求的责任而对企业现金流量和生产经营造成的影响;若企业胜诉,根据款项收回的可能性来预测由此给企业带来的现金流入量的大小。

对于为其他单位提供债务担保形成的或有负债,如果企业的担保金额较大,则意味着企业未来发生巨额现金流出的风险将会加大,由此需要考虑此项担保对企业现金流量、经营业绩等方面造成的影响,甚至可以由此预测企业未来面临财务危机的可能性。

或有负债的不确定性,在特定的经济条件下,可能会朝不利于企业的方向发展。在经济繁盛时,随着资金需要量的增加,借贷行为很有可能由此而增加,而借贷行为的增加又必将导致担保行为的增加,就会体现为担保方或有负债的增加。而经济一旦走向低迷,借贷者,也就是被担保方,其资金压力不断增大,不能按期还款甚至彻底丧失还款能力的可能性就会加大，担保方的或有负债转化为预计负债或负债的可能性也必将加大。因此，不管是企业内部还是外部的会计信息使用者，都应该在理解和使用会计信息时注意到这种可能性，以规避风险。

三、预计负债分析

（一）预计负债概述

预计负债是指企业发生的符合负债确认条件并且与或有事项相关的经济义务。主要包括因对外提供担保、未决诉讼、产品质量担保、重组义务、亏损性合同等事项形成的负债。

与或有事项相关的义务同时满足下列条件的，应当确认为预计负债：

1. 该义务是企业承担的现时义务；
2. 履行该义务很可能导致经济利益流出企业；
3. 该义务的金额能够可靠地计量。

（二）预计负债披露要求

在资产负债表中，应将预计负债与其他负债项目区别开来，单独反映，并在附注中披露下列信息：

1. 预计负债的种类、形成原因以及经济利益流出不确定的说明；
2. 各类预计负债的期初、期末余额和本期变动情况；
3. 与预计负债有关的预期补偿金额和本期已确认的预期补偿金额。

如果企业因多项或有事项确认了预计负债，在资产负债表上一般只需通过“预计负债”项目进行总括反映。在将或有事项确认为负债的同时，应确认一项支出或费用。这项支出或费用在利润表中不应单列项目反映，而应与其他费用或支出项目（如“营业费用”、“管理费用”、“营业外支出”等）合并反映。

需要说明的是，如果企业基本确定能获得补偿，那么企业在利润表中反映因或有事项确认的费用或支出时，应将这些补偿预先抵减。

第五节　应交所得税分析

一、应交所得税与会计利润

企业向国家缴纳的所得税的计税依据是应纳税所得额。依据税法，应纳税所得额是指企业每一纳税年度的收入总额，减除不征税收入、免除收入、各项扣除以及允许弥补的以前年度亏损后的余额。

应纳税所得额是一个税收概念，它不同于企业的税前会计利润。在很多情况下，企业根据会计准则计算的税前会计利润与按税法规定计算的应纳税所得额之间由于对收入、费用等确认的时间和标准不同而产生差异。在缴纳所得税时，企业应按照税法规定对税前会计利润进行差异调整，调整为按税法规定确定的应纳税所得额。因此，企业计算的应纳税所得额是以税前会计利润为基础确定的。

应纳税所得额乘以适用的所得税税率就是企业计算并缴纳的当期所得税。其计算公式如下：

应纳税所得额 = 每一会计年度税前会计利润总额 ± 纳税调整项目金额 − 允许弥补以前年度亏损额

当期所得税 = 当期应交所得税 = 应纳税所得额 × 适用的所得税税率

会计利润与纳税所得额的差异有如下几点：

（一）法规依据不同

会计利润的确定，主要以企业会计准则和有关财务制度为依据，其中，企业会计准则在会计利润的确定上起着主导作用。上述各项准则制度均由财政部发布，对企业而言，均具有法律效力，企业必须执行。

由于会计准则强调会计信息的质量，强调会计工作本身的规律性，注重保护所有者和债权人的利益，因此，会计利润的确定在不同年度之间具有一定的稳定性，不大可能受宏观经济形势的变化而出现大幅波动。

而应纳税所得额的确定，则以现行税法为依据。税法的实施具有两大特点：一是与当时宏观经济形势尤其是财政收支状况有重大联系；二是体现国家政策的鼓励与限制倾向。这样，不同年度间企业应纳税所得额的计算即会因为税法的变化而呈现明显的波动，也会因为企业利用税法的鼓励政策而为企业带来节税收益。

（二）信息使用者及企业的心态不同

在信息使用者方面，会计利润是企业利润表中披露的主要项目，而企业财务报表的使用者主要是其所有者及债权人。由于企业对外编制、提供其财务报表的主要目的是要向所有者及债权人等展示其财务状况和经营成果，帮助信息使用者做出有关经济决策，使信息使用者对企业树立信心，因此，企业对于确定会计利润所持的心态，往往倾向于高估。

另一方面，应纳税所得额的信息使用者是税务部门。对于企业而言，应纳税所得额高，必然会引起企业的税务支出增加。因此，企业往往利用税法的各种减免税规定及税收优惠条例，尽可能地低估当期应纳税所得额，推迟税务支出。

（三）基本原则运用的差异

在确定会计利润时，一个非常重要的原则是权责发生制或应计制原则。这个原则的应用，为正确评价企业各个会计期间的业绩奠定了基础。

而在确定应纳税所得额时，税法往往是现金收付制与权责发生制混用（我国企业所得税暂行条例规定，应纳税所得额的确定以权责发生制为基础）。现金收付制在确定应纳税所得额时的应用，更加符合客观性原则，有利于对纳税标准的把握，同时也为税务部门在企业有货币时收取税款奠定了基础。

（四）对企业违规行为的制约机制不同

企业在会计利润与应纳税所得额的确定两方面的违规行为，无非是未按会计准则的要求或税法的要求确定其会计利润和应纳税所得额。必须指出的是，企业在会计利润确定上的违规行为，一般不应被认为是违法行为（因为会计准则不是法律），而对应纳税所得额的违规确定则属违法行为。从世界各国的普遍做法来看，对企业在确定会计利润方面违规行为的制约，主要是通过一年一度的年度报表审计来完成；对企业在确定应纳税所得额方面的违法行为，则是通过经常性的税务审计来完成。

二、会计利润与应纳税所得额的数量差异

会计利润与应纳税所得额的数量差异，一般可以分为两类：一类是永久性差异，另一类是暂时性差异。

（一）永久性差异

永久性差异，是指某一会计期间，由于企业准则和税法在计算收益、费用或损失时的口径不同，所产生的税前会计利润与应纳税所得额之间的差异。这两种差异在本期发生，不会在以后各期转回。

在新税法和新会计准则下，企业存在永久性差异的情况可以归纳如下：

1. 会计准则确认为收益，税法不作为应纳税所得额的项目。该项目主要包括：国债利息收入；符合条件的居民企业之间的股息、红利等权益性投资收益；在中国境内设立机构、场所的非居民企业从居民企业取得与该机构、场所有实际联系的股息、红利等权益性投资收益等。

2. 税法作为应纳税所得额，会计准则不确认为收益的项目。该项目较少存在，主要包括：关联交易价差；不具有商业实质的非货币性资产交换；当存在企业兼并、对外投资即发生了资产的产权变动时的资产评估增值部分。

3. 会计准则确认为成本、费用或损失，税法不允许扣除的项目。该项目包括：税收滞纳金；罚金、罚款和被没收财物的损失；所得税法规定允许扣除以外的捐赠支出；赞助支出；未经核定的准备金支出；企业从其关联方接受的债权性投资与权益性投资的比例超过规定标准而发生的利息支出，不得在计算应纳税所得额时扣除的部分；不合理的企业职工薪金；超过税法规定扣除限额的业务招待费用、广告费用和业务宣传费用等。

4. 会计准则不确认为成本、费用或损失，税法允许作为成本、费用或损失扣除的项目。企业纳税年度发生的亏损，准予向以后年度结转，用以后年度的所得弥补，但结转年限最长不得超过 5 年。由于企业用税前利润弥补亏损，则以前年度亏损在计算应纳税所得额时，应作为费用调减应纳税所得额。

（二）暂时性差异

暂时性差异是指资产、负债的账面价值与其计税基础不同产生的差额。

资产的账面价值是指资产账面余额扣除其累计折旧或累计摊销及减值准备后的差额。一般情况下，按实际成本计量的长期资产存在累计折旧或累计摊销，流动资产则不存在。但除货币资金外，一般情况下，其余资产都存在计提减值准备的可能性。资产的计税基础，指企业收回资产账面价值的过程中，计算应纳税所得额时按照税法可以自应税收益中抵扣的金额，即该项资产在未来使用或最终处置时，允许作为成本或费用于税前列支的金额。即资产的计税基础等于未来可在税前列支的金额，或者说是某一资产负债表日的计税基础等于资产的成本减去以前期间已在税前列支的金额。

负债的账面价值一般是指负债的账面余额。而负债的计税基础，指其账面价值减去该负债在未来期间可予税前列支的金额，即负债的计税基础等于账面价值减去未来可税前列支的金额。

资产负债表债务法下的所得税核算重点是计算暂时性差异。由于资产、负债的账面价值与其计税基础不同，产生了在未来收回资产或清偿负债的期间内应纳税所得额增加或减少并导致未来期间应交所得税增加或减少的情况，形成企业的递延所得税资产和递延所得税负债。

根据暂时性差异对未来期间应纳税所得额的影响，分为应纳税暂时性差异和可抵扣暂时性差异。

1. 应纳税暂时性差异。应纳税暂时性差异是指在确定未来收回资产或清偿负债期间的应纳税所得额时，将导致产生应税金额的暂时性差异，该差异在未来期间转回时，会增加转回期间的应纳税所得额。即在未来期间不考虑该事项影响的应纳税所得额的基础上，由于该暂时性差异的转回，会进一步增加转回期间的应纳税所得额和应交所得税金额。

应纳税暂时性差异包括资产的账面价值大于其计税基础和负债的账面价值小于其计税基础。其中，资产的账面价值大于其计税基础的情况有：交易性金融资产、可供出售金融资产以及投资性房地产因公允价值变动导致其账面价值大于其计税基础；固定资产、无形资产以及长期待摊费用等项目因折旧及摊销的方法和时间不同导致其账面价值大于其计税基础等。

2. 可抵扣暂时性差异。可抵扣暂时性差异是指在确定未来收回资产或清偿负债期间的应纳税所得额时，将导致产生可抵扣金额的暂时性差异，该差异在未来期间转回时，会减少转回期间的应纳税所得额，即在未来期间不考虑该事项影响的应纳税所得额的基础上，由于该暂时性差异的转回，会进一步减少转回期间的应纳税所得额和应交所得税金额。

可抵扣暂时性差异包括资产的账面价值小于其计税基础和负债的账面价值大于其计税基础。其中，资产的账面价值小于其计税基础的情况有：交易性金融资产、投资性房地产等项目因公允价值变动小于其计税基础；应收款项、存货、持有至到期投资、长期股权投资等资产项目因计提减值准备导致其账面价值小于其计税基础；固定资产、无形资产以及长期待摊费用等项目因折旧及摊销的方法和时间不同导致其账面价值小于其计税基础等。

由于有了会计利润与应纳税所得额之间的差异，在任一会计期间，企业的会计利润很难与应纳税所得额之间在数量上相等。

三、永久性差异和暂时性差异的会计处理与报表披露所包含的质量信息

（一）永久性差异的会计处理与报表披露

企业进行所得税核算时对于发生的永久性差异只在纳税申报表中进行纳税调整，用以计算应纳税所得额，进而计算应纳所得税。除此之外，永久性差异不作任何其他账务处理。

（二）暂时性差异的会计处理与报表披露

现行会计准则针对暂时性差异，要求企业一律采用资产负债表债务法核算递延所得税，在这种方法下，直接得出的递延所得税资产、递延所得税负债余额，能直接反映其对未来的影响。

适用税率发生变化的，应对已确认的递延所得税资产和递延所得税负债进行重新计量，除直接在所有者权益中确认的交易或者事项产生的递延所得税资产和递延所得税负债以外，应当将其影响数计入变化当期的所得税费用。

递延所得税资产和递延所得税负债应当分别作为非流动资产和非流动负债在资产负债表中列示。所得税费用应当在利润表中单独列示。

企业应当在附注中披露与所得税有关的下列信息：

1. 所得税费用（收益）的主要组成部分；
2. 所得税费用（收益）与会计利润关系的说明；
3. 未确认递延所得税资产的可抵扣暂时性差异、可抵扣亏损的金额（如果存在到期日，还

应披露到期日）；

4. 对每一类暂时性差异和可抵扣亏损，在列报期间确认的递延所得税资产或递延所得税负债的金额，确认递延所得税资产的依据；

5. 未确认递延所得税负债的，与对子公司、联营企业及合营企业投资相关的暂时性差异金额。

（三）永久性差异与暂时性差异的报表披露所包含的质量信息

1. 永久性差异报表披露所包含的质量信息。只要存在永久性差异，企业的净利润与利润总额（会计利润）就不存在严格的比例关系。企业的净利润与利润总额（会计利润）之间不同比例变化的差距越大，说明企业的会计利润与应税利润之间的差距也就越大。因此，通常情况下，永久性差异的存在会改变企业的实际所得税税率。

2. 暂时性差异报表披露所包含的质量信息。递延所得税资产或负债并不代表真正意义上的企业所拥有的经济资源或企业所承担的经济责任，而代表的是有关可抵扣暂时性差异或应纳税暂时性差异于未来期间转回时，导致企业应交所得税金额的减少或者增加的情况。

但无论如何，正是由于企业在某期间永久性差异和暂时性差异的存在，使得净利润很难与利润总额保持（1－税率）的比例关系。

第六节 负债分析中应注意的几个问题

一、负债的确认时点问题

（一）重组问题

根据公认原则的要求，企业在制定一个正式的重组计划后，就应承担一项相应的义务，这一义务包括企业处置生产线的成本、处置工厂和安置职工的费用以及遣散职工的费用等。但是计提重组准备负债需要管理层的主观判断，这就为他们高估这些重组费用从而高估负债提供了大量可操作空间。由于企业重组时发生的费用包罗万象，一些企业以此为契机，蓄意高估重组费用，并据此计提了相应的重组准备。当这些被高估的重组准备不需要支付时，便可在以后年度转回，或者用于冲减以后年度的经营费用，为重组后的会计年度“制造”盈利预留空间。

（二）与里程奖励相关的或有负债

为了吸引乘客，增强乘客的忠诚度，许多航空公司纷纷推行里程奖励，即对那些经常搭乘同一航空公司航班的顾客，在累积了规定里程后，就送给他们一定的免费服务。乘客可以把获赠的里程奖励兑换成免费的机票、旅行住宿和汽车租赁等服务。自从 20 世纪 80 年代初在美国推出以来，里程奖励越来越受大众欢迎，促使一些航空公司将部分里程奖励卖给信用卡公司和电话公司，这些公司再将其作为给予顾客的一些优惠和奖励。

里程奖励计划的推出，产生了一个会计处理问题，即：航空公司是否因将来的飞行承诺而承担了一项负债？如果里程奖励计划直接导致将来的或有负债（广义的，含或有损失和预计负债），那么就应确认此或有负债。若里程奖励导致的将来偿付义务发生的可能性较小，则可以不确认潜在的或有负债。

人们对里程奖励计划是否产生一项偿付义务尚未达成一致结论。支持里程奖励计划不会导致将来义务理由有：首先，航空公司有修改甚至放弃其里程奖励的自主权。例如在1987年，为了应对有关人士对里程奖励计划产生的潜在义务的日益增长的关切，美国联合航空公司修改了计划使得顾客想要赢得免费机票变得困难起来。这一修订使得常飞某条航线或在特定月份经常飞行的顾客赢得的里程奖励减少了一半，甚至更多。同时还提高了赢得一些航线免费机票所要飞行的里程数，这些地方包括最热门的夏威夷航线，以及飞往亚洲和南太平洋的一些目的地。而且，公司宣布给予顾客的奖励在授予日的三年后作废。其次，航空公司也可以通过限制那些常客可以获得的座位数量来调节、控制里程计划产生的义务。1997年在美国，顾客共持有累计3万亿英里的免费里程，而十年前这一数字只有163亿英里。然而可获得免费座位的数量并没有按相同的比率增长。一家专业航空杂志估计大部分的航线只能够提供里程奖励所需座位的7%。不过，改变里程奖励条件、提高收集奖励的难度可能是件代价高昂的事，联合航空公司就因修改计划而被起诉。由于人们对里程奖励计划的经济性持不同的观点，对航空公司承诺性质的服务之判断仍然存在不同的看法。另一方面，航空公司已经改进了销售的里程奖励计划，大大降低了因提供相关免费服务而显著减少计划收益的可能性。

同样地，中国国际航空股份有限公司在其"知音卡会员"的规则与条款中也作了类似的规定：

国航有权在任何时候更改本计划的任何规定或终止本常客计划，并不负责事先通知，即使计划的修改或终止会影响会员积累里程或兑换奖励的权利。

"国航知音"合作伙伴及其地址如有更改或终止合作计划，国航及其有关合作伙伴恕不另行通知，亦不为此类变动负债。

除存在需要合理判断里程奖励计划是否会导致将来的偿付义务问题之外，估计里程奖励计划产生的负债金额也有难度。给定正常负债因素和新增顾客的边际成本，里程奖励的机会成本和实际成本非常小。

（三）法律纠纷引发的或有负债

由于诉讼的微妙性质，公司的管理层有很强的愿望低估潜在的损失。确实，这也可能与股东的利益是一致的。然而，对于重大的诉讼案件，投资者只能在公司没有提供详细指引和披露的情况下，自己分析目标公司实际面对的诉讼风险和潜在成本，判断企业的负债是否被低估。

二、负债的计量问题

正确地对负债进行计量，是保证企业所承担的债务及其未来现金流量能够客观公正反映的重要条件之一，同时，也是正确计量其他各会计要素的重要因素。由于企业各项会计要素之间存在着必然的密切关系，使得负债的正确计量对企业相关资产、所有者权益、收入、费用和利润的正确计量有着直接影响。因此，只有正确计量负债，才能保证对其他会计要素进行正确计量。

从理论上讲，负债的计量应以未来应付金额的现值为基础，而未来应付金额通常是由负债发生日的有关交易或契约合同决定的。在大多数情况下，由于签订合同而产生的义务，其金额和支付时间均已由合同或契约所规定。但也有个别负债的金额取决于未来的经营活动并估计未来支付价值。在会计实务中，对于流动负债一般按未来应付金额计量，而对于长期负债，由于货币时间价值影响较大，一般根据合同或契约在未来必须支付的本金和所有利息按适当的折现率计算的折现值之和计量。

下面分析几个具体的负债的计量中应注意的问题：

（一）环境负债

环境负债是传统会计负债定义在考虑环境因素后合乎逻辑的拓展，是指由于企业以往的经营活动或其他事项对环境造成的破坏和影响，而应当由企业承担的、需要以资产或劳务偿付的现时义务。

众所周知，一项负债只有能被计量或合理估计的情况下，才有资格在财务报表主体中进行确认。核算环境负债时，应充分考虑以下因素：

1. 当前的法律法规。对当前法律法规的关注包括两个方面：一是企业引起环境负债的事项和交易涉及相关法律法规的程度；二是展望有关法律法规的发展及趋势。应该强调的是，除非相关法律法规在近期内有确切的重大变化，否则还是应以当前的法律法规为考虑问题的基点。

2. 环境负债潜在责任方的数量以及它们的财务状况。由于环境负债具有连带性，因此企业在计量时，不仅要考虑自己应承担的份额，而且还要考虑在其他潜在责任方无力偿付时，偿付超过自身份额的风险。

3. 现有的技术和将取得的技术进步。企业通常以现有的科学技术为基础来估计履行预防或清除环境污染等义务的成本，对于近期内可望取得的技术进步应加以考虑，但经过较长时间才能取得的技术进步则不予考虑。

4. 通货膨胀。环境负债中有一部分属于货币性负债，负债的清偿是按一定的货币金额进行的，而大部分环境负债虽在账面上表现为一定金额，但具有非货币性质。因为这些环境负债清偿的标准是企业预防或清除环境污染等义务的解除，而并非是一定金额货币的交割。

（二）退休福利

在美国，许多公司向其雇员提供退休后的养老金或其他退休福利。此类养老金计划通常是美国联邦政府社会保障制度的有力补充，同时也是雇主吸引高素质员工长期为企业服务的一种重要手段。虽然养老金计划的支出在雇员退休后才发生，但是这笔成本或费用，与雇员提供服务期间所取得的收入直接相联系。根据配比原则，养老金计划支出应在雇员提供服务的期间内逐期作为当期收益的抵减项，不过，养老金计划支出的摊配存在着四大难点：

1. 雇员的服务期限和寿命有着极大的不确定性，因此养老金支出金额很难合理确定，摊销期限也不易预估；

2. 养老金的折现涉及诸多假设前提；

3. 养老金资产的规模、现值和预期回报率的确定涉及诸多估计和判断因素；

4. 养老金负债的确切金额和偿付时间不易确定，公司现金流出也将受到波动性影响。

根据美国第87号财务会计准则公告《雇主的养老金会计》的规定，养老金现值的变动（基金资产投资增值、折现率等因素引起的变动）、预计养老金负债的变动（因员工服务年限增加、与工会达成新协议等引起的变化）需要在员工服务期内摊销，而不是在当前确认全部的变动金额。因此，在绝大多数情况下，随着预计养老金负债的调增，表内列报的养老金负债可能会被低估。此外，第85号财务会计准则公告还要求公司在附注中披露潜在的全部养老金负债和养老金资产的公允价值。学术研究发现，投资者认为附注披露的信息比表内报告的金额更为有用。

在分析企业需要应对的养老金支出问题时，由于下列三个原因，分析者必须审慎评价养老金会计处理是否稳健：

1. 预计养老金负债的估计是建立在一系列的假设基础上，包括：根据保险精算要求做出假设的范围、折现率假设、先前服务的成本摊销期限；

2. 养老金计划资产公允价值的确认，若涉及套期、保值工具则会变得异常复杂；

3. 表内确认的养老金负债与未确认的养老金精算损失往往存在巨大差异。

（三）售后服务

许多厂商为已售出产品提供明确或隐含的售后服务担保，售后服务担保包括向最终消费者提供免费修理、维护，甚至在某些情况下调换新品等等。不管是厂商自己开设售后服务部门，还是把售后服务外包，所需费用无疑都是厂商的一大开支。

那么，该如何在财务报表里报告这些售后服务呢？当确认销售收入时，是否相应地确认一项负债以及反映对退货或维修成本的估计？还是在实际发生退货或维修时确认？

美国的公认会计原则要求在财务报表内列报所有可能已发生的损失。在产品销售交易完成时，若企业为该产品提供相关的售后服务，则应立即确认售后服务所需的成本或费用。2003 年 6 月，财务会计准则委员会发布了第 45 号解释公告，要求提供产品担保的企业披露下列信息：

1. 担保方的会计政策及其用于确定产品担保负债的方法；

2. 担保方报告期间的产品担保累计负债调节表，列示期初余额、当期减少、当期应计金额、前期估计调整和期末余额。

由于售后服务的不确定性，估计售后服务的成本并不是一件容易的事情。因此，有时企业管理层的估计与实际发生的成本差距甚大。

（四）债务重组

债务重组是指债务人在发生财务困难的情况下，债权人按照其与债务人达成的协议或者法院的裁定作出让步的事项。债务重组往往导致负债价值发生急剧变动，并使陷入困境的公司的财务状况发生脱胎换骨的改变，需要财务报表使用者高度关注。

第七节 所有者权益项目分析

一、所有者权益项目构成

所有者权益是指企业资产扣除负债后由所有者享有的剩余权益。公司的所有者权益又称为股东权益。所有者权益主要分为两部分，一部分是投资者投入资本，包括实收资本和资本公积，另一部分是生产过程中由资本积累形成的留存收益，包括盈余公积和未分配利润。

（一）实收资本

实收资本是企业实际收到的投资者投入的资本。实收资本一般情况下无须返还给投资者，是企业持续经营最稳定的物质基础。除非企业出现增资、减资等情况，实收资本在企业正常经营期间一般不发生变动。按照2006年实施的《中华人民共和国公司法》规定，有限责任公司注册资本的最低限额为3万元，股份有限公司注册资本的最低限额为500万元，并允许股东分期缴纳出资，因而注册资本与实收资本可能不一致。因此，分析时有必要查看公司账簿中记载的实收资本，这有利于公司的利益相关者了解公司真实的资本状况，避免仅仅依据公司的注册资本数额而做出判断。

（二）资本公积

资本公积是企业收到投资者的超出其在企业注册资本（或股本）中所占份额的投资，以及直接计入所有者权益的利得和损失等。资本公积包括资本溢价（或股票溢价）和直接计入所有者权益的利得和损失等。

直接计入所有者权益的利得主要由这样一些交易或事项引起：

1. 采用权益法核算的长期股权投资，在持股比例不变的情况下，被投资单位除净损益之外所有者权益的其他变动，企业按持股比例计算应享有的份额；

2. 以权益结算的股份支付换取职工或其他方提供的服务；

3. 存货或自用房地产转换为投资性房地产，其公允价值大于原账面净值的部分；

4. 可供出售金融资产公允价值的变动；

5. 可供出售外币非货币性项目的汇兑差额；

6. 金融资产重分类因计量属性变动而产生的差额，等等。

资本公积从本质上讲属于投入资本的范畴，由于我国采用注册资本制度等导致了资本公积的产生。我国《公司法》等法律规定，资本公积的用途主要是转增资本，即增加实收资本（或股本）。虽然资本公积转增资本并不能导致所有者权益总额的增加，但资本公积转增资本，一方面可以改变企业投入资本结构，体现企业稳健、持续发展的潜力；另一方面，对股份有限公司而言，它会增加投资者持有的股份，从而增加公司股票的流通量，进而激活股价，提高股票的交易量和资本的流动性。此外，对于债权人来说，实收资本是所有者权益最本质的体现，是其考虑投资风险的重要影响因素。所以，将资本公积转增资本不仅可以更好地反映投资者的权益，也会影响到债权人的信贷决策。

（三）盈余公积

盈余公积是从净利润中提取的、具有特定用途的资金。盈余公积可分为两种：

1. 法定公积金。它是指企业按照规定的比例从净利润中提取的盈余公积，如有限责任公司和股份有限公司应按税后利润的10%提取（非公司制企业也可按超出10%的比例提取），在此项公积金已达注册资本的50%时企业可不再提取；

2. 任意公积金。它是指企业经股东大会或类似机构批准，按照规定的比例从净利润中提取的盈余公积。它与法定盈余公积的区别在于其提取比例由企业自行决定。

企业提取盈余公积主要有以下几个方面的用途：

弥补亏损。企业发生的经营性亏损，企业应主要用自己的经营积累自行弥补。弥补亏损的渠道大体有三条：第一，用以后年度税前利润弥补。按照规定，企业发生亏损，可以用以后年度实现的税前利润进行弥补，但弥补期限不得超过5年。第二，用以后年度税后利润弥补。超过了税收规定的税前利润弥补期限，未弥补的以前年度亏损可用所得税后利润弥补。第三，用盈余公积弥补，但要事先由公司董事会提议并经股东大会批准。

转增资本(或股本)。经股东大会决议，企业可以将盈余公积转增为资本。在转增资本时企业应注意:要先办理增资手续;要按股东原有股份比例结转，股份有限公司可采用发放新股等方式增加股本;盈余公积转增资本时，在转增后留存的此项公积金应不少于注册资本的25%。

扩大企业生产经营。盈余公积的提取，并不是指其实际占用形态，提取盈余公积也并不是单独将这部分资金从企业资金周转过程中抽出。企业盈余公积的结存数，实际只表现为企业所有者权益的组成部分，表明企业生产经营资金的一个来源而已。其形成的资金可表现为一定的货币资金，也可能表现为一定的实物资产，如存货和固定资产等，随同企业的其他来源所形成的资金进行循环周转，用于企业的生产经营。

(四)未分配利润

未分配利润是企业净利润分配后的剩余部分，即净利润中尚未指定用途的，归所有者享有的部分。它是企业留待以后年度进行分配的结存利润，企业对于这部分利润的使用分配具有较大的自主权。

未分配利润是所有者权益的重要组成部分，它勾稽资产负债表与利润表。从数量上讲，未分配利润是期初未分配利润加上本期实现的净利润减去提取的各种盈余公积和分出利润后的余额。资产负债表中，该项目如为负数，则表示未弥补的亏损。

在资产负债表上，一般将实收资本、资本公积、盈余公积和未分配利润分项列示。

二、所有者权益质量分析

对企业所有者权益的质量进行分析，应该关注以下几个主要方面:

(一)企业所有者权益内部的股东持股构成状况与企业未来发展的适应性

企业所有者权益内部的股东持股构成状况，主要是指两个方面:一是指在企业的所有者权益的结构中，普通股与优先股的构成比例;二是指在企业的普通股份的构成中，控制性股东、重大影响性股东和非重大影响性股东的持股者的构成状况。由于优先股份一般没有表决权，因而在下面的讨论中，我们将主要针对第二种股东构成进行讨论。

我们知道，按照企业股权持有者对企业的影响程度，一般可以将企业的股东分为控制性股东、重大影响性股东和非重大影响性股东三类。其中，控制性股东将有权决定一个企业的财务和经营政策;重大影响性股东则对一个企业的财务和经营政策有参与决策的权利，但并不决定这些政策;非重大影响性股东则对被持股企业的财务和经营政策几乎没有影响。

显然，控制性股东、重大影响性股东将决定企业未来的发展方向。因此，在对企业的资本结构进行分析时，必须关注企业的控制性股东、重大影响性股东的背景状况:谁在控制(和重大影响)着某一特定企业?控制(和重大影响)着某一特定企业的股东有没有能力将企业引向光明的未来?

(二)资本公积所包含的质量信息

1. 非分红性的股东或业主入资。股东之所以向企业注入非分红性的入资(如股票溢价等)，主要是基于两方面的原因:第一，企业的股权价格将会由于其内在的高质量等原因而走高，股东将以更高的价格将股权在未来售出;第二，股东通过长期持有企业股权分得的现金股利来取得较高的投资报酬。在这两方面原因的背后包含了重要的质量信息:股东对企业未来的财务状况有信心。

2. 直接计入所有者权益的利得和损失。

第一，并不产生真实的财务后果。一般情况下，企业正常经营过程所涉及的真实交易事项，如收入的赚取和费用的发生，均会引起货币资金的收付、债权债务的形成以及财产物资的流动等财务后果。而直接计入所有者权益的利得和损失则多是由资产的计量属性变动而引起的，或者反映其他资产的价值变动对企业总体价值变动的影响额。这样的变动大多表现为与公允价值变动有关的事项，由此形成的利得和损失是尚未实现的，并不是以真实的交易事项为基础。因此，此类直接计入所有者权益的利得和损失似乎有些难以"捕捉"，并不像真实交易事项那样产生实实在在的财务后果。

第二，并不代表所有者真正享有的权益。从会计要素之间的对应关系来看，与收入对应的是资产的增加或负债的减少，与费用对应的则是资产的减少或负债的增加，二者配比的结果才会是应产生的所有者权益数额，代表所有者真正享有的权益变化。但在引起直接计入所有者权益的利得和损失的特殊事项中，形成的所有者权益仅仅是相关资产和负债所对应的调整项目，如果这些价值发生变动的资产尚未进行处置，尚未实施期权或套期保值过程尚未结束，所形成的所有者权益就会继续存在于资产负债表中；但如果这些资产一旦进行处置、实施期权或完成套期保值，这些直接计入所有者权益的利得和损失就会结转进入利润表，计入当期损益，相应的所有者权益数额也会随之加以核销。因此，直接计入所有者权益的利得和损失所形成的所有者权益只是相关资产和负债所对应的调整项目，并不代表所有者真正享有的权益。

（三）投入资本与留存收益的比例关系所包含的质量信息

投入资本总额大致反映了企业所有者对企业进行的累计投资规模，而留存收益则大致反映了企业从最初成立以来的自身积累规模。因此，在企业没有大规模进行转增资本的情况下，通过计算投入资本与留存收益之间的比例关系，就可以揭示出企业主要的自有资金来源，由此评价企业的资本充足性、自身积累和自我发展能力。

（四）关于企业的长期融资能力与偿债风险

在讨论企业的长期融资能力时，人们往往仅仅关注企业所有者权益相对规模的大小、资产负债率的高低。一般认为，所有者权益相对规模较小、资产负债率较高的企业所面临的偿债风险较大；而所有者权益相对规模较大、资产负债率较低的企业所面临的偿债风险较小。

然而在实务中，仅仅关注企业所有者权益的相对规模和资产负债率还很不够。在企业从事经营活动，且其自身开展的经营活动所带来的核心利润在净利润中所占比重较大的情况下，我们还应该关注企业的核心利润与经营活动产生的现金流量净额之间的均衡发展状况；只有经营性资产（总资产减去投资性资产）的盈利能力较高且其核心利润与经营活动产生的现金流量净额之间均衡发展的企业，才会有较强的长期融资能力和偿债能力。

第八节　所有者权益分析中应注意的几个问题

一、少数股东权益分析

企业间的合并可能使股东权益发生变化。但是，当一个企业通过支付现金或交换其他资产购买另一企业的资产时，对购入资产通常按购置成本入账，以便反映其现行价值。因此，被购企业的历史成本是不相关的，而购入企业的股东权益并不因这一交易而有所增加。以现金或其他资产购买另一企业的全部股权情况下，其结果也类似。事实上，被购入企业可被视为已解体，这一交易类似于购买该企业的资产（买方还可能承接被购入企业的负债）。此购买行为或母子公司报表合并并没有导致股东权益的变动。但是，在合并过程中存在少数股东权益的情况下，是将它作为股东权益进行披露，还是作为一项负债进行披露，或者都不是，这存在争议。

依据业主观，母子公司之间的关系是拥有与被拥有的关系，编制合并会计报表的目的，是为了向母公司的股东报告其所拥有的资源。这里所说的资源，是一种净资源的范畴，即正资源（资产）与负资源（负债）之间的差额。合并会计报表只是为了满足母公司股东的信息需求，而不是为了满足子公司少数股东的信息需求，后者的信息需求应当通过子公司的个别报表予以满足。根据这一观点，当母公司合并非全资子公司的会计报表时，应当按母公司实际拥有的股权比例，合并子公司的资产、负债和所有者权益。同样地，非全资子公司的收入、成本费用及净收益，也只能按母公司的持有比例予以合并。概而言之，业主观主张采用比例合并法，其主要特点是：

1. 在组建母子公司联合体过程中因收购兼并而形成的资产、负债升（贬）值及商誉，按母公司的持股比例合并和摊销；

2. 母子公司之间的交易及其未实现损益，按母公司的持股比例抵消；

3. 合并会计报表上既不会出现“少数股东权益”，也不会存在“少数股东损益”。

而主体观认为，母子公司之间的关系是控制与被控制的关系，而不是拥有与被拥有的关系。根据控制的经济实质，母公司对子公司的控制意味着母公司有权支配子公司的全部资产（而不仅仅是所拥有的资产）的运用，有权统驭子公司的经营决策和财务分配决策。由于存在控制与被控制的关系，母子公司在资产的运用、经营和财务决策上便成为独立于其终极所有者的一个统一体，这个统一体就应当是编制合并会计报表的主体。编制合并会计报表的目的，是为了满足合并主体所有股东的信息需求，而不仅仅是为了满足母公司的信息需求。具体地说，合并会计报表是为了反映合并主体所控制的资源。根据这一观点，当母公司合并非全资子公司的会计报表时，应当将该子公司的全部资产、负债、所有者权益予以合并。同样地，在合并利润表上，也应当将子公司的全部收入、费用及净收益合并。这种合并方法往往被冠以“完全合并法”，其主要特点包括：

1. 在组建母子公司联合体过程中因收购兼并而形成的资产、负债升（贬）值及商誉，应全部予以合并和摊销；

2. 母子公司之间的交易及其未实现损益，应全部予以抵消；

3. 在合并资产负债表上，母公司未实际拥有的所有者权益反映为少数股东权益，作为合并所有者权益的一个项目单独列示；

4. 少数股东在子公司应分享的损益，视为合并净收益在不同股东之间的利润分配，应通过合并利润分配表予以反映，而不作为合并净收益的一个减项。

母公司观的基本合并理念主要包括：

1. 编制合并会计报表的目的，是为了向母公司的股东反映其所控制的资源；

2. 子公司的少数股东为合并主体提供了不可分割的经济资源，少数股东对子公司净资产及净利润的相应权益，应予明确体现；

3. 子公司资产、负债以及净资产的账面价值与母公司对这些净资产的购买价格是两个独立的因素，后者包括母公司为了获得控股权而额外支付的溢价，子公司的账面价值是不可分割的，应100%予以合并，而母公司购买价格超过子公司净资产账面价值的部分只与母公司的投资活动有关，因而应当按母公司持股比例予以合并。

鉴于此，编制合并会计报表时，子公司的净资产及相关资产和负债宜采用双重计价基础——成本(账面价值)与市价(公允价值)。

二、可转换债券分析

与普通债券相比，可转换债券可以视为一种附有“转换条件”的公司债券，也就是债券持有者可以在将来某个规定的期限内按约定条件转换为公司普通债券的特殊债券。由于这种特殊的“转换”期权特性，使得可转换公司债券得以兼具债券、股票和期权三个方面的部分特征：

1. 作为公司债券的一种，可转换债券同样具有确定的期限和利率；

2. 通过持有人的成功转换，转债又可以以股票的形式存在，而债券持有人通过转换由债权人变为了公司股东；

3. 可转换债券还具有期权性质，即投资者拥有是否将债券转换成股票的选择权。

由于可转换债券的多重性质，因此理论上应当将其债务和权益部分分开计量和披露。但目前通用的会计准则一般都将可转换债券记录为负债，而不确认其转换权的价值。这种处理方法主要理由有二:其一，转换特征与转换债券的负债性质不可分离;其二，负债和转换期权价值难以分开。

可转换债券中所包含的选择权无疑是有价值的，而现行的会计准则却将可转换债券视同不包含转换权的一般债权进行会计处理，这一简化的处理方法抹杀了可转换债券的显著特点，因此财务报表分析人员必须关注以下问题：

1. 发行可转换债券公司财务报表中记录的利息费用可能低估了其真实的债务融资成本。

2. 可转换债券转换可能性的高低对发行公司未来的财务报表将产生重大影响。对于即将到期的可转换债券，将转换价格与普通股现行市价相比较就能大致判断出其转换的可能性高低，如果转换价格高于现行股价很多，那么该债券转换为股票的可能性就很低。对于转换时间很长的可转换债券，使用期权定价方法也可以大致估计其转换的可能性高低。

3. 在分析公司的资本结构时，应当注意公司是否有发行在外的可转换债券，因为未来可转换债券的实际转换情况可能对公司的资本结构产生重大影响。

第九节　资产负债表总括分析

一、了解企业的背景资料

在分析企业的资产负债表和其他财务报表之前，读者应该首先对企业所从事行业、企业的基本发展沿革、企业股权结构等重要方面有一个基本了解。这些信息将成为财务报表分析的基础，对财务报表分析的结果会产生重大影响，是必须加以考虑的表外因素。这些信息均可以从企业披露的年度报告中直接获取(可以参见各企业基本财务报表后面的附注)。

二、关注资产总体规模及其行业定位

有的报表使用者习惯于从资产负债表的第一项开始，逐项往下阅读。其实，这种方法可

能并不好：很难有大局观。正确的方法是首先要对企业资产的总体规模及其变化情况有一个大致认识。

企业在确立了其从事经营活动的行业以后，还需要根据其所掌握资源的多少，选择合适的经营规模，进行恰当的行业定位。这种选择和定位，将直接决定企业具体的资产结构和盈利模式，对企业规模效益的形成及抵御风险能力的形成均具有重要意义。在实际分析时，可以结合企业产品的竞争优势（包括成本优势、技术优势、质量优势等）、产品的市场占有率以及品牌战略等各项因素，了解企业在其行业内的定位选择偏好，从而进一步判断其资产规模的合理性。

此外，还应该分析企业的资产总额在年度间的变化情况。换句话说，就是分析资产总额年末规模及其与年初规模之间的差异。通过这种对资产总额年末规模及其与年初规模之间差异的了解，可以对企业所拥有或控制的资源规模的变化及其方向（是越来越雄厚而得以持续发展，还是越来越萎缩等）有一个初步认识。

三、关注资产结构及其盈利模式

下一个要考察的内容是：在企业的资产结构中所奠定的利润支持基础如何，所选择的盈利模式如何，即企业以什么样的方式对利润做出贡献：是以经营活动为主、投资活动为主，还是二者并重。

在这方面，我们可以直接比较平均资产（平均资产等于期初资产和期末资产的平均数，下同）中，平均经营性资产和平均投资性资产各占的比重。

如果在企业的平均资产总额中，经营性资产占有较大比重，而投资性资产占比较小，且双方之间有一定差异，则认为这是一个经营主导型企业，这样的资产结构决定了对企业利润做出主要贡献的应该是其自身的经营性资产，核心利润应成为利润的主要支撑点。

如果在企业的平均资产总额中，投资性资产占有较大比重，经营性资产占比较小，且双方之间有一定差异，则认为这是一个投资主导型企业，这样的资产结构决定了对企业利润做出主要贡献的应该是投资性资产，投资收益应成为利润的主要支撑点。

如果在企业的平均资产总额中，经营性资产与投资性资产所占比重大体相当，则认为这是一个并重型企业，即这样的资产结构决定了经营性资产与投资性资产将共同对企业利润做出贡献，核心利润和投资收益应成为利润的共同支撑点。

需要特别注意的是，一定要注意资产结构是否导致了我们所预期的利润结构，通过这方面可以透视出企业对战略的实施情况。如果利润结构与资产结构出现不一致（即资产结构属于经营主导型的企业，其利润结构中投资收益反而占主导地位的情况；而资产结构属于投资主导型的企业，又有可能出现在其利润结构中核心利润占主导地位的情况），这说明了什么呢？

这可能说明，第一，企业不同性质资产的盈利能力出现了显著差异，企业战略的实施效果并不理想；第二，盈利能力显著偏低的资产，存在着大量的不良资产占用，资产管理质量偏低；第三，盈利能力明显偏高的资产区域，可能存在着利润操纵行为。

四、关注主要的资产变化区域及其变化方向的质量含义

在任何会计期间内，企业的资产结构和规模都有可能会发生某些变化。由于不同的资产项目在企业战略实施过程中所处的位置不同，因而其变化的质量含义也不相同。在分析中应当注意其中产生的重大变化及其方向性影响。

五、关注主要的不良资产区域

就不良资产的区域而言，主要集中在其他应收款、周转缓慢的存货、因被投资企业巨额亏损而严重贬值的长期股权投资、利用率不高且难以产生效益的固定资产、无明确对应关系的无形资产、长期待摊费用等等。不良资产迟早会对企业的经营业绩造成负面影响，关注企业主要的不良资产区域，对预测企业的发展前景和业绩变动趋势将会提供重要帮助。

六、关注股权结构变化对企业产生的方向性影响

企业具有什么样的股权结构对企业的类型、发展以及组织结构的形成都具有重大的意义。股权结构的动态变化会导致企业组织结构、经营走向和管理方式的变化。因此，分析者要在企业的股权结构发生重大变化时，进一步分析控制性股东、重大影响性股东会产生怎样的变化，以及这种变化对企业会产生什么样的方向性影响。因为这将在很大程度上决定企业未来的发展方向。

案例分析

案例一：

以 A 电器公司和 B 电器公司的流动负债组成情况为例，分析流动负债结构，资料见表【4－3】。

表 4－3　A 电器公司和 B 电器公司的流动负债组成情况分析表　单位：万元

流动负债各项目	时间 12 月 31 日	A 电器公司 金额	A 电器公司 占比例	B 电器公司 金额	B 电器公司 占比例
短期借款	2011	0	0	300	1.97
	2012	10962	20.7	0	0
应付账款	2011	1656	6.9	2290	15.07
	2012	6980	12.78	1886	14.52
预收货款	2011	0	0	497	3.27
	2012	97	0.18	1247	9.62
应付职工薪酬	2011	1525	6.36	1253	8.24
	2012	2213	4.04	1364	10.50
未付股利	2011	6150	25.66	0	0
	2012	40	0.07	0	0
应交税费及其他未交款	2011	6708	27.98	1280	8.43
	2012	9733	17.84	1131	8.71
其他应付款	2011	1149	4.79	9229	60.75
	2012	2454	4.5	7357	56.65
应付关联企业款	2011	2767	11.55	0	0
	2012	10561	19.34	0	0
预提费用	2011	4011	16.73	502	3.3
	2012	11568	21.18	0	0
待扣税金	2011	0	0	－160	－1.06
	2012	0	0		

从表 4－3 可知，2011 年 A 电器公司营业性负债占 57.97%（应付账款 6.9% ＋应付职工

薪酬6.36% +应交税费及其他未交款27.98% +预提费用16.73%），2012年占55.84%，两年基本上维持在同一水平，说明其营业环节形成的流动负债占较高比重，企业资金成本比较低。并且在营业环节负债中，应付账款和预提费用2012年所占比重提高，应交税费所占比重下降，可见营业环节资金来源的结构有所改善。该公司在2012年年底增加了融资性负债，短期借款占20.07%，说明公司2012年生产经营资金相当一部分来源于短期融资活动，经营业务的波动性提高。未付股利从2011年的11.55%上升到2012年的19.34%。从总量上看，A电器公司流动负债有较大增长，增长了1.28倍。其中应付关联企业款和预提费用、应付账款都有较大增长，特别是短期借款增长较多，说明企业资金比较紧张，还款压力较大。B电器公司流动负债主要来自其他应付款，2012年占56.65%。同2011年相比预收货款比例从3.27%上升为9.62%，增幅较大。其他各项营业性负债总量均有所下降，说明当年企业生产经营业务开展得不理想。B电器公司2012年年底流动负债总量比上一年有所减少。

从两公司流动负债的组成分析还可以了解到一些情况：

第一，行业特点。B电器公司应付账款和预收货款占流动负债的比例高于A电器公司，反映行业订货付款特点的不同；

第二，经营特点。B电器公司其他应付款是流动负债资金的主要来源，而A电器公司流动负债资金来源并不固定；相对来讲，A电器公司短期付款的约束性和紧迫性比B电器公司略大，但要看应付款的具体组成和具体合约期限；

第三，业务开展情况。B电器公司流动负债总额下降，应付账款和其他应付款比例下降，说明企业经营业务正在缩减。而A电器公司流动负债增长1.28倍，生产经营发展较快，资金来源显得不足，该公司通过短期借款解决。

案例二：

苏宁电器是中国3C（家电、电脑、通讯）家电连锁零售企业的领先者，2007年实现销售近900亿元。截至2008年10月，苏宁电器在中国29个省和直辖市、200多个城市拥有800家连锁店，员工人数11万名，位列中国民营企业三强、中国企业500强第53位，并入选亚洲企业50强。

家电零售行业状况：

经济基本面趋好，消费市场平稳较快发展：

2010年，中国宏观经济基本面迈入正轨，国民经济运行态势良好。在一系列促进消费、扩大内需的政策措施激励下，消费市场景气度提高，社会消费品零售总额同比增速整体呈上升态势，2010年全年社会消费品零售总额同比增长18.4%

激励政策、产品升级促进家电行业迅速回升：

2010年，"以旧换新"政策期限延长，实施范围推广；"家电下乡"产品限价提高，中标产品范围扩大；节能惠民补贴指向高能效空调产品，一系列拉动家电消费激励政策的深化落实为行业提供良好发展空间。

消费升级、更新换代趋势明显，彩电行业已经完成平板电视的升级之路；白色家电中高附加值产品如变频空调、滚筒洗衣机、三门冰箱等产品增长快速；3G、智能手机普及较快。

综上，2010年家电行业迅速回升，据北京中怡康时代市场研究有限公司数据显示，2010年中国家电市场零售总额突破万亿元大关，达10,560亿元，较2009年同期增长了18.9 %。

表 4－4　　苏宁电器资产负债表垂直分析表　　单位:千元

日期/项目	2010/12/31	2009/12/31	2010(%)	2009(%)	变动幅度
资 产					
流动资产					
货币资金	19351838	21960978	44.07%	61.28%	－17.20%
交易性金融资产		7378		0.02%	－0.02%
应收票据	2505	6874	0.01%	0.02%	－0.01%
应收账款	1104611	347024	2.52%	0.97%	1.55%
预付款项	2741405	947924	6.24%	2.64%	3.60%
应收利息	31385	32376	0.07%	0.09%	－0.02%
应收股利					0.00%
其他应收款	975737	110975	2.22%	0.31%	1.91%
存货	9474449	6326995	21.58%	17.65%	3.92%
其他流动资产	793656	455740	1.81%	1.27%	0.54%
流动资产合计	34475586	30196264	78.52%	84.25%	－5.73%
非流动资产			0.00%	0.00%	0.00%
长期应收款	130768	88450	0.30%	0.25%	0.05%
长期股权投资	792896	597374	1.81%	1.67%	0.14%
投资性房地产	387134	339958	0.88%	0.95%	－0.07%
固定资产	3914317	2895971	8.91%	8.08%	0.83%
在建工程	2061752	408528	4.70%	1.14%	3.56%
无形资产	1309337	764874	2.98%	2.13%	0.85%
开发支出	22125	58513	0.05%	0.16%	－0.11%
商誉	616	－	0.00%		0.00%
长期待摊费用	529531	237942	1.21%	0.66%	0.54%
递延所得税资产	283320	251958	0.65%	0.70%	－0.06%
非流动资产合计	9431796	5643568	21.48%	15.75%	5.73%
资产总计	43907382	35839832	0.00%	100.00%	－100.00%
流动负债			0.00%	0.00%	0.00%
短期借款	317789	－	0.72%		0.72%
应付票据	14277320	13999191	32.52%	39.06%	－6.54%
应付账款	6839024	5003117	15.58%	13.96%	1.62%
预收款项	393820	276792	0.90%	0.77%	0.12%
应付职工薪酬	201295	139530	0.46%	0.39%	0.07%
应交税费	525750	301542	1.20%	0.84%	0.36%
应付股利	9397	－	0.02%		0.02%
其他应付款	1539020	666391	3.51%	1.86%	1.65%
一年内到期的非流动负债	112178	97128	0.26%	0.27%	－0.02%
其他流动负债	318755	235148	0.73%	0.66%	0.07%
流动负债合计	24534348	20718839	55.88%	57.81%	－1.93%

续表

			0.00%	0.00%	0.00%
非流动负债			0.00%	0.00%	0.00%
递延所得税负债	34395	6739	0.08%	0.02%	0.06%
其他非流动负债	493248	189271	1.12%	0.53%	0.60%
非流动负债合计	527643	196010	1.20%	0.55%	0.65%
			0.00%	0.00%	0.00%
负债合计	25061991	20914849	57.08%	58.36%	-1.28%
			0.00%	0.00%	0.00%
股东权益			0.00%	0.00%	0.00%
股本	6996212	4664141	15.93%	13.01%	2.92%
资本公积	655288	2975652	1.49%	8.30%	-6.81%
盈余公积	746529	517465	1.70%	1.44%	0.26%
未分配利润	9932866	6383317	22.62%	17.81%	4.81%
外币报表折算差额	7294	-229	0.02%	0.00%	0.02%
归属于母公司股东权益合计	18338189	14540346	41.77%	40.57%	1.20%
少数股东权益	507202	384637	1.16%	1.07%	0.08%
股东权益合计	18845391	14924983	42.92%	41.64%	1.28%
负债及股东权益总计	43907382	35839832	100.00%	100.00%	0.00%

(1)负债结构评价

从静态方面分析。就一般意义而言，流动负债的筹资成本是很低的，但它对公司提出了很高的要求，容易引发财务风险，导致公司破产;而非流动负债的期限一般较长，其实际的筹资成本较高，对公司的偿债能力要求较弱 。所以，流动资产比重较大的企业资产的流动性强而风险小。

从动态方面分析。苏宁电器流动负债比重较 2009 年度降低了 1.17%，非流动负债增长了 1.17%，变动幅度较小，说明公司的负债结构比较稳定。

表 4-5　　负债结构评价　　单位:千元

项目	金额		结构		
	2010 年	2009 年	2010 年	2009 年	差异
流动负债	24534348	20718839	97.89%	99.06%	-1.17%
非流动负债	527643	196010	2.11%	0.94%	1.17%
负债合计	25061991	20914849	100.00%	100.00%	

通过负债期限结构的评价，可知苏宁的筹资政策 2010 年与 2009 年相比并没有大的变化，流动性负债都高达 97% 以上，而非流动负债的比例只有 1 ~ 2% 左右。我们知道

短期的流动负债的筹资成本比非流动负债的成本其实是要低的，因此企业采用这样的筹资政策可以大大降低筹资成本，但是由于流动负债对企业资产的流动性较高，但却面临巨大的财务风险。

(2)资本结构的分析评价

表4-6　资本结构评价　单位:千元

项目	金额		结构		
	2010年	2009年	2010年	2009年	差异
负债合计	25061991	20914849	负债合计	25061991	20914849
所有者合计	18845391	14924983	所有者合计	18845391	14924983
总资产	43907382	35839832	总资产	43907382	35839832

从静态方面看，苏宁电器2010年所有者权益比重为41.64%，负债比重为55.08%，负债比重不是很高，相对合理。

从动态方面看，2010年度苏宁电器的负债比重降低了1.28%，所有者权益比重上升了1.28%，其变动不是很大，表明企业的资本结构还是比较稳定的，且其财务实力有所提高。

(3)资产结构与资本结构适应程度的分析评价

表4-7　2010年资产负债表　单位:千元

<table>
<tr><td rowspan="2">流动资产</td><td rowspan="2">34475586</td><td>流动负债</td><td>24534348</td></tr>
<tr><td rowspan="2">非流动资产</td><td rowspan="2">9431796</td></tr>
<tr><td rowspan="2">非流动负债</td><td rowspan="2">527643</td></tr>
<tr><td>所有者权益</td><td>18845391</td></tr>
</table>

表4-8　2009年资产负债表　单位:千元

<table>
<tr><td rowspan="2">流动资产</td><td rowspan="2">30196264</td><td>流动负债</td><td>20718839</td></tr>
<tr><td rowspan="2">非流动资产</td><td rowspan="2">5643568</td></tr>
<tr><td rowspan="2">非流动负债</td><td rowspan="2">196010</td></tr>
<tr><td>所有者权益</td><td>14924983</td></tr>
</table>

由表可知，从静态方面分析苏宁电器2009年度和2010年度的流动资产都是一部分资金需要使用流动负债来满足，而另一部分则需要使用非流动负债来满足，为资产结构与资本结构相适应的稳健结构。从结构分析，2010年流动负债可满足流动资产需要的比重为71.16%，而另外的28.84%则需要通过非流动负债来满足。而在2009年，流动负债可满足流动资产的比重为68.6%，另外的31.4%的流动资产才需要非流动负债来满足。二者相比可得，2010苏宁电器对非流动负债的依赖加强，这主要是由短期借款的增加所引起的。采用这种结构，使企业的财务风险上升了，但也扩张了生产规模，表明企业的成长潜力较大。

(4)负债及股东权益构成情况及变动原因分析

表4－9　　负债及股东权益构成情况　　单位:千元

项目	金额		增减情况	
	2010 年 12 月 31 日	2009 年 12 月 31 日	增减额	增减幅度(%)
短期借款	317789		317789	
应付账款	6839024	5003117	1835907	36.70%
应付票据	14277320	13999191	278129	1.99%
预收款项	393820	276792	117028	42.28%
其他应付款	1539020	666391	872629	130.95%
流动负债合计	24534348	20718839	3815509	18.42%
其他非流动负债	493248	189271	303977	160.60%
非流动负债合计	527643	196010	331633	169.19%
负债合计	25061991	20914849	4147142	19.83%
股本	6996212	4664141	2332071	50.00%
资本公积	655288	2975652	-2320364	-77.98%
盈余公积	746529	517465	229064	44.27%
未分配利润	9932866	6383317	3549549	55.61%
归属于母公司股东权益合计	18338189	14540346	3797843	26.12%

短期借款变化的主要原因：

据年报披露，2010 年，公司子公司香港苏宁电器有限公司银行融资增加，带来短期借款期末余额增加。

应付账款变化的主要原因：

由于苏宁电器挤占上游供应商的货款造成的，家电零售行业普遍存在这样一种情况，通过延长对供应商的付款期限，进行低成本的融资，而实际上这种方式是可行的，随着苏宁规模的扩大，其进货规模大增迫使供应商延长收款期限，让利于苏宁。

预收账款变化的主要原因：

随着公司连锁店面数量的增加以及销售规模的扩大，预收客户的货款有所增加，预收账款期末余额较期初增加 42.28%。

其他应付款变化的主要原因：

随着公司在建工程项目的增加，应付工程款项相应增加；另外，随着公司连锁店面数的增加，收取的各项保证金及押金也有所增加，带来其他应付款期末余额较期初增加 130.95%。

其他非流动负债变化的主要原因：

据年报披露，2010 年，公司加强了对自创服务产品“阳光包”的推广，通过专业化、系统化培训，销售能力进一步加强，延保产品销售情况良好。由于公司所售的延保业务大多数未过厂家正常的保修期，公司将业务收入确认为其他非流动负债，由此带来报告期末其他非流动负债余额较期初增长 160.60%。

股本、资本公积、盈余公积、未分配利润变化的主要原因：

2010 年苏宁公司实施完成 2009 年度利润分配方案即以资本公积金转增股本方式每 10 股转增 5 股，并每 10 股派发 0.5 元(含税)现金红利，使得报告期末股本额、资本公积金相应变动。同时，由于 2010 年实现归属于母公司股东利润 40.12 亿元，也带来盈余公积、未分配利润的增加。

综上，2010 年司总负债余额、归属于母公司股权权益余额较期初分别增加 19.83%，26.12%。

复习思考题

1. 企业如何对借款费用资本化处理进行分析？
2. 或有负债和预计负债之间有哪些区别？
3. 如何看待资本公积？
4. 企业提取盈余公积主要有哪几个方面的用途？
5. 会计利润和应税利润(或应纳税所得额)之间主要差异在哪些方面？这些差异对企业财务状况的表现有什么影响？
6. 如何进行差异质量分析？
7. 如何对企业的所有者权益项目进行质量分析？
8. 怎样对企业资产负债表进行总括分析？

第五章　收入分析

【学习目标】

1. 了解收入的定义和概念
2. 掌握收入的确认条件
3. 掌握收入项目质量分析方法
4. 熟悉常见的收入舞弊行为

第一节　收入概述

收入是指企业在日常活动中形成的、会导致所有者权益增加的、与所有者投入资本无关的经济利益的总流入。其中，日常活动是指企业为完成其经营目标所从事的经常性活动以及与之相关的其他活动。按照企业从事日常活动的性质，可将收入分为销售商品收入、提供劳务收入、让渡资产使用权收入、建造合同收入等。这里主要涉及前两种收入的确认和计量。

一、销售商品收入的确认和计量

在销售商品时，企业应按已收的合同或协议价款确认收入金额，不包括收取的增值税额，并且在收入同时满足下列条件的，才能予以确认：

1. 企业已经将商品所有权上的主要风险和报酬转移给购货方。
2. 企业没有保留与所有权相联系的继续管理权和对已售商品实施有效控制。
3. 收入的金额能够可靠地计量。
4. 相关的经济利益很可能流入企业。
5. 相关的已发生或将发生的成本能够可靠地计量。

二、提供劳务收入的确定和计量

企业提供劳务交易的结果能可靠估计的，应当采用完工百分比法确认和计量：

1. 收入的金额能够可靠地计量，即提供劳务收入的总额能够合理的估计。
2. 相关的经济利益很可能流入企业，劳务收入收回的可能性大于不能收回的可能性。
3. 交易的完工进度能够可靠地确定，即交易的完工程度能够合理的估计。
4. 交易中已发生和将发生的成本能够可靠的计量。

三、收入的特点

1. 收入从企业的日常经营活动中产生，而不是由偶尔发生的经济交易或事项产生。

有些交易事项也能为企业带来经济利益，但不属于企业的日常经营活动，其经济利益是企业利得，而不是收入。如企业出售闲置的固定资产或转让土地使用权等，固定资产是为企业的生产而购入的，将固定资产出售不是企业的经营目的，也不属于企业日常经济活动，因此企业出售闲置的固定资产或转让土地使用权等所取得的收益不能作为收入核算。

2. 收入可能表现为企业资产的增加，如增加企业的现金和应收账款等；也可能表现为企业负债的减少，如以商品或劳务抵偿债务；或两者兼而有之。

3. 收入能导致企业所有者权益增加。

根据“资产 = 负债 + 所有者权益”的关系公式，企业取得的收入一定能增加所有者权益，但收入扣除相关成本和费用后则可能增加所有者权益，也可能减少所有者权益，这是因为在企业经营成本或费用大于经营收入的情况下，可能产生的结果。

4. 收入只包括本企业经济利益的流入，不包括为第三方或客户代收的款项，如增值税、代收利息等。

代收的款项一方面增加企业的资产，另一方面也增加企业的负债，因此它们不增加企业的所有者权益，不属于企业的经济利益，不能作为企业的收入。

根据收入的特征，收入主要包括主营业务收入和其他业务收入，他人使用本企业资产而产生的经济利益收入，如债券投资和股权投资产生的利息和股利也包含在此之列。

主营业务收入是指企业经营性业务产生的收入。对工业企业来说，主营业务收入是指销售本企业生产的产成品、自制半成品所取得的产品销售收入以及提供工业性劳务所发生的收入；对于商品流通企业而言，主营业务收入则是指商品销售收入，包括自购商品的销售收入、进出口业务收入、接受其他单位委托代理商品的销售收入以及代购代销的手续费收入等。

其他业务收入是指各类企业除主营业务以外不独立核算的其他业务或副营业务所发生的收入。如工业类企业的材料销售、技术转让、固定资产出租等业务取得的收入均属于其他业务收入的范畴。

第二节　收入项目分析

一、收入的确认与计量分析

在某些特殊交易情况下，收入确认和计量处理比较复杂，特别是对于销售商品的收入，要分析企业在不同情况下是否按照以下方式作出正确的处理。

（一）特殊交易情况下的收入确认和计量是否正确分析

1. 托收承付方式销售商品

应在发出商品且办妥托收手续时确认收入，如果商品已经发出且办妥托收手续，但由于各种原因与发出商品所有权相关的风险和报酬没有转移的，则企业不应确认收入。

2. 销售商品涉及现金折扣、商业折扣和销售折让

现金折扣，即债权人为鼓励债务人在规定的期限内付款而向债务人提供的债务扣除，销

售收入应当按照扣除现金折扣前的金额确定，现金折扣在实际发生时计入财务费用；商业折扣，即企业为促进商品销售而在商品标价上予以的价格扣除，销售收入应当按照扣除商业折扣后的金额确定；销售折让，即企业因售出商品的质量不合格等原因而在售价上给予的减让，已确认收入的售出商品发生销售折让的，通常应当在发生时冲减当期销售商品收入，如果属于资产负债表日后事项，则应当按照有关资产负债表日后事项的相关规定进行处理。

3. 预售款销售商品

通常在发出商品时确认收入，在此之前预收的货款应确认为负债。

4. 附有销售退回条件的商品销售

企业根据以往经验能够合理估计退货可能性且确认与退货相关负债的，通常应在发出商品时确认收入；企业不能合理估计退货可能性的，通常应在售出商品退货期满时确认收入。

5. 其他特殊销售商品业务

如代销商品、具有融资性质的分期收款、售后回购等业务的收入确认和计量是否正确分析。

（二）收入的真实性、准确性和完整性分析

收入的真实性分析即分析收入是否真实存在，是否存在虚构和不该确认的收入或者将下期的收入提前在本期予以确认，从而使本期收入虚增。对大部分上市公司而言，由于其财务报表要公布于众，为了体现良好的业绩，增加投资者的信心，其虚增收入的嫌疑要大于隐瞒收入的可能性。在对收入的真实性进行分析时，要重点关注大额销售业务是否收到现金，是否存在长期挂账的应收账款和异常的冲销活动，并对年末销售收入的记录和次年年初的冲回记录保持高度的警惕。

准确性分析即分析收入的金额记录是否正确，是否采用适当的方法以适当的金额来确认和计量收入，折扣折让的处理是否正确等。保证业务的金额记录正确是企业的责任，在进行财务分析时，主要对重大交易和金额予以关注。

完整性分析即分析收入的记录是否完整，是否有遗漏或隐瞒的业务，是否存在将本期确认的收入记录到了下期的情况。企业隐瞒收入通常是处于避税的考虑，在分析时，应该注意企业次年年初的销售业务是否在本期就予以确认。

二、主营业务收入分析

主营业务收入是企业收入的主要来源，在企业收入构成中一般具有稳定性。主营业务收入的不断增长是企业成长的主要条件。主营业务收入分析应重点关注：

1. 企业的收入是按照收入实现原则来确认的。

分析主营业务收入首先考察企业是否按规定确认主营业务收入的实现，按已实现的收入入账，计入当期损益，有无隐瞒当期收入或虚报当期收入的现象，即对企业收入的真实性加以考察。

2. 企业主营业务的收入是企业实现利润的主要来源，是决定企业获利能力的基本保证。

在全部收入中，主营业务收入的比重应最大。分析时，如果发现主营业务收入的比重较小，应重点关注。同时，还应结合共同比利润表的分析，观察企业主营业务收入的变化趋势，看其是否有较大的增长。如果有，说明企业的销售市场取得一定的进展。而且，还需判断企业主营业务收入的稳定性，只有收入稳定增长的企业，生产经营活动才能正常进行。

3. 分析企业主营业务收入时，应首先考虑收入品种的构成。

在企业从事多品种经营的条件下，哪些品种是企业过去利润的增长点，其收入占总收入的比重如何，这些均是财务报告分析者十分关心的问题。从主营业务收入的构成可以了解企业过去业绩的基础，分析企业主要品种的未来发展趋势，以确定企业的未来发展方向。其次，分析主营业务收入还应考虑收入的地区构成，分析哪些地区的收入是企业利润的增长点。地区不同，消费者对商品的偏好不同。不同地区的市场潜力在很大的程度上对企业的未来发展有一定的影响。

4. 分析主营业务收入，应结合市场占有情况来考察企业的经营能力。

一般来说，一个国家的市场在特定时期对于特定的产品和劳务的市场容量大致是相对确定的数量。那么，一个企业的主营业务或产品销售规模越大，其产品的市场占有份额就越大，则经营和竞争能力也就越强，而产品或劳务的市场占有状况有直接影响甚至决定企业的生存和发展的能力。在分析企业市场占有情况的同时，还应与企业的有效理财结合起来。分析企业的销售存在发生坏账的风险，企业的坏账越多，无效销售越多，损失越多。企业在开拓市场，扩大销售的同时，有效地控制坏账风险，充分发挥理账功能，则较高的市场份额可以给企业带来更多的实际利益。

5. 在分析主营业务收入时，应分析企业主营业务增长率指标及其变化态势。

从主营业务收入增长状况来分析，可以发现企业销售越大，生存和发展的市场空间越大。主营业务收入增长越快，说明企业生存和发展的能力提高得越快。从主营业务增长率指标进一步分析企业产品或经营结构情况，来考察企业的成长性。企业生产经营的产品可以划分为四个阶段，即产品开发投入生产阶段、产品的成长阶段、产品的成熟阶段和产品的衰退阶段。

在第一阶段，企业的产品的销售规模较小，收入增长不会太快。第二阶段，产品的市场空间被打开，大批量的生产和销售，产品销售较快的扩展，使得收入迅速增长。第三阶段，产品销售较为稳定，增长速度放慢。第四阶段，产品销售开始萎缩，收入便会下降。因此，对于一个有良好成长性的企业来说，其产品定位结构应是"成熟一代、生产一代、储备一代、开发一代"。如果某一企业的产品处于成长阶段，其未来的成长性和可持续发展能力应该较强，销售增长速度较快。在分析时，如果发现从报表提供的资料并非如此，则说明企业在管理上存在一定的问题，应尽快查明原因，提出改进的措施。

6. 在分析主营业务收入时，应将本企业的主营业务收入与同行业相同业务收入比较。

可以考察企业的地位和对行业的影响力及控制力。同时，应与企业主营业务利润进行比较，观察这部分收入的获利能力。如果企业主营业务收入大幅度增加，而主营业务利润的增长幅度很小，说明企业的获利能力有所下降，实际上是增产不增收的现象。

7. 在分析主营业务收入时，应注意收入的抵消项目。

销售退回与折让等项目应列入销售收入的减项，而不能列入费用。

三、其他业务收入分析

其他业务收入是指除主营业务收入以外的其他销售或其他业务收入，如材料销售、出租包装物的租金收入等。其他业务收入与主营业务相比，其每笔业务金额较小，收入不是十分稳定，是企业在经营活动过程中发生的一些零星的收入。由于其他业务不是企业主营业务的内容，因此在利润表中一般以其他业务收入扣除其他业务支出后的差额以"其他业务利润"项目来列示的，或者直接将其他业务收入并入营业收入，将其他业务支出并入营业成本之中。其他业务收入的实现原则与主营业务收入的实现原则相同。一般来说，进行财务分析时，应将收入和支出分别分析。

企业的其他业务收入不是企业的主要经营范围的收入，其比重较小，不是企业经常性的利润来源，通常不作为分析重点。但如果企业其他业务收入增长速度较快，其比重逐年增加，应考虑企业的经营战略是否改变。另外，在进行共同比利润表分析时，如果发现企业其他业务收入有异动现象，则应作为重点加以分析。

四、收入的内部构成分析

企业的收入有多种来源，包括营业收入、公允价值变动收益、投资收益和营业外收入等。对企业收入分析不仅要从总量上进行比较和趋势分析，而且应分析其结构及其变动情况，以了解企业的经营方向、会计政策选择以及收入的质量。收入结构分析可主要从营业收入的比重、主要客户销售收入的比重、经常性收入与非经常性收入、现销收入与赊销收入的结构等方面的进行。另外，还可以对收入的品种结构和地域结构进行分析。我们可以从以下几个方面进行分析：

（一）营业收入的比重分析

相对于其他形式收入而言，企业营业收入在整个收入总量中所占的比重，更能够反映一个企业的核心获利能力及企业发展潜力和前景。对营业收入占总收入的比重进行分析，可以了解和判断一个企业的经营方针，政策和效果，进而可分析企业的持续发展能力。

（二）主要客户销售收入的比重分析

根据普遍存在的“二八定律”，企业80%的业务收入是由20%的客户带来的。在销售领域，企业主要客户带来的业务收入比例越高，说明他们越重要，越需要把握好客户关系；但是在财务分析领域，越高的比例意味着越大的风险，即把鸡蛋放在了一个篮子里。通过考察企业主要客户带来的销售收入占营业收入的比重，可以有效地衡量这种风险。

（三）经常性收入与非经常性收入的分析

经常性收入不同于营业收入，它是指企业经常发生的在日常活动中形成的收入，包括销售商品收入、劳务收入、利息收入、使用费收入、股利收入。日常活动是指企业为完成其经营目标而从事的所有活动，以及与之相关的其他活动。由于经常性收入发生的频率较高，它在总收入中所占的比例越高则表示企业收入的稳定性越强，受偶然因素的影响越小。非经常性收入即国际会计准则中所指的利得，对上市公司而言，是指非经常性收益，它是与公司的正常经营业务无直接联系或者在偶发的经济业务中取得的收入，如企业接受的捐赠或者政府补助、债务重组收益等。在预测企业未来的收入时，不应该把这部分收入考虑在内。

（四）现销收入与赊销收入分析

企业收入通常表现为现销与赊销两种方式，而在两者之间的选择一般要受到企业的会计政策、企业竞争战略、产品和市场情况等因素的影响。通过对二者结构及其变动情况分析，可了解与掌握企业产品销售情况及其战略选择，分析判断其合理性。

分析现销收入与赊销收入另外的一种间接途径就是考察应收账款的增加与营业收入的增加是否具有一致性，或者应收账款占主营业务收入的比重是否保持一致。如果应收账款的比重升高，则意味着营业收入转化为现金的能力变差。

第三节 收入分析中应注意的几个问题

一、透支未来收入

稳步增长的主营业务收入是上市公司良好经营业绩的表征，也是其股价攀升的有力方式。许多上市公司出于美化经营业绩的考虑，营造出收入稳步增长的虚假会计信息。寅吃卯粮，提前确认收入，是他们完成这一要务的惯用手段。提前确认收入的业绩操纵手法，固然可以在短期内使销售收入大幅度提升，但其实质是透支未来会计期间的收入，极其容易产生两个负面效应：一是以牺牲销售毛利为代价，二是不顾上市公司的持续发展。

我们通过案例来具体阐述一下透支未来收入的财务舞弊问题：

天津磁卡公司披露，其控股子公司海南海卡有限公司（海卡公司）将委托他人开发的两项POS机技术协议转让给另三家公司，收取技术转让费5500万元，扣除委托开发成本230万元，形成营业毛利5270万元。经查，海卡公司与受托开发方签订的委托开发合同规定，海卡公司除了支付全部开发经费和报酬外，还需支付约定的“技术转让费”，方可对研究开发成果享有完全的使用权和转让权，但截至年报审计报告日，海卡公司尚欠79万元开发及转让费未付清。海卡公司在尚未享有POS机技术完全使用权和转让权的情况下，向三公司转让使用权，并将所收取的费用确认为收入，提前确认收入5500万元，提前确认成本230万元，虚增利润5270万元。

天津磁卡公司披露，公司与吉林天洁天然气开发有限公司（以下简称吉林天洁）签订合同书，向吉林天洁提供价值1200万元的计算机硬件设施和价值1100万元的软件系统、技术资料和技术服务，至年末，公司将吉林天洁支付的1100万元作为软件系统及技术服务收入记入当期主营业务收入。经查，截至审计报告日，该合同硬件部分尚未履行，天津磁卡在合同尚未履行完毕的情况下，将1100万元确认为收入，属提前确认收入，形成等额虚增利润。

透支未来收入的主要操纵方式表现为：

1. 利用补充协议，隐瞒风险和报酬尚未转移的事实

已将商品所有权上的主要风险和报酬转移给购货方是确认收入的前提条件。譬如，收入确认准则规定，附有退货条件的企业，如果无法根据以往经验确定退货比例，在退货期届满前，不得确认销售收入。为了规避收入确认原则在这一方面的规定，一些企业在与客户签订的正式销售合同中，只字不提退货条款等可能意味着风险和报酬尚未转移等事项，而是将这些重大事项写进补充协议，并向注册会计师隐瞒补充协议，以达到其提前确认收入的目的。

2. 填塞分销渠道，刺激经销商提前购货

填塞分销渠道是一种向未来期间预支收入的恶性促销手段。卖方通过向买方（通常是经销商）提供优厚的商业刺激，诱使买方提前购货，从而在短期内实现销售收入的大幅增长，以达到美化其财务业绩的目的。

二、储备当期收入

储备当期收入的操纵手法与透支未来收入的手法完全相反，其目的是达到以丰补歉。这种手法以稳健主义为幌子，通过递延收入或指使被收购企业在收购日之前推迟确认收入，或

者蓄意延迟发货时间等手法，将本应该在当期确认的收入推迟至以后期间确认，并将当期储备的收入在经营陷入困境的年份予以释放，以达到弥补亏损、平滑收入和利润的目的。

三、歪曲分布收入

为了降低系统性风险，很多上市公司实施了多元化战略。为了便于投资者识别风险，同时也为了便于他们进行跨行业的比率分析，许多国家的准则制定机构均要求上市公司在编制合并报表的基础上，以报表附注的形式，提供分部报告。一些上市公司为了掩盖某些经营分部经营收入的下降趋势，不惜诉诸于张冠李戴的操纵伎俩，拆东墙补西墙，将其他分部的收入挪借给收入不足的经营分部。

【案例一】中国证监会长沙特派办指出创智科技主营业务收入分类错误。公司将应归入商业类收入的电器销售收入归入科技类收入。创智科技原名五一文，是一家百货类公司，民企创智集团入主后，立即转型为IT行业，从其分部行业披露信息看，主要收入来源是科技收入，可事实上所谓的科技收入部分竟然是电器销售收入。

【案例二】闽福发1999年报披露实现信息产业收入3027万元，可自此而后，再没有"信息产业"收入，只有"技术服务业"收入，原来闽福发将部分"技术服务收入"伪装成"信息产业收入"，更可怕的是，这些"技术服务收入"其实也都是虚构的。

四、虚构经营收入

上市公司的高管人员在发行新股（IPO）阶段，面对上市的种种业绩压力，迫切需要虚构销售收入来美化其经营业绩，而在IPO阶段，改制公司"检查与制衡"等内控制度的缺失，往往为其高管人员进行财务舞弊提供了机会。随着电脑科技的发展和普及运用，企业的经营业务和会计信息系统的无纸化运作日臻普及，虚构营业收入也就更加容易。针对这种审计环境的变化，注册会计师应当对可能存在的虚构销售收入行为保持高度警惕，本着谨慎执业的原则，执行更为详尽的审计程序，以防止审计失败。

【案例一】2000年1月、3月、4月桂林集琦的控股子公司——南宁集琦荣高实业有限公司（以下简称"集琦荣高"）先后与汕头金环海经济发展总公司（以下简称"汕头金环海"）、桂林漓江房地产开发有限公司（以下简称"漓江房地产"）签署铺面销售协议，转让该公司1.26万平方米的建材市场铺面50年经营权，交易金额10076.91万元。在转让过程中，由桂林集琦作担保，桂林集琦的母公司桂林集琦集团有限公司及下属桂林集琦旅行社、桂林集琦航空机票代理公司向银行贷款10000万元，并将其中8000万元借给漓江房地产。漓江房地产将此8000万元作为货款支付给集琦荣高。集琦荣高在所有权的主要风险没有转移的情况下，确认2000年中期实现转让收入10076.91万元，利润6776.51万元，致使桂林集琦2000年中期财务报告中包含虚假利润。

【案例二】为完成2000年的利润目标，在时任纵横国际草地机械分公司（以下简称"草地机械"）销售分公司总经理赵海泉的安排下，当年有1716台草地机已开票未发货（发票抵扣联仍保留在公司），移库至公司租赁的仓库中，商品的所有权未转移。纵横国际将上述未销售出的草地机计作销售收入，由此虚构该分公司销售收入1953万元，由此纵横国际虚构2000年利润703万元。

另外，纵横国际与北京北方东宝建筑材料有限公司、深圳运纬达机床贸易有限公司（以下简称"深圳运纬达"）、广东金星园林机具有限公司等公司之间的销售关系是代销而非经销，庄秀文却将此代销关系认定为经销并以此确认销售收入。2000 年上述三家公司实际代销了 196 台，而纵横国际的账面销售记录却是 872 台。由此虚构草地机械销售收入 663 万元，虚构纵横国际利润 238.7 万元。

2000 年 12 月，为完成董事会安排的销售任务，在徐鲁萍的同意下，庄秀文要求纵横国际的财务人员向深圳运纬达开具了 5 台数控机床的销售发票，并确认销售收入 382.05 万元。2001 年纵横国际又通过南通威特机械有限公司(以下简称“南通威特”)开票将上述 5 台数控机床从运纬达购回自用。事实上，这 5 台数控机车 2000 年度从未出过纵横国际仓库。为此，纵横国际虚构 5 台数控机床 382.05 万元的销售收入，由此虚构 2000 年利润 179.51 万元。

2000 年 12 月，在庄秀文的安排下，纵横国际通过向全资子公司南通扬帆贸易有限公司(以下简称“扬帆公司”)和南京波尔新技术产业有限公司(以下简称“南京波尔”)虚开零件委托加工费发票的形式，虚构对上述两公司两笔加工费 417 万元，由此虚构利润 417 万元。

2000 年末，为满足纵横国际提出的迅速提高利润的需要，在纵横国际控股子公司江苏省纵横同创软件有限公司(以下简称“同创软件”)原总经理宋小冬和原副总经理汤春平的安排下，同创软件通过与上海福欣科技有限公司(以下简称“上海福欣”)等 9 家客户签订虚假软件销售合同，虚构软件收入 3450 万元，虚构利润 3450 万元，纵横国际由此虚构 2000 年利润 3105 万元(按合并报表的 90% 计算)。

五、隐瞒关联收入

在已经告别短缺，充分竞争的市场环境下，各个企业最重要的不再是能够生产什么商品或提供什么劳务，而是其产品或劳务的市场实现程度。市场实现包括两个内容:产品或劳务是否适销对路，产品或劳务的交易价格是否足以弥补成本。市场实现的途径主要有两种，一是与独立当事人的交易，二是与关联方的交易。与独立当事人的交易一般遵循供求关系并通过价格机制决定是否成交和成交价格，以这种方式达成的交易最有价值，体现出企业的竞争力，且其价格是经过追求自身利益最大化的独立当事人讨价还价达成的，最为公允和真实。相反地，与关联方发生的交易，很可能扭曲供求关系和价格机制，掩盖企业产品或劳务的市场实现方式缺乏竞争力的这一事实。

公认会计原则并没有禁止确认来自关联交易的收入，但要求上市公司披露与此相关的关联交易的性质、交易条件、金额和对财务报表的影响。由于证券市场对独立交易和关联交易所产生的销售收入赋予迥然不同的权重，如实披露很可能降低证券市场对上市公司的价值评估。为此，一些上市公司蓄意隐瞒关联交易关系，暗渡陈仓，将关联交易多产生的收入包装成独立交易的收入，以获得证券市场的青睐。

【案例一】银广夏(000557)在 2002 年半年报确认了股权转让收益 5378 万元，据会计报表附注称，公司于 2002 年 6 月 3 日与大金投资签署协议，向其转让公司所持超临萃取 62.5%、天津广夏 75%、北京科技 80% 的股权;公司又于 2002 年 6 月 23 日与大金投资签署协议，向其转让公司所持固原实业 90% 的股权，此次转让资产的总价款 7080 万元，资产账面投资成本合计为 1737 万元。该笔交易是否是关联交易，对银广夏当期损益影响重大，决定银广夏能否恢复上市，因为如果这是笔关联交易，非公允的关联交易收益只能进资本公积。银广夏 2002 年半年报不能扭亏(2002 半年报扣除非经常性损益是亏损 3421 万元)，北京隆安律师事务所已于 2002 年 7 月 8 日出具法律意见书认定大金投资为非关联方，该律所从五个方面论证了大金公司并非银广夏的关联方："1. 大金公司与银广夏之间互不直接或间接持有对方公司，2. 股权任何直接或间接持有大金公司股权的公司或个人在银广夏均不持有足以控制银广夏的股权，3. 大金公司与银广夏并非同受中联公司控制的公司，4. 大金公司并非银广夏的关联自然人直接或间接控制的企业，5. 大金公司与银广夏不存在其他关联关系"。

【案例二】生态农业（600709）2002 年报扭亏手法如出一辙，神秘的北京裕佳置业公司竟然愿意花 6867 万元买下账面净值仅 4163 万元的蓝田大酒店，生态农业也称裕佳与其是非关联方，这笔交易也不是关联交易。其实，在这些非公允交易背后，存在着"关联交易非关联化"现象：从法律形式上看，交易双方是非联方，但实质上，它们是关联方，因为只有关联方才愿意高价购买不良资产，美国的 SFAS57、英国的 FRS8、国际会计准则委员会的 IAS24 以及中国的《关联方关系及基交易的披露》准则等均不仅将存在经济依存性的双方视为关联方，而是在判断某一方是否是报告主体的关联方时，关键应关注双方关系的实质，而不应仅仅看到关系的外在形式。只有双方中一方能够控制或施加重大影响于另一方财务和经营政策的制定，或双方受同一方的控制或重大影响，使得其中一方难以按其独立意志全力追求和维护自身的独立经济利益，双方才互为关联方。如果仅看到关系的形式，则会导致错误的判断。如果政府机关干预了两企业之间的交易，例如，目前上市公司的相当多资产重组业务就是政府行为的产物，那么交易双方的关系就应视为关联方关系，银广夏和生态农业重组中产生的非公允交易实质是在政府行为的产物，因而应认定交易双方是关联方。

案例分析

案例一：中国重汽存在巨额关联交易

控股股东通过关联交易损害上市公司及投资者的合法权益事件，是我国证券市场的一大问题。加强上市公司关联交易的监管，完善公司治理制度，对于保护投资者的合法权益、提高资本市场的运作效率、维护证券市场的繁荣与稳定都具有十分重要的意义。

沸沸扬扬的齐鲁银行伪造金融票证案将中国重汽集团济南卡车股份公司（以下简称"中国重汽"）推到媒体聚光灯下，其旗下子公司济南桥箱公司 5 亿元银行存款涉案；虽然案情细节迄今尚未公开，但中国重汽在 2010 年计提了 1 亿元坏账准备。中国重汽有可能被关联方通过关联交易占用巨额资金，为了掩饰巨额资金被关联方占用，导致其巨额销售收入难以确认，因此隐瞒巨额销售收入。

中国重汽年报计提坏账准备在市场预料之中，出乎市场预料的是，中国重汽 2010 年四季度出现了亏损：2010 年前 3 季度中国重汽实现归属于母公司的净利润 7.1 亿元、而 2010 年全年实现净利润仅 6.73 亿元，这意味着其去年第四季度亏损 0.37 亿元。

分析表明：计提坏账准备并非是造成其亏损的主要原因，销售毛利率由三季度的 10.6% 意外大幅下滑至四季度的 6.1%、计提存货跌价准备约 8000 万元、计提预计负债 9345 万元，中国重汽去年四季度的财务状况并不乐观。

为什么这么多的负面因素接踵而至？为什么财务指标并不良好？通过分析中国重汽最近几年的财务报表，可以发现一些不合理的地方。

一、账面巨额存货之谜

年报显示，中国重汽账面存货余额由2009年末的29.73亿元上升至2010年末的74.42亿元，当年存货增加额高达44.69亿元、增幅高达150.3%，见【表5-1】。

表5-1 中国重汽各季度末账面存货情况 单位:亿元

项目	2009年末	2010-03-31	2010-06-30	2010-09-30	2010-12-31
存货	29.73	63.38	64.28	53.66	74.42

对于当年存货如此大幅上升，年报解释称："存货增长主要是由于本年末公司为销售旺季大量备货所致。"但是，从中国重汽2010年各季度销售数据来看，理由并不成立：

根据中国重汽发布的公告，其去年各季度中，即使在销售旺季的第二季度其产量仍然高于销售量，去年四个季度中只有三季度的产量略低于销量，而去年三季度却是其销售淡季，三季度的销售量仅为23800辆。中国重汽去年季度最大产量为39777辆(二季度)、季度最大销量仅为38926辆(二季度)。可见中国重汽显然根本不必为旺季销售备货而使库存成倍激增，见【表5-2】。

表5-2 中国重汽各季度产销量情况 单位:辆

项 目	1季度	2季度	3季度	4季度	2011-1季度
产 量	38000	39777	18700	35111	38227
销 量	22154	38926	23800	24432	25076

值得一提的是，根据中国重汽最新发布的今年一季度产销数据，当季产量38227辆、销售量仅为25076辆，产量大于销售量13151辆。今年一季度中国重汽存货继续大幅上升，一季报显示，账面存货金额高达103.4亿元。而其账面净资产仅为41.26亿元、资产负债率高达81.73%。

报表分析显示，对中国重汽而言，存货大幅上升的负面效应是显著的。由于存货占用了大量资金，中国重汽2010年货币资金余额大幅下降，有息负债平均余额大幅增加，由此导致其当期利息支出大幅上升，存款利息收入大幅下降，财务费用由2009年度的5585万元激增至2010年的19781万元，财务费用同比增加14197万元，增幅高达254.2%，见【表5-3】。

表5-3 中国重汽财务费用同比情况 单位:万元

项目	2010年度	2009年度
利息支出	27164	14605
减:利息收入	-7695	-11854
汇兑损益	0	6
其他	312	2827
合计	19781	5585

另一方面，随着存货规模的大幅增加，中国重汽计提的存货减值损失也大幅上升:2010年公司计提存货减值损失8539.7万元，较2009年的306.4万元增加了26.8倍。

由于存货的大幅上升导致财务费用和存货减值损失大幅上升，二者合计影响当期税前利润2亿多元。在如此不利情形下，在其存货额去年大幅上升150%以上，今年一季度产量仍远高于销售量，存货继续大幅上升。作为一家面向市场且资产负债率高达80%的企业，其存货规模如此突飞猛进式的增长，确实令人匪夷所思，其年报所称“为销售旺季大量备货”的理由显然过于牵强。

二、四季度销售毛利率为何大幅下降

分析显示，中国重汽2010年四季度销售毛利率仅为6.13%，显著低于其前三季度销售毛利率，由此导致其四季度利润大幅下滑(详见【表5-4】)。中国重汽2010年报中对此未作解释。

表5-4　　中国重汽2010年各季度销售毛利率情况　　单位:亿元

项目	1季度	2季度	3季度	4季度
营业收入	60.10	105.53	61.80	61.61
营业成本	53.94	93.63	55.26	57.83
毛利率	10.25%	11.27%	10.58%	6.13%

由于中国重汽2010年9月末的存货余额高达53.66亿元，相当于其三个月的销售成本，而年报披露中国重汽存货发出成本采用加权平均法核算，由于期初存货很高，10月份原材料价格的上涨对其10月、11月份的销售成本的影响都很小，对销售成本的影响到12月份才会逐步显现。因此，即使原材料价格显著上涨，由于其期初储存的存货相当于三个月的销售成本，原材料价格上涨对其四季度总体的销售毛利率并不会产生显著影响。导致其去年四季度销售毛利率大幅下降，应该另有原因。

中国重汽母公司为中国重汽(香港)公司(以下简称“重汽香港”)，该公司持有中国重汽63.78%的股权，并在香港上市。分析发现，重汽香港2010年销售毛利率并没有明显的季度性波动特征(仅披露了半年报和年报)，重汽香港下半年销售毛利率为16.1%，反而高于其上半年15.9%的销售毛利率；而受四季度销售毛利率大幅下滑影响，中国重汽下半年销售毛利率仅为8.4%，显著低于其上半年10.9%的销售毛利率，见【表5-5】。

表5-5　　中国重汽与母公司2010年销售毛利率比较　　单位:亿元

项目	中国重汽		重汽香港	
	上半年	下半年	上半年	下半年
营业收入	165.63	123.41	222.48	174.08
营业成本	147.57	113.09	187.06	146.06
毛利率	10.9%	8.4%	15.9%	16.1%

由于中国重汽是重汽香港的控股子公司，财务数据纳入重汽香港的合并报表，且中国重汽2010年的销售收入为289.04亿元，占重汽香港2010年销售收入的72.9%，重汽香港来自于中国重汽以外其他业务的销售收入占比仅为27.1%；在这种情况下，重汽香港2010年下半年销售毛利率高于上半年，而中国重汽四季度销售毛利率大幅下滑。

三、巨额关联交易损害上市公司利益

财报显示，中国重汽与其母公司重汽香港及实际控制人中国重型汽车集团公司(以下简称“重汽集团”)之间存在巨额关联交易：2010年中国重汽向重汽集团销售整车及零部件金额高达53.97亿元，从重汽集团采购整车及零部件金额高达131.8亿元，见【表5-6】。

表 5－6　　中国重汽主要关联交易情况　　单位:亿元

关联交易内容	2010 年		2009 年	
	金额	占比例	金额	占比例
销售整车及零部件	53.97	18.68%	30.60	15.05%
采购整车及零部件	131.80	36.13%	80.24	45.60%

由于中国重汽2010 年净利润仅为6.73 亿元，而与重汽集团之间采购、销售等关联交易金额合计高达185.77 亿元，如果与重汽集团之间关联交易定价不当，对该公司经营业绩无疑将产生实质性重大影响。

进一步分析发现，中国重汽历年销售毛利率均显著低于其母公司重汽香港的销售毛利率（详见【表 5－7】）。其与母公司之间关联交易的公允性存在疑惑:2010 年中国重汽销售毛利率9.82%、其母公司重汽香港销售毛利率为16%。

表 5－7　　中国重汽与母公司历年销售毛利比较　　单位:亿元

项目		2010 年	2009 年	2008 年	2007 年
中国重汽	营业收入	289.04	203.61	191.93	173.35
	营业成本	260.66	187.23	175.38	151.89
	毛利率	9.82%	8.05%	8.63%	12.38%
重汽香港	营业收入	396.56	279.01	260.00	212.97
	营业成本	333.12	241.48	223.59	173.95
	毛利率	16.00%	13.45%	14.00%	18.32%
销售收入在母公司占比		72.89%	72.97%	73.82%	81.39%

数据还显示，2007 年以来中国重汽销售收入占其母公司重汽香港销售收入的比重也持续下降，由 2007 年占比 81.39% 持续下降至 2010 年的 72.89%，2010 年中国重汽销售收入较 2007 年增长了 66.7%，在此期间重汽香港销售收入增长了 86.2%。这组数据似乎也表明，就重汽集团而言，其发展的重心是在香港上市的重汽香港，而不是在 A 股上市的中国重汽。不能排除其与母公司之间关联交易损害上市公司利益的可能性。

四、关联交易隐瞒巨额销售收入，集团占用公司巨额资金

分析发现，中国重汽多年来产销量数据与其实际控制人重汽集团的产销量数据相背离，综合考虑上述分析显示的中国重汽存货、销售毛利率、关联交易等异常情况，中国重汽有可能通过关联交易隐瞒巨额销售收入，巨额资金长期被关联方占用。

1. 与主要关联方股权关系

重汽集团通过在境外注册的全资子公司中国重汽（BVI）持有重汽香港 51% 的股权，重汽香港持有中国重汽 63.78% 的股权。中国重汽实际控制人为重汽集团。

2. 公司产销数据持续多年与重汽集团数据背离

中国重汽在发布其产销数据时，也同时披露了重汽集团同期的产销数据。根据其发布的数据，自 2008 年以来以中国重汽历年来产销量总体显示供大于求，2008 年至 2011 年 1 季度的三年又一季度期间，其累计产量大于销量 34101 辆；但重汽集团的产销数据则显示，总体供不应求：2008 年至 2011 年 1 季度的三年又一季度期间，其累计产量小于销量 10225 辆。可

见，中国重汽历年来产销数据与重汽集团产销数据存在明显的背离:中国重汽产销量明显供大于求，重汽集团则供不应求。

由于中国重汽是重汽集团的子公司，因此，重汽集团的产销数据包含了中国重汽的产销数据。中国重汽的产销快报中均表示:“中国重汽集团上报数据包含本公司的产销量数据。”为了便于分析，将重汽集团不含中国重汽的其他企业称之为“集团非股份企业”，由此得出一个数据:集团非股份企业自2008年以来历年产量均明显小于销量，2008年至2011年1季度的三年又一季度期间，其累计产量小于销量44325辆。产销缺口相当于其2009年产量的1.2倍，相当于其2010年产量的0.7倍或相当于其2010年8.4个月的产量。可见，集团非股份企业的卡车产销量处于严重供不应求的状态，见【表5-8】。

表5-8　中国重汽与集团历年产销数据比较　单位:辆

项目		2011-1季	2010年	2009年	2008年	历年累计
中国重汽	产量	38227	131588	82777	75665	328257
	销量	25076	109312	80550	79218	294156
	产量占集团比	67.37%	67.35%	68.45%	71.13%	68.47%
	产量减销量	13151	22276	2227	-3553	34101
重汽集团	产量	56738	195383	120930	106378	479429
	销量	54727	197895	125018	112013	489653
	产量减销量	2011	-2512	-4088	-5636	-10225
集团非股份	产量	18511	63795	38153	30713	151172
	销量	29651	88583	44468	32795	195497
	产量减销量	-11140	-24788	-6315	-2082	-44325

3.产销数据严重背离说明了什么

中国重汽作为重汽集团主要卡车生产企业，其2010年产量占重汽集团产量的67.7%。同为重汽集团的子公司，中国重汽历年产销量处于明显供大于求的状态，而集团中非股份企业的产销量却处于严重供不应求的状态。在同一市场环境下，除非集团公司采取歧视性的销售政策，优先销售集团中非股份公司的产品，否则难以出现这种巨大的产销差异。如果属于这种情况，那么，重汽集团显然没有公平地对待中国重汽A股投资者。

通常而言，任何一个企业都不可能持续多年销量远大于其产量，如果企业产品严重供不应求，那么产能瓶颈最终必然会制约其销量增长。长期而言，一个企业只能处于产销平衡状态。然而，表5-8的数据却显示:连续多年销量远大于产量，三年又一季度的产销量缺口相当于其2009年产量的1.2倍，相当于其2010年产量的0.7倍或相当于其2010年8.4个月的产量。如此大的产销缺口是如何实现平衡的？或者说，重汽非股份企业在产品连续多年严重供不应求的情况下从哪里获得这些产品以满足其市场需求？

答案或许只有一个:那就是将中国重汽生产的产品销售给其集团非股份客户，而这也能同中国重汽存货高企、产量远大于销量时仍旧持续扩大产量并因此承担巨额财务成本和存货减值风险。作者认为，中国重汽可能将其大量产品通过关联交易由重汽集团及集团下属子公司代销，在集团公司已实现销售并计入集团公司销量和销售收入的情况下，重汽集团并没有向中国重汽提交代销清单，支付相应货款，由此占用中国重汽巨额资金；中国重汽为掩饰巨额资金被集团占用，因此并没有确认相应的销售收入，其账面上仍旧表现为大量的存货。重汽香港2010年销售收入较2007年增长了86.2%，远高于中国重汽同期销售收入66.7%的增幅，也从另一个侧面印证了这一点。

如果上述分析无误，那么重汽集团则有可能通过关联交易长期占用中国重汽巨额资金，使其承担了巨额财务成本；为了掩饰巨额资金被关联方占用，中国重汽大量已实现销售收入没有确认入账，该公司有通过关联交易隐瞒巨额销售收入之嫌。其历年隐瞒的销售收入以数十亿元计。中国重汽有必要进一步完善其治理结构，规范其与集团间关联交易，公平对待其境内外投资者；在生产经营方面，应根据市场供求状况组织生产经营活动，优化资产负债结构，降低财务成本和资产风险，以提高资产使用效率和企业盈利能力。

复习思考题

1. 收入的定义是什么？特点有哪些？对收入进行确认的条件有哪些？
2. 如何进行主营业务收入的质量分析？
3. 收入的内部构成分析有哪些？
4. 常见的收入舞弊行为有哪些？具体表现有哪些？如何识别收入舞弊？

第六章　成本费用分析

【学习目标】

1. 了解成本费用的定义及特征
2. 熟悉成本费用的确认条件及标准
3. 掌握主营业务成本分析的方法
4. 掌握期间费用的分析要点

第一节　成本费用概述

一、成本费用的定义和特征

成本费用是指企业在一定期间因生产销售商品、提供劳务或其他活动，所发生的资产的流出及其他消耗，或负债的发生。

作为一项费用，一般具有以下特征：

（一）费用是企业在日常活动中发生的

企业日常活动中所发生的费用通常包括销售成本、职工薪酬、折旧费、无形资产摊销等。非日常活动所形成的经济利益的流出，应当计入损失，而不应当计入费用。

（二）费用的发生会导致企业资产的减少或负债的增加，最终会导致企业资源减少

费用发生的目的是获取收入。一项费用的发生常常是一项资产的减少。例如，企业管理费用的发生，往往是现金、银行存款等资产的减少。有时，一项费用的发生，也会导致一项负债的增加。例如，工资费用的发生往往会导致"应付职工薪酬"负债的增加。企业资产减少或负债增加的最终结果是企业资源的减少，即经济利益最终流出企业。

（三）费用的发生最终会导致企业净资产的减少，即企业所有者权益的减少

由于费用的发生会导致企业资产的减少或负债的增加，而"资产 = 负债 + 所有者权益"，所以费用的发生最终会导致企业净资产的减少，即企业所有者权益的减少。

二、成本费用确认的原则

费用的实质是资产的耗费，但并不是所有的资产耗费都是费用。因此，就需明确什么样

的资产耗费应确认为费用。由于发生费用的目的是为了取得收入，那么费用的确认就应当与收入确认相联系。因此，确认费用应遵循划分收益性支出与资本性支出原则、权责发生制原则和配比原则。

（一）划分收益性支出与资本性支出原则

按照划分收益性支出与资本性支出原则，某项支出的效益基于几个会计年度（或几个营业周期），该项支出应予以资本化，不能作为当期的费用；如果某项支出，在一个会计期间内确认为费用。这一原则为费用的确认，给定了一个时间上的总体界限。正确地区分收益性支出与资本性支出，保证了正确地计量资产的价值和正确地计算各期的产品成本、期间费用及损益。

（二）权责发生制原则

划分收益性支出与资本性支出原则，只是为费用的确认作出时间上的大致区分，而权责发生制原则则规定了具体在什么时点上确认费用。企业会计制度规定，凡是当期已经发生或应当负担的费用，不论款项是否收付，都应作为当期的费用；凡是不属于当期的费用，即使款项已在当期支付，也不应当作为当期的费用。

（三）配比原则

按照配比原则，为产生当期收入所发生的费用，应当确认为该期的费用。配比原则的基本含义在于，当收入已经实现时，某些资产（如物料用品）已被消耗，或已被出售（如商品），以及劳务已经提供（如专设的销售部门人员提供的劳务），已被耗用的这些资产和劳务的成本，应当在确认有关收入的期间予以确认。如果收入要到未来期间实现，相应的费用应递延分配于未来的实际受益期间。因此，费用的确认，要根据费用与收入的相关程度，确定哪些资产耗费或负债的增加应从本期收入中扣减。

三、成本费用确认的标准

根据上述费用确认原则，在确认费用时，一般应遵循以下三个标准：

（一）按费用与收入的直接联系（或称因果关系）加以确认

凡是与本期收入有直接因果关系的耗费，就应当确认为该期间的费用。这种因果关系具体表现在以下两个方面：一是经济性质上的因果性，即应予以确认的费用与期间收入项目具有必然的因果关系，也就是有所得必有所费，不同收入的取得是由于发生了不同的费用；二是时间上的一致性，即应予以确认的费用与某项收入同时或结合起来加以确认，这一过程也就是收入与费用配比的过程。例如，如果企业销售出去的商品是直接与所产生的营业收入相联系的，那么，该项销售商品的成本就可以随同本期实现的销售收入而作为该期的费用；如果企业采用分期收款方式销售商品，应按合同约定的收款日期分期确认收入。在这种情况下，按商品全部销售成本与全部销售收入的比率，计算出本期应结转的营业成本，并与本期所确认的营业收入相配比。

（二）直接作为当期费用确认

在企业中，有些支出不能提供明确的未来经济利益，并且，如果对这些支出加以分摊也没有意义，这时，这些费用就应采用这一标准，直接作为当期费用予以确认，例如，固定资产日常修理费等。这些费用虽然与跨期收入有联系，但由于不确定性因素，往往不能肯定地预计其收益所涉及的期间，因而就直接列作当期的费用。

（三）按系统、合理的分摊方式确认

如果费用的经济效益有望在若干个会计期间发生，并且只能大致和间接地确定其与收益的联系，该项费用就应当按照合理的分配程序，在利润表中确认为一项费用。如，固定资产的折旧和无形资产的摊销都属于这一情况。一般地，我们将这类费用称为折旧或摊销。

四、成本费用的确认时点

费用单证是证明某项经济事项过程发生的原始凭证，费用的发生时间必然与具体经济业务过程发生的时间相关联，费用单证取得时间与具体经济事项发生时间有三种情况，一是前期取得，二是期中取得，三是后期取得。其中前期取得费用单证、后期取得费用单证，其取得费用单证的时间与经济事项实际发生的时间通常不能相差太久，否则不大符合商业法则，因为通常取得费用单证可能意味着发生现金支出；另外时间的相关性，还体现在费用单证的入账时间与费用单证的取得时间也不能跨期太大，如某企业 11 月份报销一笔费用，费用单证上发票日期是年初 2 月份，费用单证的发生时间与报销时间相差近一年，这就不符合常理，如果企业没有特别的理由说明，那这笔费用的真实性就值得怀疑，很有可能是企业从其他非法渠道取得的虚假费用或置换费用的列支；另外费用的发生时间与其业务淡旺季有关，如一些中介机构，其交通费、汽车费的发生时间应集中在业务旺季，如果在业务淡季却有大量的交通费用发生，这可能就是虚列而用于置换的费用；另外对于季节性生产和季节性采购的企业，都有与其季节性生产或采购相匹配的相关费用发生。

在对费用发生时间进行相关性认定时，还要对费用的会计处理是否符合权责发生制原则进行审查，是否正常地预提和待摊，是否提前或滞后扣除费用，因为是否遵循权责发生制原则列支扣除费用，涉及到企业利润的前后不实问题，并进而对企业所得税产生影响，有可能是企业运用瞒天过海法偷税的一种手段。

第二节　成本费用项目分析

成本费用是对主营业务成本和销售费用、管理费用及财务费用等各项期间费用的统称。从各项财务成果的分析可以看出，成本费用对财务成果有着十分重要的影响，降低成本费用是增加财务成果的关键或重要途径。因此，进行财务成果分析应在揭示财务成果完成情况的基础上，进一步对影响财务成果的基本因素——成本费用进行分析，以找出影响成本升降的原因，为降低成本费用、促进财务成果的增长指明方向。

一、主营业务成本分析

主营业务成本分析包括全部销售成本分析和单位销售成本分析两部分。

（一）全部销售成本分析

全部销售成本分析是指根据产品生产、销售成本表的资料，对企业全部销售成本的本年度实际完成情况与上年度实际情况进行对比分析，从产品类别角度分析各类产品或各主要产品销售成本升降的幅度，以及对全部销售成本的影响程度。全部销售成本分析的一般步骤是：

第一，将本年度全部产品销售总成本与按本年度实际销售量计算的上年实际销售总成本进行对比，求出销售成本的降低额和降低率。计算公式是：

全部销售成本降低额 = 本年实际销售总成本 − 按本年实际销售量计算的上年销售总成本

全部销售成本降低率 = 全部销售成本降低额/按本年实际销售量计算的上年销售总成本 ×100%

第二，计算主要产品和非主要产品的销售成本降低额和降低率，以及对全部销售成本降低率的影响。

主要产品销售成本降低额对全部销售成本降低率的影响 = 主要产品销售成本降低额/按本年实际销售量计算的上年销售总成本 ×100%

非主要产品销售成本降低额对全部销售成本降低率的影响 = 非主要产品销售成本降低额/按本年实际销售量计算的上年销售总成本 ×100%

第三，计算各主要产品销售成本降低额和降低率，以及它们对全部产品销售总成本降低率的影响。

通过以上三个步骤，不仅分析了全部销售成本的完成情况，而且从产品类别上找出了销售总成本增减变动的原因，为加强成本管理指明了方向。

（二）单位销售成本分析

单位销售成本是影响和决定总成本的重要因素，因而深入分析单位销售成本显得尤为必要。进行单位销售成本分析，首先应明确单位销售成本与单位生产成本的关系。它们之间的关系可通过以下关系式反映出来：

某产品单位销售成本 = 该产品销售总成本/该产品销售量

某产品销售总成本 = 期初结存成本 + 本期生产总成本 − 期末结存成本

某产品单位生产成本 = 该产品本期生产总成本/当期生产量

可见，当期单位销售成本与单位生产成本的差异主要受期初和期末结存成本变动的影响。如果企业当期生产产品当期全部销售出去，或者产品单位销售成本采用后进先出法计算，则当期单位销售成本与当期单位生产成本可能是相同的，或差异较小。一般而言，对单位销售成本的分析可借助于主要产品生产成本表的资料，用单位生产成本分析来替代。

二、期间费用分析

企业的期间费用包括营业费用、管理费用和财务费用。期间费用应当直接计入当期损益，并在利润表中分别项目列示。期间费用对利润水平有着直接的影响，分析时可以采用水平分析法和垂直分析法。运用水平分析法可将各费用项目的实际数与上期数或预算数进行对比，来揭示各费用项目的变动情况及产生变化的原因；运用垂直分析法可将各费用项目占费用总额的比重进行对比，来揭示各费用项目的构成变化及其变化是否合理。

（一）营业费用分析

营业费用是指制造业的销售费用和商品流通企业的购进、销售商品等过程中发生的费用。在激烈的市场竞争中，企业为了占有市场份额，顺利实现销售，必然要投入大量的费用开支，尤其是在产品的广告宣传和售后服务方面。近几年来，企业的产品销售费用呈增长态势，销售费用占销售利润的比重逐年上升，直接影响到企业盈利情况。为此，开展营业费用的分析，既可以对已发生费用的功效、人员的业绩以及产品质量进行评价和考核，也可以为今后改进营业费用的管理提供借鉴依据。

营业费用的分析要点如下：

1. 分析企业营业费用的计划或预算的执行情况

将本期实际的营业费用与计划或预算进行比较，来考核企业营业费用的超支或节约的情况。同时，利用共同比利润表中的营业费用与主营业务收入的构成比率，来分析企业营业费用的比重的变化，为进一步分析指明方向。

2. 结合营业费用明细表，对各个费用项目进行对比分析，找出那些增减变动幅度较大的项目，作为重点分析的对象，以查明企业营业费用增减变动的原因

对那些增减变动幅度较小的项目，可以进行一般分析。同时，将费用按照与业务量的关系划分为变动费用和固定费用，考察企业的费用变动与销售量的关系。如果某一项费用属于变动费用，应结合销售额的增减变动情况加以分析，分析其变动原因是否合理。如果某一项费用属于固定费用，其增减额不随业务量的变动而变动。当业务量变动时，单位固定费用应趋于下降态势。如果发现某一项费用的超支额较大，对某些因素有必要了解其影响程度，还应该进一步利用因素分析法进行量化分析，以查明影响费用额变动的各个因素的影响程度，进一步加强管理。

3. 将企业若干期的营业费用进行比较，来考察企业营业费用的发展趋势，借以评价企业营业费用管理工作的成绩和缺点

在分析时，应注意营业费用的作用，不能单纯考察营业费用的降低。从企业营业费用的构成来看，有些营业费用与企业业务活动规模有关，有些与企业从事销售业务的人员和机构有关，有些则与企业的未来发展、扩大企业品牌的知名度有关。在企业经营业务活动发展的条件下，营业费用不一定降低，反而可能会有所上升。如果片面地追求营业费用在一定时期的降低，可能会对企业的长期发展不利。分析时应结合当期市场需求变化情况，企业销售业务的开展、销售规模的大小等业务背景，以及企业的发展战略与经营环境来进行。

（二）管理费用分析

管理费用是指企业行政管理部门为组织和管理企业生产经营活动所发生的费用。管理费用包括的内容繁多，项目复杂，其节约的潜力极大。按照成本的习性考虑，管理费用属于固定费用。在企业业务量一定、收入一定的情况下，有效地控制和压缩固定性的行政管理费用，将会给企业带来更多的收益。在企业管理费用不变的情况下，扩大销售，增加收入，会使单位管理费用减少，同样也会增加企业的收益。为此，对管理费用实施计划或预算管理显得尤为重要。管理费用的计划或预算管理水平如何，很大程度上取决于预算的编制是否科学合理，是否符合实际情况。而编制下期预算时，又需要借助于本期管理费用实际数据，对比分析本期预算执行情况，从中发现问题。所以，对管理费用的分析目的可以归纳为两点：一是对本期计划或预算完成情况进行考核评价；二是为下期计划或预算提供有用信息，促进企业增收节支，提高经济效益。

管理费用分析可以从以下两个方面进行：

1. 对本期管理费用的计划或预算执行情况进行分析，以落实责任，评价和考核企业管理费用的管理成效。分析时，将本期管理费用总额及各个项目的数额与计划或预算进行比较，考核企业管理费用增减变动额和增减变动率。结合共同比利润表中的管理费用与主营业务收入的构成比率，并找出变动幅度较大、在全部费用中所占比重较大的项目，以便作为重点项目进一步分析，发现使企业管理费用增减变动的具体原因，有针对性地提出改进的方法和措

施。

一般来说，当企业经营规模扩大时，管理费用会略有增长，这种现象属于正常。如果增长的幅度过大，出现异动情况，则说明企业管理工作出现了问题，应查明原因。如果企业销售收入增加，而管理费用趋于下降的态势，则说明企业在挖掘内部潜力、提高管理效益等方面取得了成效。分析时，应结合企业当期业务活动的背景来进行，对各个项目具体情况加以判断。判明哪些项目的增加是属于经营活动所需的，是正常现象，可以接受；哪些项目的增加是属于管理中存在的问题而应予以纠正。

2. 对管理费用的趋势进行分析，看企业管理费用若干期间发展情况，是趋于下降还是趋于上升，以便总结经验，为下期计划或预算的制定提供可靠的依据。同时，如果比重较大，则说明企业在管理费用的管理上，存在一定问题，必然会成为影响当年获利水平的一个极为不利的原因。还可以将这一比重与同行业的平均水平、先进水平进行比较，来看企业的管理费用水平在行业中的地位。

(三)财务费用分析

财务费用是指企业为筹集资金而发生的支出。企业适度举债经营，可以提高盈利，但也需付出一定数量的资本成本，从而构成企业财务费用的主要组成部分。企业财务费用分析的目的在于评价考核企业在财务费用方面的开支是否与计划或预算符合，如果不相符合，其超支或节约的原因是什么；从中了解和掌握企业的筹资策略如何，是否能满足企业生产经营活动的资金需求；有外币业务的企业，是否存在着外汇风险，是否对其采取一定的防范措施；企业的资本成本与资金利润率孰高孰低；通过财务费用的分析，为下期财务费用的预算提供依据等等。

财务费用分析的要点如下：

1. 企业财务费用的大小取决于贷款规模、贷款利息率和贷款期限三个因素。企业因贷款规模的原因导致财务费用的下降，会使企业的盈利能力有所提高。但是，在分析时应结合具体情况加以判断。如果是企业对资金的需求降低，使得贷款规模缩小，财务费用的降低，是属于正常情况；如果企业因贷款规模的降低而限制了企业的发展，即使财务费用降低，也仍然属于不正常的现象。企业因贷款期限的调整，导致财务费用的变动，应结合企业筹资组合策略和资产组合策略进行分析，看是不是由于企业改变筹资策略造成的。对于贷款利率的变化引起的财务费用的变化，并不是企业主观因素形成，不应给予过高的评价。

2. 财务费用的分析，应将企业利息收入和汇兑损益单独列示。如果这两个项目出现较大数额的变动，对企业财务费用的增减变动有一定的影响。如果企业只列示利息费用和汇兑损失的抵消数，有可能会使一些问题被掩盖。将它们单独列示后，便于深入进行分析。

3. 可以将本期财务费用与计划或预算比较，考核企业财务费用的计划或预算完成情况；也可以进行趋势分析，来判断企业财务费用的发展趋势；还可以与同行业平均水平、先进水平进行比较，来考察企业财务费用管理水平的高低。

进行财务费用的分析，应考虑企业的业务背景、企业融资对生产经营资金需求的满足程度。一般情况下，根据企业财务费用明细表进行初步的分析，针对变化较大的项目进行重点分析。

案例分析

案例一：

以某纸业公司某业务分部 2011 －2012 年管理费用明细资料为例，说明企业费用分析的方法。为计算和分析方便，对数据进行了适当的处理。

表 6－1　　管理费用明细表　　单位：千元

项目	2012	2011
公司经费	3200	2800
工会经费	60	54
职工教育经费	70	66
劳动保险费	40	40
待业保险费	12	11
审计费	400	400
业务招待费	620	630
排污费	850	750
其他	1200	1150
合计	6452	5901

根据【表 6－1】的资料，运用水平分析法分析管理费用的完成情况，如【表 6－2】所示。

表 6－2　　管理费用分析表(水平分析法)　　单位：千元

项目	2012	2011	增减变动情况	
			增减额	增减率(%)
公司经费	3200	2800	400	14.29
工会经费	60	54	6	11.11
职工教育经费	70	66	4	6.06
劳动保险费	40	40	0	0
待业保险费	12	11	1	9.09
审计费	400	400	0	0
业务招待费	620	630	－10	－1.59
排污费	850	750	100	13.33
其他	1200	1150	50	4.35
合计	6452	5901	551	9.34

从【表 6－2】可以看出，该业务部门管理费用比 2011 年增加了 55.1 万元，增长率为 9.34%。管理费用上涨的主要因素在于公司经费和排污费的涨幅较大，排污费上涨对纸业公司而言，有其合理的原因和积极的社会意义，但公司经费的上涨却是值得重点关注的，无论是绝对数还是相对数都比较大，这也为今后费用的控制指明了方向。2012 年业务招

待费的降低是一个亮点，管理层可以总结经验，在控制其他费用时，可以借鉴。

为了深入剖析管理费用变动情况及其合理性，还应进一步从费用构成的结构方面进行分析，见【表6－3】。

表6－3 管理费用分析表(垂直分析法) 单位:千元

项目	2012		2011		结构变动差异(%)
	金额	结构比例(%)	金额	结构比例(%)	
公司经费	3200	49.60	2800	47.45	2.15
工会经费	60	0.93	54	0.92	0.01
职工教育经费	70	1.08	66	1.12	－0.04
劳动保险费	40	0.62	40	0.68	－0.06
待业保险费	12	0.19	11	0.18	0.01
审计费	400	6.20	400	6.78	－0.58
业务招待费	620	9.61	630	10.67	－1.06
排污费	850	13.17	750	12.71	0.46
其他	1200	18.60	1150	19.49	－0.89
合计	6452	100	5901	100	

从表6－3可以看出，2012年管理费用结构中公司经费所占的比重有所提高，接近于管理费用的一半，而职工教育经费和劳动保险费在全部管理费用中所占的比重下降，尽管职工教育经费的总数有所提高,但与管理费用提高的速度不成比例，这是企业在制定长远发展规划时应该警惕的。

案例二：

根据采集的数据，对食品上市公司的期间费用进行分析。

我们从上海和深圳交易所按期行业划分标准分类的食品类上市公司中抽取样本，剔除已经发生重组转向其他行业的上市公司，剔除非食品收入超过主营业务收入50%的上市公司，最后得到34个样本。下面的分析都是基于这34家食品上市公司。

我们首先来看食品类上市公司期间费用的绝对规模及其增长速度。

表6－4 食品类上市公司期间费用 单位:万元

	2005		2004		2003
	绝对值	增长率	绝对值	增长率	绝对值
营业费用	724418.07	16.93%	619552.68	2.93%	601901.25
管理费用	479987.08	14.35%	419749.04	－12.41%	479226.56
财务费用	68609.50	0.58%	68215.43	－6.70%	73114.65
合计	1273014.65	14.94%	1107517.14	－4.05%	1154242.46
主营业务收入	6099957.33	19.65%	5098257.11	14.20%	4464153.45

2003年食品类上市公司三项费用合计为1154242.46万元，平均每家上市公司的期

间费用为33948.31万元，2004年三项费用有所下降，到了2005年，三项费用增加到了1273014.65万元，平均每家上市公司为37441.61万元。从表[6-4]我们可以看到，在这三项费用中，营业费用的增长最快，无论是2004年还是2005年都是正增长。应该说这是一个很正常的现象，一般随着主营业务收入的增长，营业费用都会有所增长。同时，我们从表6-4也可以看出，食品类上市公司营业费用的增长率低于主营业务收入的增长率，这说明食品类上市公司营业费用的控制能力还是很高的。三项费用中财务费用的增长率最低，2004年时负增长，2005年仅增长了0.58%，这说明食品类上市公司主营业务收入的增加并没有伴随着债务的增加。从财务费用的绝对规模来看，2005年食品类上市公司的平均财务费用2017万元，有些上市公司如五粮液、贵州茅台等财务费用甚至为正，这是因为他们拥有大量的银行存款。这说明大部分食品类上市公司的现金流还是比较好的。

其次，我们再来看食品类上市公司期间费用的构成情况。

表6-5　　食品类上市公司期间费用规模及构成　　单位:万元

	2005		2004		2003	
	绝对值	占比	绝对值	占比	绝对值	占比
营业费用	724418.07	56.91%	619552.68	55.94%	601901.25	52.15%
管理费用	479987.08	37.70%	419749.04	37.90%	479226.56	41.52%
财务费用	68609.5	5.39%	68215.42	6.16%	73114.65	6.33%
合计	1273014.65		1107517.14		1154242.46	

从表6-5可以看到，营业费用是食品类上市公司期间费用的主体，超过了50%，这也提示我们食品类上市公司的费用控制还应主要从营业费用着手。2005年34家上市公司平均营业费用21,306万元，减少10%即可增加2100万的利润。而且从2003年到2005年，营业费用占期间费用的比重一直在提升，相应地，管理费用和财务费用占期间费用的比重一直在减少。2005年，财务费用占期间费用的比重只有5.39%。

但是从个体来看，我们也可以发现很多食品类上市公司的管理费用超过了营业费用。在34家样本公司中有13家公司的管理费用超过了营业费用，不过这些公司大部分都是经营业绩不佳的公司。

下面我们再来看一下各项费用与主营业务收入之比，这些指标反映了公司主营业务收入创造所需要付出的费用成本。

表6-6　　各项费用与主营业务收入之比　　单位:万元

	2005	2004	2003
营业费用与主营业务收入之比	11.88%	12.15%	13.48%
管理费用与主营业务收入之比	7.87%	8.23%	10.73%
财务费用与主营业务收入之比	1.12%	1.34%	1.64%
合计	20.87%	21.72%	25.86%

从表[6-6]我们可以看到，营业费用、管理费用和财务费用与主营业务收入的比例三年间一直在下降，这也使得食品类上市公司的期间费用与主营业务收入的比例下降。2003年，这一比例为25.86%，到2005年已下降到20.87%。从个体来看，酒类上市公司的营业费用

与主营业务收入之比大都高于其他食品类上市公司，但是一些区域性的酒类公司如伊力特、西藏发展、惠泉啤酒的这一比例相当之低，西藏发展的这一比例2005年仅为2.18%。营业费用与主营业务收入之比最高值由通葡股份在2004年取得，为56.52%，最低值由南宁糖业在2004年取得，为1.62%。

复习思考题

1. 企业费用的确认原则和标准是什么？
2. 企业如何对主营业务成本进行分析？
3. 企业在对各项期间费用分析时，应注意哪些问题？

第七章　利润分析

【学习目标】

1. 了解利润的含义和具体构成
2. 熟悉利润项目的具体分析
3. 掌握利润表的综合分析
4. 掌握企业盈利能力分析方法
5. 掌握利润可持续性分析方法

第一节　利润概述

企业作为独立的经济实体，应当以自己的经营收入抵补其成本费用，并且实现盈利。企业盈利的大小在很大程度上反映企业的生产经营的经济效益，表明企业在每一会计期间的最终经营成果。

一、利润的含义

利润是企业在一定会计期间的经营成果。利润包括收入减去费用后的净额、直接计入当期利润的利得和损失。

直接计入当期的利得和损失，是指应当计入当期损益、会导致所有者权益发生增减变动的、与所有者投入资本或者分配利润无关的利得或者损失。

（一）营业利润

营业利润＝营业收入－营业成本－营业税金及附加－销售费用－管理费用－财务费用－资产减值损失＋公允价值变动收益（－公允价值变动损失）＋投资收益（－投资损失）

其中，营业收入是指企业经营业务所实现的收入总额，包括主营业务收入和其他业务收入。营业成本是指企业经营业务所发生的实际成本总额，包括主营业务成本和其他业务成本。资产减值损失是指企业计提各项资产减值准备所形成的应计入当期损益的利得（或损失）。投资收益（或损失）是指企业以各种方式对外投资所取得的收益（或发生的损失）。

（二）利润总额

利润总额＝营业利润＋营业外收入－营业外支出

其中，营业外收入(或支出)是指企业发生的与日常活动无直接关系的各项利得(或损失)。

3. 净利润

净利润 = 利润总额 - 所得税费用

其中，所得税费用是指企业确定的应从当期利润总额中扣除的所得税费用。

二、利润项目的构成

利润表主要由营业收入、营业利润、利润总额、净利润和每股收益五个部分组成。利润表的具体科目有以下一些：

(一)营业收入

营业收入反映企业经营活动所取得的收入总额，该项目应根据“主营业务收入”和“其他业务收入”等科目填写。主营业务收入是指企业经常性的、主要业务所产生的收入。其他业务收入是指企业主营业务收入以外的所有通过销售商品、提供劳务取得的收入及让渡资产使用权等日常活动中所形成的经济利益的流入。

(二)营业成本

营业成本是指企业所销售商品或者所提供劳务的成本。营业成本应当与所销售商品或者所提供劳务而取得的收入进行配比。

营业成本是与营业收入直接相关的，已经确定了归属期和归属对象的各种直接费用。营业成本主要包括主营业务成本、其他业务成本。销售产品、商品和提供劳务的营业成本，是由生产经营成本形成的。工业企业产品生产成本(也称制造成本)的构成主要包括以下一些。

直接材料，包括企业生产经营过程中实际消耗的直接用于产品的生产，构成产品实体的原材料、辅助材料、备品备件、外购半成品、燃料、动力、包装物以及其他直接材料。

直接工资，包括企业直接从事产品生产人员的工资、奖金、津贴和补贴。

其他直接支出，包括直接从事产品生产人员的职工福利费等。

制造费用，是企业为生产产品和提供劳务而发生的各项间接成本。企业应当根据制造费用的性质，合理地选择制造费用分配方法。

(三)营业税金及附加

营业税金及附加，是指企业经营活动中应负担的相关税费，包括营业税、消费税、城市维护建设税、资源税和教育费附加等。企业应通过“营业税金及附加”科目，核算企业经营活动相关税费的发生和结转情况。

(四)销售费用

销售费用是指企业在销售产品、自制半成品和工业性劳务等过程中发生的各项费用。如包装费、运输费、装卸费、展览费、广告费、租赁费(不包括融资租赁费)。以及为销售本企业产品而专设的销售机构的费用，在发生的当期就计入当期的损益。

(五)管理费用

管理费用是期间费用的一种，它主要是指企业行政管理部门为组织和管理生产经营活动而发生的各种费用。具体包括的项目有工资福利费、折旧费、工会费、职工教育经费、业务招待费、房产税、车船使用税、土地使用税、印花税、技术转让费、无形资产摊销、咨询费、诉讼费、坏账损失、公司经费、劳动保险费、董事会会费等。

(六)财务费用

财务费用是指企业为筹集生产经营所需资金等而发生的费用。包括利息支出(减利息收入)、汇兑损失(减汇兑收益)以及相关的手续费等:包括企业生产经营期间发生的利息支出(减利息收入)、汇兑净损失(有的企业如商品流通企业、保险企业进行单独核算,其汇兑净损失不包括在财务费用中)、金融机构手续费以及筹资发生的其他财务费用如债券印刷费、国外借款担保费等。

(七)资产减值损失

资产减值损失是指因资产的账面价值高于其可收回金额而造成的损失。会计准则规定资产减值范围主要是固定资产、无形资产以及除特别规定外的其他资产减值的处理。《资产减值准则》改变了固定资产、无形资产等的减值准备计提后可以转回的做法,资产减值损失一经确认,在以后会计期间不得转回。消除了一些企业通过计提秘密准备来调节利润的可能,限制了利润的人为波动。

(八)公允价值变动收益

公允价值变动收益是指资产或负债因公允价值变动所形成的收益,如交易性金融资产公允价值上升形成的利得或下降形成的损失等。公允价值是在公平交易中熟悉情况的交易双方自愿进行交换或债务清偿的金额。

(九)投资收益

投资收益是企业在一定的会计期间对外投资所取得的回报。投资收益包括对外投资所分得的股利和收到的债券利息,以及投资到期收回的或到期前转让债权所得款项高于账面价值的差额等。投资活动也可能遭受损失,如投资到期收回或到期前转让债权所得款项低于账面价值的差额,即为投资损失。投资收益减去投资损失则为投资净收益。随着企业拥有的管理和运用资金权力的日益增大,资本市场的逐步完善,投资活动中获取收益或承担亏损,虽不是企业通过自身的生产或劳务供应活动所得,却是企业利润总额的重要组成部分,并且其所占比重呈越来越大的趋势。

(十)营业利润

营业利润是指企业利润的主要来源。它是指企业在销售商品、提供劳务等日常活动中所产生的利润,其内容为主营业务利润和其他业务利润扣除期间费用之后的余额。

(十一)营业外收入

营业外收入是指企业发生的与其生产经营活动无直接关系的各项收入。营业外收入的主要内容有以下一些。

1. 固定资产盘盈。它指企业在财产清查盘点中发现的账外固定资产的估计原值减去估计折旧后的净值。

2. 处理固定资产净收益。它指处置固定资产所获得的处置收入扣除处置费用及该项固定资产账面净值与所计提的减值准备相抵后的差额后的余额。

3. 罚款收入。它是指对方违反国家有关行政管理法规,按照规定支付给本企业的罚款。

4. 出售无形资产收益。它指企业出售无形资产时,所得价款扣除其相关税费后的差额,大于该项无形资产的账面余额与所计提的减值准备相抵后的差额的部分。

5. 因债权人原因确实无法支付的应付款项。它主要是指因债权人单位变更登记或撤销等而无法支付的应付款项等。

6. 教育费附加返还款。它是指自办职工子弟学校的企业，在交纳教育费附加后，教育部门返还给企业的所办学校经费补贴费。

7. 非货币性交易中发生非货币性交易收益(与关联方交易除外)。

(十二)营业外支出

营业外支出是指企业发生的与其生产经营活动无直接关系的各项支出。营业外支出的主要内容如下。

1. 固定资产盘亏。它是指在财产清查盘点中，因实际固定资产实有数低于固定资产账面而发生的固定资产净值损失。

2. 处理固定资产净损失。它是指企业在生产经营期间处置固定资产时所取得的价款不足以抵补应支付的相关税费和该项固定资产的账面净值与所计提的减值准备相抵后的差额而发生的处理差额。

3. 出售无形资产净损失。它是指企业出售无形资产时，所得价款不足以抵补应支付的相关税费及罚款支出、滞纳金等以及因违法经营发生的被没收财务损失。

4. 罚款支出。它是指企业因违反法律或未履行经济合同、协议而支付的赔偿金、违约金、罚息、罚款支出、滞纳金等以及因违法经营而发生的被没收的财务损失。

5. 捐赠支出。它是指企业对外捐赠的各种财产的价值。

6. 非常损失。它是指自然灾害造成的各项资产净损失，还包括由此造成的停工损失和善后清理费用。

7. 计提无形资产、固定资产和在建工程的减值准备。它指企业按规定在无形资产、固定资产和在建工程实质上发生减值时提取的减值准备。

8. 债务重组损失。它是指按照债务重组会计处理的有关规定应计入营业外支出的债务重组损失。

(十三)利润总额

利润总额是指缴纳所得税前企业在一定时期内经营活动的总成果。

按收益总括观点，企业的利润总额包括产品销售利润、其他业务利润、投资净收益和营业外净收入四部分。其中产品销售利润等于产品销售收入减去产品销售成本、产品销售费用、产品销售税金及附加;其他业务利润为其他业务收入与其他业务支出之差;投资净收益等于投资收益减投资损失;营业外净收入等于营业外收入减去营业外支出。产品销售利润加上其他业务利润减去管理费用与财务费用构成营业利润(按当期经营观点，营业利润再加上投资净收益就形成企业的利润总额)，营业利润加上投资净收益，营业外净收入及以前年度损益调整就最后形成企业的利润总额。

(十四)所得税

所得税又称所得课税、收益税，是指国家对法人、自然人和其他经济组织在一定时期内的各种所得税收的一类税收，反映了企业从当期损益中扣除的所得税。

(十五)净利润

净利润反映企业税后的利润，又称作纯利、净收益，指一特定时间内，公司的总收入减去商品成本以及所有相关支出之获利。净利润的多少与公司营运的好坏息息相关。以营利为本的企业或组织会比较多个项目的纯利多少，用以评估某项举措是否值得实行。某特定时间内的毛利＝该时间内的营业额减该时间内发生的已销售产品的成本某特定时间内的纯利＝该时间内的毛利减该时间内发生的相关支出（包括折旧）。

（十六）基本每股收益

每股收益又称每股税后利润、每股盈余，指税后利润与股本总数的比率。它是测定股票投资价值的重要指标之一，是分析每股价值的一个基础性指标，是综合反映公司获利能力的重要指标。它是公司某一时期净收益与股份数的比率，该比率反映了每股创造的税后利润；比率越高，表明所创造的利润越多。若公司只有普通股时，净收益是税后净利，股份数是指流通在外的普通股股数。如果公司还有优先股，应从税后净利中扣除分派给优先股股东的利息。

（十七）稀释每股利益

稀释每股利益是以基本每股收益为基础，假设企业所有发行在外的稀释性潜在普通股均已转换为普通股，从而分别调整归属于普通股股东的当期净利润以及以发行在外的普通股的加权平均数为依据计算而得的每股收益。

1. 潜在普通股是否具有稀释性的判别。如果公司存在潜在普通股，首先应判断潜在普通股是否具有稀释性。如果潜在普通股不具有稀释性，那么公司只需计算基本每股收益；如果潜在普通股具有稀释性，公司还应当根据具有稀释性的潜在普通股的影响，分别调整归属于普通股股东的当期净利润以及当期发行在外的普通股的加权平均数，据以计算稀释的每股收益。

2. 这里涉及潜在普通股的概念和潜在普通股是否具有稀释性的判定。所谓潜在普通股是赋予其持有者在报告期或以后期间享有取得普通股权利的一种金融工具或其他合同，如可转换公司债券、期权、认股权证等。随着股票交易方式的发展，还会出现新的交易方式，只要会影响普通股股数的，都称为潜在普通股。

3. 阅读利润表时要联系利润表附注。附注主要说明企业利润表各项目变化的原因及有重大影响的事项。财务报表附注为阅读和分析的利润表提供了解、评价和分析企业利润状况的详细资料。

第二节　利润项目分析

一、主营业务利润分析

主营业务利润，又称基本业务利润，其计算公式为：

主营业务利润＝主营业务收入－主营业务成本－主营业务税金及附加

由于主营业务利润还未减去销售费用、管理费用、财务费用等期间费用，尚不能完整反映公司主营业务的盈利状况，只是受主营业务成本和税金，销售单价、销量变动的影响。但是，大多数情况下，主营业务利润都是营业利润的主要构成。

对于把握公司盈利能力更有用的指标是主营业务利润率，其计算公式为：

$$主营业务利润率=\frac{主营业务收入-主营业务成本-主营业务税金及附加}{主营业务收入}\times 100\%$$

通过对公司的主营业务利润率纵向对比可以看出公司盈利能力的变动趋势;通过与同行业其他企业主营业务利润率的横向对比可以看出公司的相对盈利能力。

通常情况下,企业的主营业务利润应是其利润总额的最主要的组成部分,其比重应是最高的,其他业务利润、投资收益和营业外收支相对来讲比重不应很高。如果出现不符合常规的情况,那就需要多加分析研究。

二、营业利润分析

营业利润是企业利润的主要来源,是指企业在销售商品、提供劳务等日常活动中所产生的利润,其内容为主营业务利润和其他业务利润扣除期间费用之后和其他各项损益后的余额。其计算公式:

营业利润 = 营业收入 - 营业成本 - 营业税金及附加 - 销售费用 - 管理费用 - 财务费用 - 资产减值损失 + 公允价值变动收益(- 公允价值变动损失) + 投资收益(- 投资损失)

对于一般企业而言,营业利润往往决定了一个企业的利润总额和净利润,并且它与利润总额的比值越接近于1,说明营业活动对企业利润的贡献越大,企业的盈利能力就越稳定。应注意的是,营业利润只是企业利润的一个方面,并不能全面反映企业的盈利情况。另外,营业利润内部还分主营业务利润和其他业务利润,一般来说主营业务利润是其主要的构成部分。所以在对营业利润进行分析时,要注意其他业务利润的比重,如果比重过高,则说明企业是多元化经营,其他业务产生的盈利能够在一定程度上弥补主营业务的缺陷。但是如果企业其他业务利润长期高于主营业务利润,则应适当考虑进行产业结构调整以维持核心竞争和盈利能力。

三、利润总额分析

利润总额能够全面、如实地反映企业一定会计期间的经营成果,更加强调真实性和完整性,因为它在营业利润的基础上还考虑了营业外收支。其计算公式为:

利润总额 = 营业利润 + 营业外收入 - 营业外支出

营业外收入和营业外支出与企业的日常生产经营活动没有直接的关系,不影响企业的营业利润,也不具有持续性和稳定性,但是它也是客观存在的企业的收支的一部分,直接影响到企业的利润总额和净利润。

其中,营业外收入是指企业发生的与其日常活动无直接关系的各项利得,实际上是一种纯收入,不可能也不需要与有关费用进行配比,主要包括:非流动资产处置利得、非货币性资产交换利得、债务重组利得、政府补助、盘盈利得、捐赠利得等。营业外支出是指企业发生的与日常活动无直接关系的各项损失,主要包括:非流动资产处置损失、非货币性资产交换损失、债务重组损失、公益性捐赠支出、非常损失、盘亏损失等。

利润总额全面包括了这些项目,因此在整体评价企业的经营成果时更具有说服力。但是如果一个企业利润总额主要是由非营业活动带来的,则应该对该企业利润实现方式的真实性和持续性予以关注和重视。

四、净利润分析

净利润是一项比较直接和重要的指标,直观地表示企业的经营绩效,同时还能反映企业投入资本的获利能力和对债权人的偿债能力。其计算公式:

净利润 = 利润总额 - 所得税费用

一般来说，净利润直接取决于利润总额，因为所得税费用是个比较容易客观量化的项目，不过应该注意的是，所得税费用并不是在利润总额的基础上乘以税率计算出来的，利润总额一般是依据企业会计计量原则的相关原则和方法确定的，而所得税费用是按照税法的规定确认的，两者之间存在一定差异。

五、利润的结构质量分析

在表【7 - 1】中，A1、A2、A3 为正常企业的经营状况。

表 7 - 1　　利润结构质量分析表

利润项目	A						B					
主营业务利润	盈利						亏损					
营业利润	盈利			亏损			盈利			亏损		
利润总额	盈利		亏损	盈利		亏损	盈利		亏损	盈利		亏损
净利润	盈利	亏损	亏损	盈利	亏损	亏损	盈利	亏损	亏损	盈利	亏损	亏损
类别编号	A1	A2	A3	A4	A5	A6	B1	B2	B3	B4	B5	B6

A1 的利润质量最高。营业活动带来的盈利不仅可以弥补各项期间费用和其他可能存在的损失，还可以向国家上交所得税，并最终形成可供企业发展或向股东分红的净利润，保证了企业具有可持续发展能力，是企业利润结构的理想状态。

A2 净利润产生亏损的原因在于应税所得与会计收益出现了巨大的差额。一般来说，往往是造成应税所得大于会计收益的原因，从而使企业在利润总额为正的情况下出现负的净利润。

A3 的出现，表明企业发生了过多的营业外支出，如处置固定资产和无形资产发生的净损失，这些支出不仅超过了营业外收入，还侵蚀了企业正常经营活动中实现的利润。不过这种亏损状态是由非经常性的事项造成的，以后年度不存在重大营业外支出的情况下，企业很可能扭亏为盈。

A4、A5、A6 表明企业虽然主营业务盈利，但是毛利率偏低，不足以弥补各项期间费用和其他经营活动中可能产生的损失，如其他业务亏损、投资损失等。A4 出现盈利主要是由营业外收入形成的，但是这种收入很可能只是暂时的，以后年度不一定会存在这样的收入，所以很可能会像 A6 那样亏损；A5 的情况说明企业除了受到营业外收入对利润的正面影响之外，还存在着应税所得大于会计收益现象，从而没有避免亏损；A6 则是营业利润为负自然导致的最终亏损。这三种情况最根本的解决方法是提高营业收入，控制成本费用，使企业在经营活动中能够实现盈利。

B1、B2、B3 的共同点在于主营业务利润为负，而营业利润为正。这种现象的出现，最可能的原因是企业实现了加大金额的投资收益或者公允价值变动收益，导致营业利润为正。另外，也可能是企业的其他业务比较突出，实现了较多的盈利以弥补主营业务的亏损。B1、B2 在营业活动之外并没有很大的亏损，但 B2 因存在着所得税的影响而与 B3 一样没有实现盈利。这三种情况由于主营业务的获利能力存在问题，企业整体的经营风险和财务风险比较大，应考虑进行业务调整，培养核心竞争力，保证利润的来源。

B4、B5、B6 表明企业的经营活动在整体上出现了问题，就算在 B4 的情况下企业实现了盈利，但也不是长久之计，企业仍然存在较大的破产风险。

六、利润的内涵质量分析

利润作为反映企业经营成果的指标，在一定程度上体现了企业的盈利能力，同时也是目前我国对企业经营者进行考核的重要依据。但由于会计分期假设和权责发生制的使用决定了某一期间的利润并不一定具有可持续性，利润带来的资源并不一定具有确定的可支配性。此外，企业经营者处于自身利益的考虑，往往会运用各种手段调节利润、粉饰利润表，从而导致会计信息失真并误导投资者、债权人及其他利益相关者。因此，在关注企业盈利能力的同时，更应重视对企业利润质量的分析。

利润质量是指企业利润的形成过程以及利润结果的合规性、效益性及公允性。高质量的企业利润，应当表现为资产运转状况良好，企业所开展的业务具有良好的市场发展前景，企业有良好的资产基础。反之，低质量的企业利润，则表现为资产运转不畅，企业支付能力减弱，甚至影响企业的生存能力。

（一）影响利润质量的主要因素分析

1. 利润来源的稳定可靠性

利润由三个主要部分构成：营业利润、投资收益和营业外收支净额。在利润的总体构成内容中，营业利润特别是主营业务利润及其所占的比重大小是决定企业利润是否稳定可靠的基础。在其他条件不变的情况下，营业利润所占比重越大，利润质量越高。从营业利润是否有足够的现金保障来看：

营业净现金流量 = 税后营业利润 + 折旧等非付现成本 − 营运资本需求增量

因而，非付现成本增多会缩小营业利润与营业净现金流量的差距，有助于提高利润质量；营运资本需求量增加会扩大营业利润与营业净现金流量的差距，从而降低利润质量。

2. 信用政策及存货管理水平

从静态角度来看，宽松的信用政策和稳健的存货投资策略，会产生较高水平的应收账款和存货占用资金，这意味着较高的机会成本和潜在的坏账等，会造成账面利润虚增。同时，由于销售收入有较大部分没有形成现金流入，从而进一步加大了账面利润与现金净流量的差距，降低了利润质量；相反，严格的信用政策和激进的存货投资策略，则不会降低利润质量。

从动态角度来看，只有本期的应收账款和存货占用资金大于或小于前一期，才会对利润质量产生影响。这种情况发生在信用政策和存货投资策略执行不力以及信用政策和存货投资策略发生变化时。因此，为了提高利润质量，企业应根据自身实际情况和竞争需要，制定适当的信用政策和存货投资策略，并根据环境变化作适当调整。这要求企业有较高的管理水平，政策一旦制定就应严格执行。

3. 关联方交易的影响

关联方交易对利润数量的影响主要表现在以下几个方面：

①节约交易费用，增加利润。交易费用是指为获得准确的市场信息所付出的费用，以及谈判和经常性契约的费用。基于关联方之间的控制与被控制或共同被控制，交易费用相对较低，从而直接增加交易双方的利润。

②通过转移定价，调整利润。转移定价的高低不会改变利润总额，但会改变利润在交易双方之间的分配。通过较高的销售价格或较低的购入价格，可以提高企业的利润，将盈利企

业的利润转移到亏损企业。

③通过资产重组，调整利润。这种情况普遍存在于上市公司与其母公司的关联方交易中，如母公司折价降优质资产注入上市公司，使得上市公司剥离其不良资产。

关联方交易对利润质量的影响主要表现在以下几个方面：

①交易类型及利润来源的稳定性。最常见的关联方交易是购买或销售商品，提供或接受劳务，其他资产如固定资产、股权的转让或买卖。前两者属于经营性交易，所产生的利润具有长久性、稳定性的特点，如果以市场价格成交，对利润质量的影响不会很大；后者属于非经营性交易，具有一次性或偶发性的特点，由此形成的利润在利润质量分析时应重点关注。

②交易的金额及比重。关联方交易不能反映出企业真实的经营能力。经营性关联方交易的金额及其相应比例的分析，可以帮助我们大体上判断企业利润在多大程度上依赖于关联方交易。企业利润若依赖于关联方交易，其利润质量必然会降低。

③交易是否伴有现金流。通过现金流分析，不仅可以判断真实交易的利润质量，还可以发现其中的虚假交易。只有伴随现金流入的利润才具有较高质量。

④定价政策。以节约费用为目的的关联方交易一般是以市场价格进行的，而以调整利润为目的的关联方交易是通过转移定价进行的。关联方交易价格越是接近市场价格，其利润质量越高；反之，则利润质量越低。值得强调的是，转移价格的存在，会增加一方的利润数量，减少另一方的利润数量。增加利润数量的一方其利润质量是降低的，但减少利润数量的一方其利润质量并没有提高，因为这种行为惠及的只是关联方的大股东，而受损害的仍是中小投资者。

（二）利润质量分析方法

利润质量分析主要有以下几种方法：

1. 不良资产剔除法

所谓不良资产，是指待摊费用、待处理流动资产损失、待处理固定资产净损失、开办费、递延资产等虚拟资产和高龄应收账款、存货跌价和积压损失、投资损失、固定资产损失等可能产生潜在亏损的资产项目。如果不良资产总额接近或超过净资产，或者不良资产的增加额（增加幅度）超过净利润的增加额（增加幅度），说明企业当期利润有虚假成分。

2. 关联交易剔除法

关联交易剔除法即将来自关联企业的营业收入和利润予以剔除，分析企业的盈利能力多大程度上依赖于关联企业。如果主要依赖于关联企业，就应当特别关注关联交易的定价政策，分析企业是否以不等价交换的方式与关联方进行交易以调节利润。

3. 异常利润剔除法

异常利润剔除法即将其他业务利润、投资收益、补贴收入、营业外收入从企业的利润总额中扣除，以分析企业利润来源的稳定性。这里尤其应注意投资收益、营业外收入等一次性的偶然收入。

4. 现金流量分析法

现金流量分析法即将经营活动产生的现金流量、投资活动产生的现金流量、现金流量分别与主营业务利润、投资收益和净利润进行比较分析，以判断企业的利润质量。一般而言，没有现金净流量的利润，其质量是不可靠的。

第三节 利润表综合分析

一、企业盈利能力分析

盈利能力是指企业在一定时期内获取利润的能力，又称企业的资金增值能力，通常表现为企业在一定时期内收益额的大小与水平的高低。利润是企业内外有关各方都关心的中心问题，利润是投资者取得投资收益、债权人收取本息的资金来源，是经营者经营业绩和管理效能的集中表现。

盈利能力既能反映企业在一定时期的销售水平、获取现金流水平、降低成本水平，又能反映资产的营运效益、获得报酬回避风险水平及未来的增长。盈利能力分析主要是通过研究利润表中有关项目之间的对比关系，以及利润表中有关项目和资产负债表中有关项目之间的联系，来评价企业当期的经营成果和未来盈利能力的发展趋势。

盈利能力的分析是企业财务分析的重点，其根本目的是通过分析及时发现问题，改善企业财务结构，提高企业偿债能力、经营能力，最终提高企业的盈利能力，促进企业持续稳定地发展。

（一）经营盈利能力分析

经营盈利能力分析是指通过对企业生产过程中产出、耗费和利润之间的比例关系进行分析，来研究和评价企业获利能力。其衡量指标主要有盈利毛利率、营业利润率、营业净利率和成本费用利润率等。

1. 营业毛利率

营业毛利率是企业在一定时期内营业毛利额与营业收入之间的比率，通俗的讲，营业毛利率是用以反映企业每一元营业收入中含有多少毛利额。衡量企业盈利能力的大小不能单看营业收入，因为营业收入中还包括营业成本。只有扣除这一成本之后，才能用以补偿企业的各项期间费用，没有足够大的毛利率便不能形成企业的盈利。营业毛利率的计算公式为：

$$营业毛利率=\frac{营业毛利额}{营业收入}\times 100\%=\frac{营业收入-营业成本}{营业收入}\times 100\%$$

从上式可以看出，毛利率越高，说明营业成本占营业收入的比重越小，扣除各项营业成本后的利润也越高，企业的盈利能力就越强。通常，毛利率随着行业的不同而高低各异，而同一行业的毛利率一般相差不大。同行业平均毛利率进行比较，可以评价企业在同行业中的位置，进而可以发现企业在定价政策或生产成本控制方面存在的问题，从而找到提高盈利能力的途径，企业对存货计价方法和固定资产折旧方法的会计处理对营业成本也会产生影响，从而影响毛利率。毛利率发生变化应从各生产成本项目进行分析，原辅材料的涨跌、工人工资的增减、水电费及其他制造费用的变化等，薄利或厚利的不同品种产品销量的变化也会对毛利率产生影响。

2. 营业利润率

营业利润率是指企业在一定时期内营业利润与营业收入的比率。它是衡量企业经营效率的指标，反映了在不考虑非营业成本的情况下，企业管理者通过经营获取利润的能力。其计算公式为：

$$营业利润率 = \frac{营业利润}{营业收入} \times 100\%$$

营业利润率越高，说明企业通过经营获取的利润越多，企业的竞争能力和发展能力就越强，从而企业的盈利能力也越强。

3. 营业净利率

营业净利率是指企业在一定时期内净利润与营业收入的比率，它反映企业营业收入创造净利润的能力。通俗的讲，它反映了一元营业收入与其成本费用之间挤出多少净利润。其计算公式为：

$$营业净利率 = \frac{营业净利润}{营业收入} \times 100\%$$

从上式可以看出，只有当净利润的增长速度快于营业收入的增长速度时，营业净利率才会上升。在分析该比率时应注意，营业收入包括主营业务收入和其他业务收入，利润的形成也并非都由营业收入产生，还受到投资收益、营业外收入等因素的影响。要注意的是，净利润是否受到了大额的非常项目损益或大额的投资收益的影响，在分析报告中另加说明，金额不大可以忽略不计。当然，利润主要应来自营业收入，才具有持续性。

对上市公司的分析要注意投资收益、营业外收入等一次性的偶然收入，一次性的收入突升，例如利用资产重组、非货币资产置换、股权投资转让、资产评估、非生产性资产与企业建筑物销售所得收入调节盈余，即公司可能会用这些手段调节利润。

营业净利率是企业销售的最终获利能力指标，比率越高，说明企业的获利能力越强。但是它受行业特点影响较大。通常来说，越是资本密集型企业，营业净利率就越高。反之，资本密集程度较低的企业，营业净利率也越低。该比率分析应结合不同行业的具体情况进行。

4. 成本费用利润率

成本费用利润率是企业在一定时期内的利润总额与成本费用总额的比率。成本费用利润率指标表明每付出1元成本费用可获得多少利润，体现了经营耗费所带来的经营成果。其计算公式是：

$$成本费用利润率 = \frac{利润总额}{成本费用总额} \times 100\%$$

式中，成本费用总额 = 营业成本 + 营业税金及附加 + 销售费用 + 管理费用 + 财务费用

该项指标越高，表明企业为取得利润所付出的代价越小，成本费用控制得越好，企业的盈利能力也就越强，同时也反映企业的经济效益越好。

(二)资产盈利能力分析

资产盈利能力分析是指企业利用经济资源创造利润的能力，其衡量指标主要有总资产利润率、总资产报酬率和总资产净利率等。

1. 总资产利润率

总资产利润率是指企业的利润总额与企业平均资产总额的比率，即过去所说的资金利润率。它反映企业综合利用所拥有的全部经济资源所获得的效果，是一个综合性的效益指标，也是衡量企业利用债权人和所有者权益总额所取得盈利的重要指标。其计算公式为：

$$总资产利润率 = \frac{利润总额}{平均资产总额} \times 100\%$$

$$平均资产总额=\frac{年初资产总额+年末资产总额}{2}\times 100\%$$

2. 总资产报酬率

总资产报酬率又称资产所得率，是指企业在一定时期内获得的报酬总额与资产平均总额的比率。它表示企业包括净资产和负债在内的全部资产的总体盈利能力，用以评价企业运用全部资产的总体盈利能力，是评价企业资产运营效益的重要指标。其计算公式为：

$$总资产净利率=\frac{息税前利润总额}{平均资产总额}\times 100\%$$

其中，息税前利润总额 = 利润总额 + 利息支出 = 净利润 + 所得税 + 利息支出

总资产报酬率表示企业全部资产获取收益的水平，全面反映了企业的盈利能力和投入产出状况。企业的所有者和债权人对该指标都非常关心。该指标越高，表明企业投入产出水平越好，企业的资产运营越有效，经营管理水平越高，整个企业的盈利水平也越强。通过对该指标的深入分析，可以增强各方面对企业资产经营的关注，促进企业提高单位资产的收益水平。一般情况下，企业可据此指标与市场资本利率进行比较，如果该指标大于市场利率，则表明企业可以充分利用财务杠杆，进行负债经营，获取尽可能多的收益。

3. 总资产净利率

总资产净利率是指净利润与平均资产总额的比率，它反映 1 元受托资产（不管资金来源）中得到的净利润。其计算公式为：

$$总资产净利率=\frac{净利润}{平均资产总额}\times 100\%$$

这一比率越高，表明资产利用的效率越高，说明企业在增加收入和节约资金使用等方面获得了良好的效果。可将上式做如下分解：

$$总资产净利率=\frac{净利润}{营业收入}\times\frac{营业收入}{平均总资产}=营业净利率\times 总资产周转率$$

上述关系式揭示了两条改善总资产净利率的途径，一是增加营业净利率；二是加快总资产周转率。这个指标能从盈利能力和营运能力两方面反映企业的经营业绩，是一个较为全面的指标。企业的资产周转速度越快，营业净利润越高，则总资产净利率就越大。因此，提高总资产净利率可以从以下两个方面入手：一方面加强资产管理，提高资产利用率；另一方面加强销售管理，增加营业收入，提高利润水平。

总资产净利率是一个综合指标。总资产来源于股东投入资本和举债两个方面，利润的多少与资产的多少、资产的结构、经营管理水平有着密切的关系。一般来说，重工业固定资产投资规模大，资产周转较慢，营业净利率较高。轻工业和商业投资较少，资产周转较快，营业净利率较低。各行业趋同于一个平均的总资产净利率，因为资本总是从低利润行业向高利润行业流动，直到投资利润和投资风险相对均衡，这是市场经济社会资本运动的规律。

由于投资的信息不对称、主观惯性偏好及流动时滞性等原因，股市上各行业及同行业各企业的总资产净利率是不相同的。为了正确评价企业经济效益的高低，挖掘提高利润水平的潜力，可以用本期该项指标与前期指标进行对比，将该项指标同计划水平比对比，用该指标与本行业平均水平或本行业先进水平进行对比，分析形成差异的原因。

（三）资本盈利能力分析

资本盈利能力分析是指企业的所有者通过投入资本在生产经营过程中所取得利润的能

力，其主要指标有净资产收益率、资本收益率、每股收益、市盈率等。

1. 净资产收益率

净资产收益率又称股东权益报酬率、净值报酬率、权益报酬率。净资产利润率是指在一定时期内企业净利润与平均净资产的比率，也是指利润额与平均股东权益的比值，其计算公式为：

$$净资产收益率=\frac{净利润}{平均净资产}\times 100\%$$

其中，
$$平均净资产=\frac{股东权益年初数+股东权益年末数}{2}$$

净资产收益率是评价企业自有资本及其积累获取报酬水平的最具综合性和代表性的指标，反映了企业资本经营的综合效益，体现了自有资本获得净收益的能力，是衡量上市公司盈利能力的重要指标。该指标越高，说明投资带来的收益越高；该指标越低，说明企业自有资本的获利能力越弱。

2. 资本收益率

资本收益率又称资本利润率，是指企业在一定时期内净利润（即税后利润）与平均资本（即资本性投入及其资本溢价）的比率。用以反映企业运用资本获得收益的能力。也是财政部对企业经济效益的一项评价指标。其计算公式为：

$$资本收益率=\frac{净利润}{平均资产}\times 100\%$$

其中，
$$平均资本=\frac{\left[\left(\begin{matrix}实收资本\\（股本）年初数\end{matrix}\right)+\left(\begin{matrix}资本公积\\年初数\end{matrix}\right)\right]+\left[\left(\begin{matrix}实收资本\\（股本）年末数\end{matrix}\right)+\left(\begin{matrix}资本公积\\年末数\end{matrix}\right)\right]}{2}$$

上式中的资本公积仅包括资本溢价（或股本溢价）。

资本收益率越高，说明企业自有投资的经济效益越好，投资者的风险越少，值得投资和继续投资，对股份有限公司来说，就意味着股票升值。因此，它是投资者和潜在投资者进行投资决策的重要依据。对企业经营者来说，如果资本收益率高于债务资金成本率，则适度负债经营对投资者来说是有利的；反之，如果资本收益率低于债务资金成本率，则过高的负债经营就将损害投资者的利益。

3. 每股收益

每股收益又称每股利润、每股盈余，它是公司某一时期净收益与股份数的比率。反映普通股的股东持有每一股所享有的利润或承担的亏损额。它是测定股票投资价值的重要指标之一，是分析每股价值的一个基础性指标，是综合反映企业获利能力的重要指标，其计算公式如下：

$$基本每股收益=\frac{归属于普通股股东的当期净利润}{发行在外普通股的加权平均数}$$

其中，发行在外普通股的加权平均数＝期初发行在外普通股股数＋当期新发行普通股股数×已发行时间÷报告期时间－当期回购普通股股数×已回购时间÷报告期时间＝（期初发行在外普通股股数×报告期时间＋当期新发行普通股股数×已发行时间－当期回购普通股股数×已回购时间）÷报告期时间

其中，已发行时间、报告期时间和已回购时间一般按照天数计算；在不影响计算结果合理性的前提下，也可以采用简化的计算方法，如可按月份计算。

企业存在稀释性潜在普通股的，应当分别调整归属于普通股股东的当期净利润和发行在

外普通股的加权平均数，并据以计算稀释每股收益。潜在普通股是指赋予其持有者在报告期或以后期间享有取得普通股权利的一种金融工具或其他合同，包括可转换公司债券、认股权证、股份期权等。稀释性潜在普通股是指假设当期转换为普通股会减少每股收益的潜在普通股。

计算稀释每股收益，应当根据下面两个方面对归属于普通股股东的当期净利润进行调整：①当期已确认为费用的稀释性潜在普通股的利息；②稀释性潜在普通股转换时将产生的收益或费用。上述调整应当考虑相关的所得税影响。

计算稀释每股收益时，当期发行在外普通股的加权平均数应当为计算基本每股收益时普通股的加权平均数与假定稀释性潜在普通股转换为已发行普通股而增加的普通股股数的加权平均数之和。

计算稀释性潜在普通股转换为已发行普通股而增加的普通股股数的加权平均数时，以前期间发行的稀释性潜在普通股，应当假设在当期期初转换；当期发行的稀释性潜在普通股，应当假设在发行日转换。

认股权证和股份期权等的行权价格低于当期普通股平均市场价格时，应当考虑其稀释性。计算稀释性每股收益时，增加的普通股股数按下列公式计算：

$$\left(\begin{array}{c}\text{增加的普}\\\text{通股股数}\end{array}\right)=\left(\begin{array}{c}\text{拟行权时}\\\text{转换的普}\\\text{通股股数}\end{array}\right)-\left(\begin{array}{c}\text{行权}\\\text{价格}\end{array}\right)\times\frac{\text{拟行权时转换的普通股股数}}{\text{当期普通股平均市场价格}}$$

企业承诺将回购其股份的合同中规定的回购价格高于当期普通股平均市场价格时，应当考虑其稀释性。计算稀释性每股收益时，增加的普通股股数按下列公式计算：

$$\left(\begin{array}{c}\text{增加的普}\\\text{通股股数}\end{array}\right)=\left(\begin{array}{c}\text{回购}\\\text{价格}\end{array}\right)\times\frac{\text{承诺回购的普通股股数}}{\text{当期普通股平均市场价格}}-\left(\begin{array}{c}\text{承诺回购的}\\\text{普通股股数}\end{array}\right)$$

稀释性潜在普通股应当按照其稀释程度从大到小的顺序计入稀释性每股收益，直至稀释性每股收益达到最小值。

每股收益反映了每股创造的税后利润，比率越高，表明所创造的利润越多。每股收益是衡量上市公司盈利能力的最重要的财务指标，它反映了普通股的获利水平。

4. 市盈率

市盈率是指在一个考察期(通常为 12 个月)内，普通股每股市价相对于每股收益的倍数。反映投资者对每元净利润所愿意支付的价格，可以用来估计股票的投资报酬和风险。它是市场对公司的共同期望指标，市盈率越高，表明市场对公司的未来越看好。其计算公式如下：

$$\text{市盈率}=\frac{\text{普通股每股市价}}{\text{普通股每股收益}}$$

市盈率是衡量上市公司盈利能力的一个重要比率，是国际上通用的衡量股票投资价值和投资风险的重要工具。一般而言，对已持有股票的投资者，市盈率越高，则获利越多；每股收益很小甚至发生亏损时，市价却不会降至零，这时很高的市盈率不能说明任何问题。

二、企业可持续发展能力分析

企业可持续发展能力，也称为企业的发展潜力，是指企业通过自身的生产经营活动，不断扩大积累而形成的发展潜能。传统的财务分析仅从静态的角度分析企业的财务状况和经营状况，强调企业的盈利能力、营运能力和偿债能力，但这三方面仅能提供企业过去的经营状况，并不意味着企业有持续发展能力。

然而对于企业的利益相关者来说，他们关注的不仅仅是企业目前的、短期的经营能力，更重要的是企业未来的、长期的和持续的增长能力。可持续发展能力分析对于判断企业未来一定时期的发展后劲、行业地位、面临的发展机遇与盈利发展变化以及稳定中、长期发展计划、决策都有重要的意义和作用。

(一)企业可持续发展能力分析的思路

影响企业价值增长的主要因素有以下几个方面：

1. 销售收入。企业可持续发展能力的形成要依托企业不断增长的销售收入。销售收入是企业收入来源之本，也是导致企业价值变化的根本动力，只有销售收入不断稳定地增长，才能体现企业的不断发展，企业的价值才得以增长。

2. 资产规模。企业的资产是取得收入的保障，在总资产收益率固定的情况下，资产规模与收入规模之间存在正比例关系，同时总资产的现有价值反映着企业清算可获得的现金流入额。

3. 净资产规模。在企业净资产收益率不变的情况下，净资产规模与收入规模之间也存在着正比例关系，只有净资产规模不断增长，才能反映新的资本投入，表明所有者对企业的信心，同时对企业负债筹资提供了保障，有利于满足企业的进一步发展对资金的需求。

4. 资产使用效率。一家企业资产使用效率越高，其利用有限资源获得收益的能力越强，会给企业价值带来较快的增长。

5. 净收益。净收益反映企业一定时期的经营成果，是收入与费用之差，在收入一定的条件下，费用与净收益存在反比例关系，只要不断地降低成本，才能增加净收益。企业的净收益是企业价值增长的源泉，所有者可将部分留存企业用于扩大再生产，同时可观的净收益会吸引更多新的投资人，有利于企业的进一步发展对资金的需求。

6. 股利分配。企业所有者从企业获得的利益分为两个方面：一是资本利得；二是股利。如果一家企业把所有利润通过各种形式转化为消费，不注意企业的资本积累，那么即使这个企业效益指标很高，也不能说这家企业的发展能力很强。

(二)常见衡量可持续发展能力的指标

1. 销售增长指标

(1)销售增长率。销售增长率指的是企业本年销售收入增长额同上年销售收入总额的比例。销售增长率表示与上年相比，企业销售收入的增减变动情况，是评价企业成长状况和发展能力的重要指标。其计算公式为：

$$销售增长率=\frac{本年销售收入增长额}{上年销售收入总额}\times 100\%$$

上式中，本年销售收入增长额是指企业本年销售收入总额与上年销售收入总额的差额，即本年销售收入增长额 = 本年销售收入 - 上年销售收入总额。该指标反映的是销售收入增长的相对数，与绝对数相比，它能消除企业经营规模对指标的影响，更能反映企业的发展状况。

在利用该指标时，应注意：

第一，销售增长率是衡量企业经营状况和市场占有能力、预测企业经营业务拓展趋势重要指标，也是企业扩张增量资本和存量资本的重要前提。不断增加的销售收入，是企业生存的基础和发展的条件。

第二，该指标若大于0，则表示企业本年的销售收入有所增长，且指标值越高，表明其增长速度快，企业市场前景好；该指标若小于0，则说明企业的产品销路不畅、质次价高，或在售后服务等方面存在问题，市场份额萎缩。

第三，应结合企业理念的销售收入水平、企业市场占有份额、行业未来发展及其他影响企业发展的潜在因素进行前瞻性预测，或结合企业前3年的销售收入增长率作出趋势性分析判断。同时，在分析过程中要确定比较，因为单独的一个发展能力指标并不能说明所有的问题，只有在企业之间或本企业各年度之间进行比较才有意义。

第四，销售增长率作为相对量指标，也存在受增长基数影响的问题。如果增长基数即上期销售收入额特别小，那么，即使销售收入出现较小幅度的增长，也会出现较大幅度的数值，不利于企业之间的比较。

(2)3年销售收入平均增长率。3年销售收入平均增长率表明的是企业销售收入连续3年的增长情况，体现了企业的发展能力。其计算公式如下：

$$3\text{年销售收入平均增长率}=\left[\sqrt[3]{\frac{\text{本年度销售收入总额}}{3\text{年前年度销售收入总额}}}-1\right]\times 100\%$$

式中，年末销售收入总额是指当年的销售收入数，3年前年度销售收入总额指企业3年前的销售收入数。利用3年销售收入平均增长率指标，能够反映企业的销售收入的增长趋势和稳定情况，较好地体现企业的发展情况和发展能力，避免因少数年份销售收入的不正常波动而产生对企业发展潜力的错误判断。

2. 资本扩张指标

(1)资本积累率。资本积累率是指企业本年所有者权益增长额同年初所有者权益的比率。其计算公式是：

$$\text{资本积累率}=\frac{\text{本年所有者权益增长额}}{\text{年初所有者权益总额}}\times 100\%$$

上式中，本年所有者权益增长额是指企业本年所有者权益与上年所有者权益的差额，即本年所有者权益增长额 = 所有者权益年末数 - 所有者权益年初数。

资本积累率反映了企业所有者权益当年的变动水平，体现了企业资本的积累情况，是企业发展强盛的标志，也是企业扩大再生产的源泉，展示了企业的发展水平。资本积累率还反映了投资者投入企业资本的保全性和增长性。若该指标大于0，即指标值越高，则表明企业的资本积累越多，应付风险、持续发展能力越强；若该指标为负值，则表明企业资本受到侵蚀，所有者权益受到损害。从会计报表上看，资本积累主要来源于企业净利润的留存和股东追加的投资，其中，前者更能体现资本积累的本质。

(2)3年的资本平均增长率。3年的资本平均增长率反映了企业资本连续3年的积累情况，体现了企业的发展水平和发展趋势。

$$3\text{年的资本平均增长率}=\left[\sqrt[3]{\frac{\text{年末所有者权益总额}}{3\text{年前年末所有者权益总额}}}-1\right]\times 100\%$$

该指标越高，表明企业所有者权益得到的保障程度越大，企业可以长期使用的资金越充足，抗风险和持续发展的能力越强。

(3)股利增长率。资本的扩张体现在所有者权益的增长上，而所有者权益的增长主要有两个来源：一方面，外来资金的投入导致实收资本或股本的增加；另一方面，留存收益的增加导致盈余公积和未分配利润的增加。后一种资本扩张是建立在企业盈利水平基础上的，是衡量企业发展能力的重要指标。当然，企业的盈利并非全部形成留存收益，这取决于企业的股利政策。企业发放的现金股利越多，留存收益越少，从而资本扩张速度越慢。因此，我们可以通过股利增长率来衡量企业的发展能力。

股利增长率是本年发放现金股利增长额与上年发放现金股利的比率，反映了企业现金股利的增长情况。其计算公式：

$$股利增长率=\frac{本年发放现金股利增长额}{上半年每股股利}\times 100\%$$

上式中，本年发放现金股利增长额为本年发放的现金股利与上年发放的每股现金股利的差额，上年每股股利为上年发放的每股现金股利。

3. 资产增长指标

(1)资产增长率。资产增长率包括总资产增长率、固定资产增长率、流动资产增长率和无形资产增长率。其中，总资产增长率是指企业本年总资产增长额同年初资产总额的比率，它反映企业本期资产规模的增长情况。其计算公式：

$$总资产增长率=\frac{本年总资产增长额}{年初资产总额}\times 100\%$$

上式中，本年总资产增长额 = 资产总额年末数 - 资产总额年初数

总资产增长率从企业资产总量扩张方面衡量企业的发展能力，表明企业资产规模增长水平对企业发展后劲的影响。该指标越高，表明企业一定时期内资产经营规模扩张的速度越快。但在实际分析时，应注意考虑资产规模扩张的质和量的关系，以及企业的后续发展能力，避免资产盲目扩张。

(2)3 年的资产平均增长率。与销售增长率和资本积累率一样，资产增长率也存在受资产短期波动因素影响的缺陷，为弥补这一不足，同样可以计算 3 年的资产平均增长率，以反映企业较长时期内的资产增长情况，该指标的计算公式：

$$3\text{ 年总资产平均增长率}=\left[\sqrt[3]{\frac{年末资产总额}{3\text{ 年前年末资产总额}}}-1\right]\times 100\%$$

固定资产增长率、流动资产增长率和无形资产增长率以及 3 年的平均增长率的计算与总资产相应指标原理相同。

在分析资产增长率的过程中，应注意：第一，与同行业企业间进行比较，并注意企业之间的可比性，不同的竞争战略对企业资产增长率的影响是不用的。第二，注意资产规模扩张的质与量的关系，提高资产的使用效率，使资产增长率与收益增长率相互协调，并使企业具备后续发展能力，避免资产的盲目扩张。第三，注意会计计量方法对总资产计量的影响，不同企业会有不同的会计政策，使得对总资产的计量也会存在差异。

(3)固定资产成新率。固定资产成新率是企业当期平均固定资产净值与平均固定资产原值的比率，其计算公式为：

$$固定资产成新率=\frac{平均固定资产净值}{平均固定资产原值}\times 100\%$$

式中，平均固定资产净值是指企业固定资产净值的年初数与年末数的平均值，平均固定资产原值是指企业固定资产原值的年初数与年末数的平均值。固定资产成新率反映了企业所

拥有的固定资产的新旧程度，体现了企业固定资产更新的快慢和持续发展能力。该指标越高，表明企业固定资产越新，对扩大再生产的准备越充足，发展潜力越大。

在运用该指标进行分析时，应注意下列问题：第一，应剔除企业应提未提折价对固定资产真实价值的影响。第二，在企业之间进行固定资产成新率指标比较时，应注意不同折价方法对固定资产成新率的影响，一般来说，加速折旧法下的固定资产成新率会低于直线法下的固定资产成新率。第三，固定资产成新率受企业发展周期的影响较大，一个处于发展期的企业和处于衰退期的企业其固定资产的成新率会有明显不同。从总体上看，处于发展期的企业，其发展能力会高于处于成熟期或衰退期的企业。

案例分析

案例一：

成立于1991年的珠海格力电器股份有限公司是目前全球最大的集研发、生产、销售、服务于一体的专业化空调企业，2008年实现销售收入420.32亿元，净利润19.67亿元，连续八年上榜美国《财富》杂志"中国上市公司100强"。格力电器旗下的"格力"品牌空调，是中国空调业唯一的"世界名牌"产品，业务遍及全球100多个国家和地区。1995年至今，格力空调连续14年产销量、市场占有率位居中国空调行业第一；2005年至今，家用空调产销量连续5年位居世界第一；2008年，格力全球用户超过8800万。

作为一家专注于空调产品的大型电器制造商，格力电器致力于为全球消费者提供技术领先、品质卓越的空调产品。在全球拥有珠海、重庆、合肥、巴西、巴基斯坦、越南6大生产基地，5万多名员工，至今已开发出包括家用空调、商用空调在内的20大类、400个系列、7000多个品种规格的产品，能充分满足不同消费群体的各种需求；拥有技术专利数千项，自主研发的GMV数码多联一拖多机组、超低温数码多联中央空调、新型高效离心式大型中央空调、G10变频空调、超高效定速压缩机等一系列国际领先产品填补了行业空白，成为从"中国制造"走向"中国创造"的典范，在国际舞台上赢得了广泛的知名度和影响力。

表7-2　　格力电器2008年-2010年利润表　　单位：元

	2010年	2009年	2008年
一、营业收入	59157908612.05	41625588108.18	40885814389.41
减：营业成本	49285589652.24	33020017197.92	33860666197.32
营业税金及附加	198359106.71	170013823.61	157131436.53
销售费用	8012379782.93	5508669769.96	4290102541.37
管理费用	1156991267.03	1127711103.30	917362373.93
财务费用	-419638128.84	-138875315.18	6026863.47
资产减值损失	66983199.61	8673667.40	-20368195.72
加：公允价值变动收益	145436589.70	-28581683.00	
投资收益	-28386774.32	633563303.38	9417421.67
其中：对联营企业和合营企业的投资收益	-3296805.89	-2083231.92	

续表

二、营业利润	974293547.75	2534359481.55	39210921216.90
加:营业外收入	2191581659.94	326251015.26	31862540.51
减:营业外支出	29722912.97	10084485.08	14067499.05
其中:非流动资产处置损失	1746345.09	1765504.16	823607.99
三、利润总额	3136152294.72	2850526011.73	1684310594.18
减:所得税费用	455074747.16	324540547.74	155176347.22
四、净利润	2681077547.56	2525985463.99	1702105635.64

如上所示，表7-2为格力电器2008年-2010年的利润表。总体来看，我们发现营业收入、利润总额、净利润均呈现稳步增加态势，说明格力电器的盈利能力较好。但是，营业利润出现了下滑，其幅度巨大，究竟是什么原因导致了营业利润的下降？我们来具体分析一下：

一、格力电器利润表项目分析

根据2008年-2010年的利润表，我们绘制了如下的利润数据分析图和利润增长率对比表，见图【7-1】、表【7-3】。

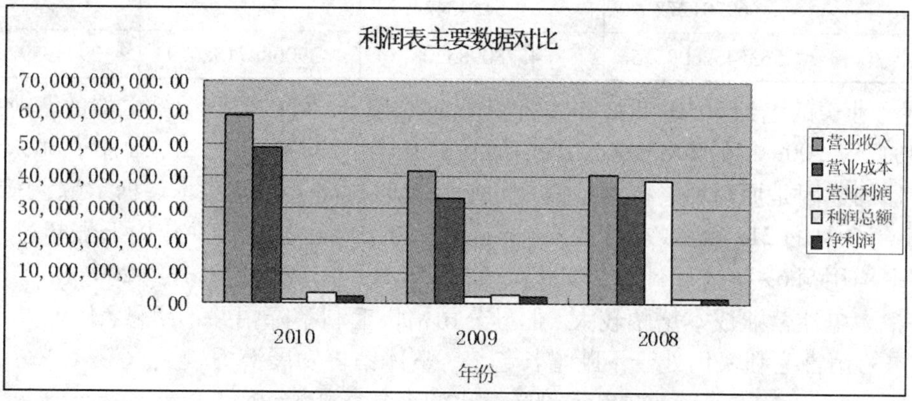

图7-1　格力电器2008-2010年利润表主要数据分析

表7-3　格力电器利润增长率对比分析表

项目	2010年比09年增长率	2009年比2008年增长率
营业收入	42.12%	1.81%
营业成本	49.26%	-2.48%
营业利润	-61.56%	-93.54%
利润总额	10.02%	69.24%
净利润	6.14%	48.40%

通过对格力电器2008年、2009年、2010年的利润表分析，以及主要利润指标的汇总，可以看到其营业收入和净利润每年都在增长，但2009年到2010年净利润的增长速度6.14%远小于营业收入的增长率42.12%。而进一步分析2008年到2010年的比较数据，2009年净利

润的增长率48.40%，远高于2010年的净利润增长率。分析其原因可能是2009年由于成本（见下文成本分析详细分析）的大幅增加导致企业提高了空调售价，另一方面可能是由于全球变暖的气候原因引发的空调等家电的销量在这一年快速增加。

具体分析利润表数据，发现营业成本2010年比2009年有大幅增长，其增长数额达到了16265572454.32，增加了49.26%，对公司主营业务（合并报表）分具体产品分析，见表7－4可以发现空调的营业成本大幅增加，增加了13886165924.33。压缩机成本也增加较多，并增加了模具成本。

表7－4　　主营业务分析表（分产品）　　单位:元

产品名称	本期发生额		上期发生额	
	营业收入	营业成本	营业收入	营业成本
空调	55109962342.18	42686266429.13	38329408052.25	28800100504.80
漆包线	284159915.00	261304700.65	170008721.24	159242754.33
压缩机	60025651.73	53412978.14	1115465.89	958856.84
电容	43445856.77	37148779.41	33459409.60	29522483.46
小家电	787230960.98	691308886.08	534879937.95	459768323.62
模具	69701278.90	51543434.73		
合计	56354526005.56	43780985208.14	39068871586.93	29449592923.05

其同行业美的电器2010年和2009年营业成本数据，可以看到美的电器的营业成本也有大幅的增加，从2009年的24831666.15增加到2010年的39724711.24，增加了60%。综合分析成本增加的起因是原材料，特别是铜价的上涨大幅拉高了空调成本。据了解，国际铜价已经从2009年2月的21.75元/公斤提高到目前的50.84元/公斤，一年内上涨超过130%，以一台空调平均用铜6－7公斤计算，仅此一项，一台空调的成本就上升约200元。

尽管格力电器营业成本增幅较大，但母公司销售毛利率降幅并不明显，从表7－5中可以看到，公司的销售毛利率仍处于不断增长趋势，整体销售发展潜力较大。

表7－5　　格力电器2008－2010年销售毛利率分析

年度	2008	2009	2010
销售毛利率	17.18%	20.67%	16.69%

进一步和同行业美的电器比较，其销售毛利率的优势也较为突出，格力电器的16.69%远高于美的电器的5.88%。从净利润率、毛利率来看，见表7－6，我们可以发现从2010年格力电器的这三个指标均优于美的电器，这样的财务指标切实反映了这两家企业不同的发展战略:格力电器强调技术差异性而美的电器强调规模优势。这种差别在未来会越来越明显，这可以从大金与松下的现状中可以一窥:大金空调专注于空调走内延式的发展道路;松下电器强调多元化走外延式的发展道路。从财务指标来看，大金空调的财务指标优于松下电器，同样经历2008年经济危机，大金空调很快走出了亏损而松下电器到2010年仍然在亏损中挣扎。从总体上来看，格力电器的盈利性优于美的电器。

表 7－6　格力电器和美的电器 2010 年销售毛利率对比

指标名称	格力电器	美的电器
销售毛利率	16.69%	5.88%
销售净利润率	4.53%	5.42%

分析格力电器各项费用指标，对比 2008 年－2010 年的各项数据，本期销售费用较上期增长 45.06%，见【表 7－7】。年报附注中表明的原因是公司销售规模扩大，相应的市场投入增加所致。

表 7－7　格力电器 2010 年销售费用　单位:元

项目	2010 年发生额	2009 年发生额	增长率
销售费用	8410135601.48	5797858392.12	45.06%

从格力公司 2010 年投资收益来看，其大范围的损失是造成营业利润减少的主要原因之一，2010 年长期股权投资权益法下大幅损失，成本法下的收益为零，见[表 7－8]。主要原因是(越南)格力电器股份有限公司今年的大幅亏损，另增加了瞭望全媒体有限公司和北京格力科技有限公司的长期股权投资，合计－4790360.96 元。

表 7－8　部分投资收益 2010 年和 2009 年对比　单位:元

项目	本期发生额	上期发生额
成本法核算的长期股权投资收益	－8088874.88	664670028.67
权益法核算的长期股权投资收益		－2083231.92
处置长期股权投资产生投资收益		9753671.63

本期营业外收入和营业外支出也比 2009 年有较大幅度的增长，其中营业外收入中政府补助的增加额尤为突出。增长率高达 788.83%，如[表 7－9]所示。从经营角度来考虑，一旦国家补贴政策发生变化，公司的经营状况肯定会受到影响。而营业外支出中对外捐赠增长了 1012.20%，如表[7－10]所示。其中包括向西南干旱地区捐款 680 万元，向玉树受灾地区捐款 1000 万元。

表 7－9　2010 年部分营业外收入政府补助明细表　单位:元

项目	本期发生额	上期发生额	增长率
节能推广补贴	2147315500	241589350	788.83%

表 7－10　2010 年营业外支出对外捐赠表　单位:万元

项目	本期发生额	上期发生额	增长率
对外捐赠	33548500.00	3016411.48	1012.20%

综合分析，格力电器 2010 年总体销售水平表现良好，原材料上涨对其营业利润的增长影响不大，仍处于同行业领先地位，其和同行业美的电器水平比较各项指标也处于较高水平。在下一年中，公司应加强成本费用管理，在销售方面需保持高度增长的势头，提高利润率水平。在长期股权投资方面应该加强战略管理水平，增强投资决策。

二、格力电器盈利能力分析

如本章所讲的内容，表现企业盈利能力的财务比率主要有资产报酬率，所有者权益报酬率与销售毛利率等。

资产报酬率 = 净利润/资产总额

所有者权益报酬率 = 净利润/所有者权益

销售毛利率 = (营业收入 - 营业成本)/营业收入

根据利润表的具体数据，我们测算并汇总出盈利能力分析表，见【表7-11】。

表7-11 盈利能力分析

年度	2008	2009	2010
资产报酬率	5.61%	6.02%	5.09%
所有者权益报酬率	25.29%	30.95%	27.03%
销售毛利率	17.18%	20.67%	16.69%

由上表可以看出，格力公司的盈利能力2008年-2010年经历了先上升后下降的过程。与2009年比，2010年三项财务比率都出现下降趋势，资产报酬率下降了0.93%，所有者权益报酬率下降3.92%，销售毛利率下降了3.98%。但从整体上来看，格力公司的盈利能力较好。

表7-12 格力公司与美的公司盈利能力比较

指标名称	格力电器	美的电器
资产报酬率	5.09%	5.71%
所有者权益报酬率	27.03%	13.54%
销售毛利率	16.69%	5.88%

在行业分析中格力电器的各项指标也远优于美的电器，如[表7-12]所示。除了资产报酬率以5.09%略低于美的公司的5.71%之外，所有者权益报酬比美的高13.49%，销售毛利率比美的高10.81%。

综合分析来看，格力电器2010年总体销售水平表现良好，原材料上涨对其营业利润的增长影响不大，仍处于同行业领先地位，其和同行业美的电器水平比较各项指标也处于较高水平。在下一年中，公司应加强成本费用管理，在销售方面需保持高度增长的势头，提高利润率水平。

案例二：

一、五粮液集团背景介绍

五粮液集团有限公司坐落于“中国白酒之都”、著名的丝绸之路起点、长江起点——宜宾。由20世纪50年代初几家古传酿酒作坊联合组建而成的“中国专卖公司四川省宜宾酒厂”，1959年正式命名为“宜宾五粮液酒厂”，1998年改制为“五粮液集团有限公司”。

经营范围：五粮液集团是一个产业多元化发展的企业，是以生产经营五种粮食为原料生产的、经过陈年老窖发酵、长年陈酿、精心勾兑而成的浓香型白酒——五粮液，以及五粮液系列酒和相关辅助产品为主营业务，同时也兼营饮料、药品、水果种植、进出口业务、物业管理等。

生产环境：五粮液集团有限公司位居南亚热带气候带到暖湿带的立体气候的宜宾。常年温差小湿度大，土壤丰富肥沃，有利于五种原料的生长。同时几千年的不断酿酒，在宜宾上空形成了独有的生态环境，这非常有利于酿酒微生物的生存。五粮液运用上百年的古窖酿造，所以它以“入口甘美、入喉净爽、香气悠久、味醇厚、各味谐调、恰到好处、酒味全面”的独特风格久立于市，最终成为名享中外的酒类珍品。

海外市场：五粮液集团将加大在海外的投入，首先使五粮液进入使用筷子的国家，然后再逐步打入国际主流社会。公司董事、副总经理何成基表示：“下一步，公司将更加细化企业管理，加强与世界500强企业的联系与合作，共谋发展。”为其“仙林青梅果酒”、“亚洲干红”等优质产品开拓了广阔的海外市场。

本章我们学习了利润表项目的具体分析、利润质量分析，以及盈利能力和可持续发展能力分析。下面我们以五粮液集团2009－2010年度的利润表为基础进行具体分析：

二、五粮液集团2009年－2011年利润表分析

五粮液2009－2011年的审计报告均为标准无保留意见的报告，可见其财务报表可信度较高。由于中国大陆白酒类上市公司有十二家，其中五粮液与泸州老窖均为四川省的以生产浓香型白酒为主的白酒类上市公司，所以本案例以泸州老窖的财务数据作为横向比较对象，进行比较分析。

（一）利润表总体分析

利润表主要提供有关企业经营成果方面的信息。利润表是一张动态的财务报表，它把一定时期的营业收入与其同一会计期间相关的营业费用进行配比，以计算出公司一定时期的净利润。为了便于分析，根据五粮液集团2009年－2011年度的利润表，我们汇总出利润表简表，见【表7－13】。

表7－13　　**五粮液2009－2011年利润表简表**　　**单位：万元**

利润表项目	2009年	2010年	2011年
营业总收入	1112920.00	1554130.00	2035060.00
营业总成本	656119.00	944302.00	1185360.00
营业成本	386066.00	486319.00	689541.00
销售费用	116415.00	180323.00	206999.00
管理费用	83897.30	156185.00	175069.00
财务费用	－10973.20	－19247.10	－47658.70
其他经营收益			
投资收益	311.73	337.72	240.00
营业利润	458667.00	609475.00	849694.00
利润总额	460559.00	607024.00	849995.00
减：所得税	113892.00	150819.00	210558.00
净利润	346667.00	456206.00	639438.00

从利润表中看出，五粮液集团的营业总收入全部来自营业收入，在2010年营业收入为1554130万元，以2009年作为基期，2010年增长37.64%。2011年营业收入为2035060万元，同比增长31%，环比增长30%。随着公司的快速发展，营业收入增长迅速，前景也比较

可观，按照这样的趋势，预计在2012年营业收入将继续增加。

从五粮液集团的利润表中发现，营业总收入处于逐渐上升的趋势。其中，毛利也逐年上升。在这三年中，五粮液的投资收益都为正，但是数额很小，仅占营业利润很小的一部分。净利润逐年增加，其中2011年增幅较大，达到183232万元，其中主要来自营业利润。以上数据说明了五粮液在2009－2011年间经营成果还是相当可观的，其主要的利润来自营业利润，利润质量较好，具有可持续性。

（二）盈利能力分析

盈利能力是指企业获取利润的能力。它以利润表所列示的各项财务数据为基本依据，通过一系列财务指标的计算与分析，对企业在一定时期内获取利润的能力作出评价。

企业盈利能力的分析可从一般分析和社会贡献能力分析两方面研究。本案例仅从一般分析方面对企业盈利能力进行分析。

分析盈利能力的一个重要财务指标是销售毛利率，销售毛利率是指毛利润与销售收入之间的比率。该指标值是正指标值，指标数值越高越好。

表7－14　　2009年至2011年五粮液集团销售毛利率

报告期	2009年	2010年	2011年
销售毛利率%	65.3106	68.708	66.1169

从【表7－14】中我们可以看出2009年至2011年中，销售毛利率最高的是2010年，为68.7%。为什么在2011营业收入增加的情况下，销售毛利率年反而下降了呢？从公式上来看，应该是主营业务成本有明显的增加。再结合五粮液的实际情况来看不难发现，2010年五粮液通过高价配股、公开招股、股权托管、股权质押等行为迅速筹集大量资金所致。同时，五粮液的在近几年进行了大量的投资，其主营业务为白酒销售及相关行业，所以投资使集团增加了主营业务成本，从而使得2011年销售毛利率有所下降。

表7－15　　泸州老窖销售毛利率

报告期	2009年	2010年	2011年
销售毛利率%	66.649	69.4056	66.2311

相比较来看，泸州老窖的销售毛利率呈现不稳定的情况，如【表7－15】所示。这是因为公司2010年主营业务成本的增加小于其投资所带来的营业利润增加，使得2010年的销售毛利率呈现增长趋势，总体情况还是乐观的。

五粮液和泸州老窖的销售毛利率相比较而言，盈利能力相当。同时，五粮液集团的盈利能力具有更加可观的发展前景，呈现出递增的趋势，而泸州老窖有小部分波动并呈现出下降的趋势。

（三）企业发展能力分析

主营业务收入增长率可以用来衡量公司的产品生命周期，判断公司发展所处的阶段。一般来说，如果主营业务收入增长率超过10%，说明公司产品处于成长期，将继续保持较好的增长势头，尚未面临产品更新的风险，属于成长型公司。如果主营业务收入增长率在5%至10%之间，说明公司产品已进入稳定期。如果该比率低于5%，说明公司产品已进入衰退期，主营业务利润开始滑坡，将步入衰落。

表 7－16　　2009 年至 2011 年五粮液集团主营业务收入增长率

报告期	2009 年	2010 年	2011 年
主营业务增长率	40.289%	39.6441%	30.9452%

从【表 7－16】中的数据中看出，五粮液目前还处在成长期，2009 年到 2011 年三年的主营业务都超过了 10%，而且几乎都在 30% 以上，虽然 2011 年有所下滑，但总体上来看，还是比较稳定，说明该公司成长较快。

表 7－17　　泸州老窖主营业务增长率

报告期	2009 年	2010 年	2011 年
主营业务增长率	15.0602%	22.8914%	56.9188%

泸州老窖的主营业务增长率也比较高，处于成长期，2011 年高达 56% 以上，如[表 7－17]所示。说明泸州老窖公司也处在快速发展阶段。

五粮液与泸州老窖相比较而言，两者都属于白酒行业的龙头公司，都处在快速发展的成长期，并将持续的保持良好的发展势头，而五粮液主营业务发展速度比泸州老窖更快。

三、五粮液集团利润表分析总结

企业的可持续发展能力和盈利能力都呈现出越来越强的趋势，且比同行更充分地利用财务杠杆为企业创造价值。总的来说，五粮液的财务状况和经营状况良好。经过分析使我们对企业的经营有更深入的理解，面对竞争日益激烈和复杂多变的环境，更加险峻的形势，五粮液集团要不断提升管理，扬长避短并充分发挥自身优势，以取得更好的竞争地位，把该集团做大做强。

复习思考题

1. 利润的定义是什么？利润表的具体项目有哪些？
2. 你认为对利润表进行分析有何意义？
3. 对利润表中的期间费用项目进行分析时应注意哪些问题？
4. 营业外收支项目主要有哪些内容？其对利润质量有何影响？
5. 如何理解企业利润的质量？
6. 与利润表相关的财务比率有哪些？企业的盈利能力指标和可持续发展能力指标有哪些？
7. 企业利润的高低是否反映企业获利能力的强弱？

第八章　现金流量表分析

【学习目标】

1. 了解现金流量表的编制原则及作用
2. 掌握现金流量表中关于现金流量的分类
3. 掌握现金流量分析的相关理论
4. 重点掌握现金流量的分析方法
5. 掌握影响企业现金流量变化的主要原因

第一节　现金流量表概述

一、现金流量表及相关概念的含义

现金流量表，是指反映企业在一定会计期间现金和现金等价物流人和流出的报表。现金流量表的主要目的是反映企业会计期间内经营活动、投资活动和筹资活动等对现金及现金等价物所产生的影响。从编制原则上看，现金流量表按照收付实现制原则编制，将权责发生制下的盈利信息调整为收付实现制下的现金流量信息，便于信息使用者了解企业利润的“含金量”，为评价企业的支付能力、偿债能力和周转能力，预测企业未来现金流量提供重要的依据。

（一）现金

现金是指企业的库存现金以及可以随时用于支付的银行存款。

会计上所说的现金通常指企业的库存现金。而现金流量表中的现金不仅包括“现金”账户核算的库存现金，还包括企业“银行存款”账户核算的存入金融企业、随时可以用于支付的存款，也包括“其他货币资金”账户核算的外埠存款、银行汇票存款、银行本票存款和在途货币资金等其他货币资金。

应注意的是，银行存款和其他货币资金中有些不能随时用于支付的存款，如不能随时支取的定期存款等，不应作为现金，而应列作投资；提前通知金融企业便可支取的定期存款，则应包括在现金范围内。

（二）现金等价物

现金等价物是指企业持有的期限短、流动性强、易于转换为已知金额的现金、价值变动风险很小的投资。期限短，一般是指从购买日起3个月内到期。现金等价物通常包括3个月内到期的债券投资等。权益性投资变现的金额通常不确定，因而不属于现金等价物。

（三）现金流量

现金流量是某一段时期内企业现金和现金等价物流入和流出的数量，如企业销售商品、提供劳务、出售固定资产、向银行借款等取得现金，形成企业的现金流入；购买原材料、接受劳务、购建固定资产、对外投资、偿还债务等而支付现金等，形成企业的现金流出。现金流量信息能够表明企业经营状况是否良好，资金是否紧张以及企业偿付能力大小等，从而为投资者、债权人、企业管理者提供非常有用的信息。

应该注意的是，企业货币资金不同形态之间的转换不会产生现金的流入和流出，如企业从银行提取现金，是企业现金存放形式的转换，现金并未流出企业，不构成现金流量；同样，现金与现金等价物之间的转换也不属于现金流量。

二、现金流量表的作用

现金流量表以现金的收支为基础，是对资产负债表和利润表的重要补充。现金流量表所提供的信息可以表明企业的经营状况是否良好，资金是否紧缺，企业偿付能力的大小，为投资者、债权人、企业管理者的决策提供更为有用的信息。编制现金流量表的主要作用有：

（一）可以了解企业未来创造现金流量的能力

编制现金流量表的目的之一，就是为报表使用者预测企业未来现金流量的数量、时间和不确定性提供信息。企业的投资者、债权人进行投资、贷款等活动的目的就是谋取增加未来的现金流入，即股利或利息等，而这些都有赖于企业获取未来现金净流量的能力。通过现金流量表，可以了解目前企业现金流入、流出以及现金流量净额变动的情况和原因，对企业创造现金的能力做出评价，并对企业未来获取现金的能力做出预测。

（二）可以了解企业偿还债务、支付股利的能力以及对外筹资的能力

企业是否具有偿还债务、支付股利的能力，在现金流量表中体现得最为清楚。只有在产生正的现金流量的情况下，才有能力还本付息、支付现金股利及保全原始投资。现金流量表可以揭示净现金流量的信息，客观地衡量这些指标。从经营活动取得的净现金流量，是企业自我创造现金的能力。从现金流量表中，可以了解经营活动现金流入是否大于流出，是否有足够的净流入偿还债务和支付现金股利，是否需要对外筹资，企业经营活动的净现金流入占总现金净额比重的高低，企业财务基础是否稳固，从而进一步分析、评价和预测企业偿还债务、支付股利的能力以及对外筹资的能力。

（三）可以了解企业净利润与经营活动现金流量之间差异产生的原因

从企业整个经营期间来看，所获得的净利润与净现金流入是相等的。但是由于会计分期前提将企业持续不断的生产经营活动划分为首尾相接等间距的一个会计期间，以便按期反映企业的经营成果和财务状况，编制财务报表，向有关各方提供信息。而财务报表中对损益的确认遵循的是权责发生制而非收付实现制原则，这样不可避免地导致企业某一期间的净利润与现金净流量之间出现差异。通过现金流量表，可以了解企业为什么持续获利却要停止经营

或发生财务困难，或者为什么出现经营亏损但还能继续经营；可以分析净利润与经营活动现金流量之间产生差异的原因、程度，揭示差异出现的规律性，进一步评价企业利润的质量。

（四）可以了解企业当期有关现金、非现金投资和筹资等事项对其财务状况的影响

现金流量表除了披露有关与现金收支的经营活动、投资活动和筹资活动等内容以外，还要披露对那些不影响当期现金流量，但会对企业的资本结构及未来现金流量可能产生影响的重要的投资和筹资活动。通过现金流量表中的补充资料，可以了解这些当期不发生现金的流入或流出，但以后必然会为此类业务收入或支付现金的情况对企业财务状况的影响，了解企业采取何种融资战略，以便评估企业未来的现金流量，制定合理的投资或信贷政策。

（五）可以了解企业运用资产产生有效收益的能力

由于净利润与现金净流量的背离或不一致的情况会经常出现，按照收付实现制计算的经营活动现金净流量，比利润显得更加真实可靠。现金流量表提供了企业当期实际获取的经济利益的流入，利用现金流量表的数据，结合利润表、资产负债表，可以了解企业运用资产所得到的真实、有效的收益，避免了只根据利润表计算资产收益而出现的虚假信息，有利于企业正确认识和恰当处理盈利和现金流量的关系。

（六）可以了解企业的成长能力

企业的成长能力是指企业未来的发展趋势和发展速度，包括企业规模扩大，利润增加，资产的增值等。通过若干期现金流量表中投资活动现金流出的数据，了解企业对内投资或对外投资是否面临新的投资机会或发展机遇。通过现金流量表中的投资活动和筹资活动所产生的现金流量，了解企业在保持内部经营稳定运行的前提下，是从外部筹措大量的资金，扩大其经营规模，还是收回投资、支付到期债务。后者意味着企业在收缩经营规模。

三、现金流量表的编制方法

在编制现金流量表时，经营活动现金流量的列报方法有两种：一是直接法，二是间接法。这两种方法通常称为现金流量表的编制方法。

直接法是通过现金收入和支出的主要类别反映来自企业经营活动的现金流量。一般是以利润表中的营业收入为起算点，调整与经营活动有关的项目的增减变动，然后计算经营活动的现金流量。

间接法是以本期利润为起算点，调整不涉及现金的收入、费用、营业外收支以及有关项目的增减变动，据此计算出经营活动的现金流量。

我国的《企业会计准则第 31 号——现金流量表》规定，经营活动产生的现金流量应采用直接法编制，同时要求在现金流量表附注中披露将净利润调节为经营活动现金流量的信息采用间接法来计算。

四、现金流量的分类

《企业会计准则第 31 号——现金流量表》将现金流量分为三类，即经营活动产生的现金流量、投资活动产生的现金流量、筹资活动产生的现金流量。现金流量按照经营活动、投资活动和筹资活动进行分类报告，其目的是便于报表使用者了解各类活动对企业财务状况的影响，以及评估企业未来的现金流量。

(一)经营活动产生的现金流量

经营活动是指企业投资活动和筹资活动以外的所有交易和事项。经营活动是企业最主要的业务活动，具有范围广、内容多的特点。就工商企业来说，经营活动主要包括:购买或销售商品、提供或接受劳务、经营性租赁、制造产品、广告宣传、缴纳税款等业务。

经营活动的现金流入主要包括:销售商品、提供劳务收到的现金;收到的税费返还;收到其他与经营活动有关的现金。

经营活动的现金流出主要包括:购买商品、接受劳务支付的现金;支付给职工以及为职工支付的现金;支付的各项税费;支付其他与经营活动有关的现金。

(二)投资活动产生的现金流量

投资活动是指企业长期资产的构建和不包括在现金等价物范围内的投资及处置活动。

投资活动的现金流入主要包括:收回投资所收到的现金;取得投资收益收到的现金;处置固定资产、无形资产和其他长期资产而收到的现金净额;处置子公司及其他营业单位收到的现金净额;收到其他与投资活动有关的现金。

投资活动的现金流出主要包括:构建固定资产、无形资产和其他长期资产所支付的现金;投资所支付的现金;取得子公司及其他营业单位支付的现金净额;支付其他与投资活动有关的现金。

(三)筹资活动产生的现金流量

筹资活动是指导致企业资本及债务规模和构成发生变化的活动。

筹资活动的现金流入主要包括:吸收投资所收到的现金;取得借款所收到的现金;收到其他与筹资活动有关的现金。

筹资活动的现金流出主要包括:偿还债务所支付的现金;分配股利、利润或偿付利息所支付的现金;支付其他与筹资活动有关的现金。

企业应合理划分经营活动、投资活动和筹资活动，对于一些特殊项目如自然灾害、保险索赔等应当根据情况和性质进行划分，分别归类到各项活动的类别中，并一贯性地遵循这一划分标准。

第二节 现金流量分析的相关理论

一、生命周期理论与现金流量分析

如同自然人一样，一个行业、一个企业和一种产品都要经历着“出生——成长——成熟——衰亡”的生命周期。生命周期理论是分析现金流量的重要工具。生命周期理论是基于这样的假设，即一个企业从创立到衰亡通常要经历四个发展阶段:创业阶段、成长阶段、成熟阶段和衰退阶段。

在这些不同的生命周期阶段，企业经营活动、投资活动和筹资活动产生的现金流量均呈现不同的特征。

(一)创业企业及其现金流量趋势分析

在创业阶段，企业患有现金饥渴症，它们需要资金支付员工工资、购买设备和原材料，加快生产产品和开拓市场。由于市场尚未打开，产品质量和品牌知名度不高，资金周转困难，企业面临的经营风险和财务风险都很高。对于这种类型企业的财务报表，很难用传统的报表分析方法进行分析。在公开资本市场发行证券、并将经营状况报告给投资者前，这样的企业通常由私人拥有，或者接受风险投资。风险资本家是一种专业的投资者，他们有特殊的专长对创业阶段的企业进行评估，他们看中的是未来收入和现金流量的前景。

在创业阶段，企业的财务特征主要表现为：

1. 没有销售收入或者只有少量的销售收入；

2. 经营亏损或勉强盈利；

3. 经营活动产生的现金流量入不敷出；

4. 投资活动产生的现金流出金额巨大；

5. 筹资活动产生的现金流量是维系企业正常运转的首要资金来源。

（二）成长企业及其现金流量趋势分析

企业的成长阶段可以分为两个时期，前一时期是新兴成长期，这是生存下来的创业企业发展进程的转折点。在这一时期，企业产品或服务得到市场的认可，产品市场高速成长，但由于需要大量的资本支出，且产品的规模经济还不是很明显，达到盈亏平衡点还需要艰辛的努力。造成亏损的原因很大一部分来自非现金支出的费用，主要是固定资产的折旧和其他长期资产的摊销等。销售收入的增加和回笼以及应付账款的增加，使经营活动产生的现金流量大为改观。这一阶段的资本支出很大，持续的固定资产构建活动需要大量的外部融资，如长期负债和股票融资。

第二时期是高速成长期，此时，企业的产品得到市场的广泛接受，市场占有率迅速扩大，企业的投资回报丰厚，经营风险微不足道。这一阶段，企业的财务特征主要表现为：

1. 销售收入快速增长；

2. 经营利润大幅提升；

3. 经营活动产生的现金流量增长迅速，但并不宽裕，因为面对众多的投资机会和诱人的投资回报，企业会毫不犹豫将经营活动产生的现金流量用于将扩大经营规模；

4. 投资活动产生的现金流出呈减缓趋势；

5. 对筹资活动产生的现金流量的依赖性大为降低，给股东的回报（如现金股利）有所增加。

（三）成熟企业及其现金流量趋势分析

进入成熟期后，市场容量日趋饱和，其面临的市场竞争日益白热化。此时，企业的市场占有率不断被蚕食，经营风险加大，投资回报下降。这一阶段，企业的财务特征主要表现为：

1. 销售收入增长缓慢或急剧减少；

2. 经营利润停滞不前；

3. 经营活动产生的现金流量十分充裕，因为面对日益险恶的市场环境，企业只好让经营活动产生的现金流量大量沉淀，或用于偿还负债；

4. 投资活动产生的现金流量大幅增加，因为此时的固定资产折旧和其他资产的摊销往往大于资本性支出；

5. 筹资活动产生的现金流量快速下降，因为企业此时除了加快偿还银行借款外，通常还会通过回购库存股份或提高派现比例，将剩余的资金回馈给股东。

（四）衰退企业及其现金流量趋势分析

处于衰退时期的企业，竞争空前惨烈，产品面临被淘汰或被新产品替代的局面，经营风险和投资风险居高不下。在这一阶段，企业的财务特征主要表现为：

1. 销售收入极度萎缩；

2. 经营巨额亏损；

3. 经营活动产生的现金流量急剧下降，甚至可能出现入不敷出的局面；

4. 投资活动产生的现金流量因企业的战略撤退而持续下降；

5. 筹资活动产生的现金流量因企业经营规模的裁剪等原因而日益枯萎。

二、波士顿矩阵与现金流量分析

波士顿矩阵为现金流量分析提供了一个全新的视角。波士顿矩阵是由从事企业战略和市场营销咨询业务的波士顿咨询集团于 1968 年提出的，这一理论提供了一个将市场成长性、市场占有率与现金流量相互联系在一起的分析框架。根据波士顿矩阵，企业的产品可分为四类：现金明星、现金牛奶、现金瘦狗、问题小孩。

（一）现金明星

这是企业产品处于成长时期的最佳状态。在这一象限里，企业的产品市场具有很高的成长性，且企业产品的市场占有率很高。拥有这类产品的企业，其销售收入具有很高的成长潜力，但现金流量并不十分充裕。现金明星的“强项”在于创造利润，而非现金。

（二）现金牛奶

这是企业产品处于成熟时期的次优状态。在这一象限里，企业产品的市场占有率虽然很高，但产品市场处于产品生命周期的成熟阶段，成长性较低，产品所需的支持成本也比较低。拥有这类产品的企业，其销售收入的成长性有限，但现金流量十分充裕。现金牛奶“吃进去的是青草，挤出来的是现金”。

（三）现金瘦狗

这是企业产品处于衰退时期的最佳差状态。在这一象限里，企业的产品市场不断萎缩，企业产品的市场占有率很低，产品的开发和销售需要大量的资金支持。拥有这类产品的企业，其销售收入每况愈下，现金流量入不敷出、捉襟见肘。现金瘦狗非但“挤不出”现金，反而“吃掉”现金。

（四）问题小孩

这是企业产品处于成长时间的次优状态。在这一象限里，尽管企业的产品市场处于高速成长阶段，但企业产品因缺乏竞争力或促销不力，市场占有率偏低，且产品的开发和销售需要大量的资金支持。拥有这类产品的企业，其销售收入成长潜力充满不确定性，现金流量缺乏稳定性，又是甚至入不敷出。问题小孩麻烦不断，投入多，产出少。“调教”得不好，问题小孩可能转化为现金瘦狗。

第三节 现金流量表项目分析

一、经营活动产生的现金流量分析

（一）经营活动流入的现金主要包括：

1. 销售商品、提供劳务收到的现金

销售商品、提供劳务收到的现金反映企业因销售商品、提供劳务实际收到的现金（含销售收入和应向购买者收取的增值税销项税额），包括本期销售商品、提供劳务收到的现金，以及前期销售和前期提供劳务本期收到的现金和本期预收的账款，减去本期退回本期销售的商品和前期销售本期退回的商品支付的现金。企业销售材料和代购代销业务收到的现金，也包括在本项目中。这些项目将增加企业本期的现金。该项目的现金流量构成经营活动现金流入的主要部分。

销售商品、提供劳务收到的现金项目发生增减变动的原因可能有：企业的销售策略发生变化、市场供求关系发生变化、企业信用政策发生变化、企业收账政策的变化，导致现金流量增加或减少。分析时应结合企业利润表和有关财务报表附注加以分析。

为了进一步说明企业经营活动现金流入量的情况，可以将销售商品、提供劳务收到的现金与企业利润表中的营业收入项目和资产负债表中的应收账款项目的数据结合起来，对企业当期销售商品、提供劳务收到的现金进行分析，来判断企业销售货物的收现质量。如果企业本期销售商品、提供劳务收到的现金与本期的营业收入基本一致，说明企业的销售没有形成挂账，资金周转情况良好；如果企业本期销售商品、提供劳务收到的现金大于本期的营业收入，说明企业当期销售全部变现，而且还收回部分前期的应收账款；如果企业本期销销售商品、提供劳务收到的现金小于本期的营业收入，则说明当期业务收入变现能力低，应收账款挂账增多，应关注应收账款的质量。

2. 收到的税费返还

收到的税费返还反映企业收到返还的各种税费，如收到的增值税、消费税、营业税、所得税、关税、教育费附加返还等。这一项目只包括企业上交后由税务等政府部门返还的款项，不包括其他方面的补贴和返还款。企业收到的与非税费有关的现金，应在“收到的其他与经营活动有关的现金”项目中反映。

该项目发生增减变动的原因与国家税收政策有关，分析时应结合税收政策的变化。这部分现金流量的变化不具有连续性，不能代表企业具有获取现金的正常能力。

3. 收到的其他与经营活动有关的现金

收到的其他与经营活动有关的现金反映企业除了上述各项目外，收到的其他与经营活动有关的现金流入，如经营租赁收到的租金、罚款收入，流动资产损失中由个人赔偿的现金收入等。

（二）经营活动流出的现金主要包括：

1. 购买商品、接受劳务支付的现金

购买商品、接受劳务支付的现金反映企业购买材料、商品、接受劳务实际支付的现金，包括本期购入材料、商品、接受劳务支付的现金（包括增值税进项税额），以及本期支付前期购入材料、商品、接受劳务的未付款项和本期预付款项。本期因购货退回而收到的现金则从本项目中减去。该项目的现金流出量是经营活动现金流出的主要部分。

购买商品、接受劳务支付的现金项目发生增减变动的原因可能有：企业销售市场的变化导致存货的增减变动；企业资金供应的变化导致应付账款的增减变动；企业应付账款管理水平的变动对应付账款的影响等。分析时应结合企业利润表、资产负债表以及有关的财务报表附注加以分析。

对于购买商品、接受劳务支付的现金分析还可以与利润表中的营业成本进行比较，来判断企业付现成本支付的情况。如果企业本期购买商品、接受劳务支付的现金与本期营业成本基本一致，说明购买商品、接受劳务基本上属于付现成本。一方面表明企业为购买商品、接受劳务支付了相应的现金，另一方面也表明企业没有因购买商品、接受劳务形成新的债务。如果企业本期购买商品、接受劳务支付的现金大于营业成本，表明企业不但支付了本期购买商品、接受劳务的现金，而且还偿还了前期的欠款，这将会减少未来现金流出。如果企业本期购买商品、接受劳务支付的现金小于营业成本，表明企业当期赊购较多，虽然当期减少现金的流出，但增加了负债，这将会加大未来的偿债压力。但是，在具体分析时，还应该结合资产负债表中的存货、应付款项以及预付账款等项目的增减变动加以分析。

2. 支付给职工以及为职工支付的现金

支付给职工以及为职工支付的现金反映企业实际支付给职工以及为职工支付的现金，包括本期实际支付给职上的工资、奖金、各种津贴和补贴等职工薪酬（包括代扣代缴的职工个人所得税），不包括支付的离退休人员的各项费用和支付给在建工程人员的工资等。企业支付给离退休人员的各项费用，包括支付的统筹退休金以及未参加统筹的退休人员的费用，在“支付的其他与经营活动有关的现金”项目中反映；企业支付给在建工程人员的工资，在“购建固定资产、无形资产和其他长期资产所支付的现金”项目反映。

企业为职工支付的养老、失业等社会保险基金、补充养老保险、住房公积金、支付给职工的住房困难补助，以及企业支付给职工或为职工支付的其他福利费用等，应该按照职工的工作性质和服务对象，分别在“支付给职工以及为职工支付的现金”和“购建固定资产、无形资产和其他长期资产所支付的现金”项目中反映。

对于支付给职工以及为职工支付的现金项目应结合企业的工资发展水平、企业的经济效益加以分析。

3. 支付的各项税费

支付的各项税费反映企业按规定支付的各种税费，包括本期发生并支付的税费，以及本期支付以前各期发生的税费和预交的税金，如支付的所得税、增值税、营业税、消费税、印花税、房产税、土地增值税、车船使用税、教育费附加等；不包括计入固定资产价值、实际支付的耕地占用税等，也不包括本期退回的增值税、所得税。本期退回的增值税、所得税在“收到的税费返还”项目反映。

4. 支付其他与经营活动有关的现金

支付其他与经营活动有关的现金反映企业除了上述各项目外，支付的其他与经营活动有关的现金流出，如企业经营租赁支付的租金、罚款支出、差旅费、业务招待费、保险费等。

（三）经营活动产生的现金流量的质量分析

1.经营活动产生的现金流量小于零。经营活动产生的现金流量小于零，意味着企业通过正常的商品购、产、销所带来的现金流入量，不足以支付因上述经营活动而引起的货币流出。企业正常经营活动所取得的现金支付，则通过以下几种方式解决：消耗企业现存的货币积累；挤占本来可以用于投资活动的现金，推迟投资活动的进行；在不能挤占本来可以用于投资活动的现金的条件下，进行额外贷款融资，以支持经营活动的现金需要；在没有贷款融资渠道的条件下，只能采用拖延债务支付或加大经营活动引起的负债规模来解决。

从企业的成长过程来分析，在企业从事经营活动的初期，由于在生产阶段的各个环节都处于磨合状态，设备、人力资源的利用率相对较低，材料的消耗量相对较高，导致企业的成本消耗较高。同时，为了开拓市场，企业有可能投入较大资金，采用各种手段将自己的产品推向市场（包括采用渗透法定价、加大广告支出、放宽收账期等），从而有可能使企业在这一时期的经营活动现金流量表现为入不敷出的状态。

如果是由于上述原因导致的经营活动现金流量小于零，我们应该认为这是企业在发展过程中不可避免的正常状态。但是，如果企业在正常生产经营期间仍然出现这种状态，应当认为企业经营活动现金流量的质量不高。

2.经营活动产生的现金流量等于零。经营活动产生的现金流量等于零，意味着企业通过正常的商品购、产、销所带来的现金流入量，恰恰能够支付因上述经营活动而引起的货币流出。

在企业经营活动产生的现金流量等于零时，企业的经营活动现金流量处于收支平衡的状态。企业正常经营活动不需要额外补充流动资金，企业的经营活动也不能为企业的投资活动以及融资活动贡献现金。

但必须注意的是，在企业的成本消耗中，有相当一部分属于按照权责发生制原则的要求而确认的摊销成本（如无形资产摊销、待摊费用的摊销、固定资产折旧等）和应计成本（如对预提费用的处理等）。显然，在经营活动产生的现金流量等于零时，企业经营活动产生的现金流量是不可能为这部分非现金消耗性成本的资源消耗提供货币补偿的。因此，从长期来看，经营活动产生的现金流量等于零的状态，根本不可能维持企业经营活动的货币“简单再生产”。

因此，如果企业在正常生产经营期间持续出现这种状态，企业经营活动现金流量的质量仍然不高。

3.经营活动产生的现金流量大于零但不足以补偿当期的非现金消耗性成本。经营活动产生的现金流量大于零但不足以补偿当期的非现金消耗性成本，意味着企业通过正常的商品购、产、销所带来的现金流入量，不但能够支付因经营活动而引起的货币流出，而且有余力补偿一部分当期的非现金消耗性成本。

此时，企业虽然在现金流量的压力方面比前两种状态要好，但是，如果这种状态持续，则从长期来看，企业经营活动产生的现金流量也不可能维持企业经营活动的货币“简单再生产”。

因此，如果企业在正常生产经营期间持续出现这种状态，对于企业经营活动现金流量的质量仍然不能给予较高评价。

4. 经营活动产生的现金流量大于零并恰能补偿当期的非现金消耗性成本。经营活动产生的现金流量大于零并恰能补偿当期的非现金消耗性成本，意味着企业通过正常的商品购、产、销所带来的现金流入量，不但能够支付因经营活动而引起的货币流出，而且还有余力补偿全部当期的非现金消耗性成本。

在这种状态下，企业在经营活动方面的现金流量方面的压力已经解脱。如果这种状态持续，则从长期来看，企业经营活动产生的现金流量刚好能够维持企业经营活动的货币"简单再生产"。

但是。从总体上看，这种维持企业经营活动的货币"简单再生产"的状态，仍然不能为企业扩大投资等发展提供货币支持。企业的经营活动为企业扩大投资等发展提供货币支持，只能依赖于企业经营活动产生的现金流量的规模继续加大。

5. 经营活动产生的现金流量大于零并在补偿当期的非现金消耗性成本后仍有剩余。经营活动产生的现金流最大于零并在补偿当期的非现金消耗性成本后仍有剩余，意味着企业通过正常的商品购、产、销所带来的现金流入量，不但能够支付因经营活动而引起的货币流出、补偿全部当期的非现金消耗性成本，而且有能力支付现金股利，或者为企业的投资等活动提供现金流量的支持。

在企业当期经营活动产生的现金流量净额在补偿当期的非现金消耗性成本后仍有剩余的条件下，其是否能够支付现金股利，还取决于企业当年的股利分配政策。因此，必须结合企业现金股利分配政策对企业经营活动现金流量的充分性进行评价。

从上面的分析可以看出，企业经营活动产生的现金流量，仅仅大于零是不够的。企业经营活动产生的现金流量要想对企业作出较大贡献，至少应该在上述第(5)种状态下运行。

二、投资活动产生的现金流量

(一)投资活动流入的现金主要包括：

1. 收回投资收到的现金

收回投资收到的现金反映企业出售、转让或到期收回除现金等价物以外的对其他企业的权益工具、债务工具和合营中的权益而收到的现金，不包括长期债权投资收回的利息，以及收回的非现金资产。

收回投资收到的现金项目发生增减变动可能的原因有：企业为了收缩对外投资的规模而减少的股权投资；为解决短期资金的需求而出售短期投资收回现金；企业前期购买的长期债券到期的收回等。

收回股权投资如果是为了弥补经营活动现金不足，则说明企业资金周转不畅，资金短缺问题严重，这种现象持续发展下去，将会影响企业对外扩张；如果是由于投资环境的改变或被投资单位经营状况不佳，说明企业在重新调整投资策略，有利于企业未来的发展。

对于短期投资的收回可结合资产负债表中的货币资金分析来进行。企业进行短期投资的目的，主要是利用暂时闲置的资金，购入能够随时变现的有价证券，以获得高于银行存款利率的收益。当企业收回短期投资时，说明企业通过短期投资的变现来满足货币资金的需求。

2. 取得投资收益收到的现金

取得投资收益收到的现金反映企业除现金等价物以外的对其他企业的权益工具、债务工具和合营中的权益投资分回的现金股利和利息等，不包括股票股利。

这部分现金流入表明企业前期投资本期所获得的收益，应与利润表中的投资收益结合起来进行分析。

3. 处置固定资产、无形资产和其他长期资产收回的现金净额

处置固定资产、无形资产和其他长期资产收回的现金净额反映企业处置固定资产、无形资产和其他长期资产所取得的现金，减去为处置这些资产而支付的有关费用后的净额。由于自然灾害所造成的固定资产等长期资产损失而收到的保险赔偿收入，也在本项目反映。

处置固定资产、无形资产和其他长期资产收回的现金净额增减变动的原因可能包括：一是企业将闲置或多余的固定资产等进行变现，说明企业积极处置那些不能再给企业带来经济利益的资产，这种情况对于企业的经营和理财是有利的；二是由于企业经营或偿债方面可能出现了困难，不得不靠变卖固定资产等长期资产维持生产经营活动或偿还到期债务，或者是由于经营困难、环境变化不得不开始收缩投资战线，集中资金以客服经营困难或解决其他问题，这种情况的出现将影响企业未来的发展。

4. 处置子公司及其他营业单位收到的现金净额

5. 收到的其他与投资活动有关的现金

收到的其他与投资活动有关的现金反映企业除了上述各项目外，收到的其他与投资活动有关的现金流入。

（二）投资活动流出的现金主要包括：

1. 购建固定资产、无形资产和其他长期资产支付的现金

购建固定资产、无形资产和其他长期资产支付的现金反映企业购买、建造固定资产，取得无形资产和其他长期资产所支付的现金（含增值税款）以及用现金支付的应由在建工程和无形资产负担的职工薪酬。不包括为购建固定资产而发生的借款利息资本化的部分，以及融资租入固定资产支付的租赁费。借款利息和融资租入固定资产支付的租赁费，在筹资活动产生的现金流量中反映。

在分析购建固定资产、无形资产和其他长期资产支付的现金时，应对连续几个会计期间的数据加以比较来分析企业对内投资的情况。如果持续增长，其原因可能是企业在不断扩大规模，说明企业处于成长期有较多的投资机会；如果持续减少，其原因可能是企业处于成熟期，投资机会较少或是企业在收缩现有规模，调整经营战略。在分析时应结合企业的长期规划和短期计划进行评价。

2. 投资支付的现金

投资支付的现金反映企业取得除现金等价物以外的对其他企业的权益工具、债务工具和合营中的权益所支付的现金以及支付的佣金、手续费等附加费用。

企业购买股票和债券时，实际支付的价款中包含的已宣告但尚未领取的现金股利或已到付息期但尚未领取的债券利息，应在投资活动的“支付的其他与投资活动有关的现金”项目反映；收回购买股票和债券时支付的已宣告但尚未领取的现金股利或已到付息期但尚未领取的债券利息，应在投资活动的“收到的其他与投资活动有关的现金”项目反映。

投资支付的现金是企业所进行的对外投资，其规模的大小应和企业的经营特点以及资金

来源的情况相适应，还应考虑国家宏观经济环境和企业投资环境的变化。同时要结合投资收益进行分析。

3. 取得子公司及其他营业单位支付的现金净额

4. 支付的其他与投资活动有关的现金

支付的其他与投资活动有关的现金反映企业除了上述各项目外，支付的其他与投资活动有关的现金流出。

（三）投资活动产生的现金流量的质量分析

对投资活动现金流量的分析，主要应关注投资活动的现金流出量与企业发展战略之间的吻合程度及其效益。

1. 投资活动产生的现金流量小于零。投资活动产生的现金流量小于零，意味着企业在购建固定资产、无形资产和其他长期资产、权益性投资以及债权性投资等方面所支付的现金之和大于企业在收回投资，分得股利或利润，取得债券利息收入，处置固定资产、无形资产和其他长期资产而收到的现金净额之和。企业上述投资活动的现金流量，处于入不敷出的状态。企业投资活动所需资金的缺口，可以通过以下几种方式解决：消耗企业现存的货币积累；挤占本来可以用于经营活动的现金，削减经营活动的现金消耗；利用经营活动积累的现金进行补充；在不能挤占本来可以用于经营活动的现金的条件下，进行额外贷款融资，以支持经营活动的现金需要；在没有贷款融资渠道的条件下，只能采用拖延债务支付或加大投资活动引起的负债规模来解决。

从投资活动的目的来分析，企业的投资活动主要有三个目的：第一，为企业正常生产经营活动奠定基础，如购建固定资产、无形资产和其他长期资产等；第二，为企业对外扩张和其他发展性目的进行权益性投资和债权性投资；第三，利用企业暂时不用的闲置货币资金进行短期投资，以求获得较高的投资收益。

在上述三个目的中，前两种投资一般都应与企业的长期规划和短期计划相一致。第三种投资在很多情况下则是企业的一种短期理财安排。因此，面对投资活动的现金流量小于零的企业，我们首先应当考虑的是：在企业的投资活动符合企业的长期规划和短期计划的条件下，这种现象表明了企业经营活动发展和企业扩张的内在需要，也反映了企业在扩张方面的努力与尝试。

2. 投资活动产生的现金流量大于等于零。投资活动产生的现金流量大于等于零，意味着企业在投资活动方面的现金流入量大于流出量。这种情况的发生，或者是由于企业在本会计期间的投资回收活动的规模大于投资支出的规模，或者是由于企业在经营活动与筹资活动方面急需资金而不得不处理手中的长期资产以求变现等原因所引起。分析时应该加以区分，找到真正的原因。投资活动必须符合企业的发展战略，盲目的投资在增加企业的资金压力的同时，会导致巨大的亏损，导致投资无法收回，严重的可能会导致企业破产。

三、筹资活动产生的现金流量

（一）筹资活动流入的现金主要包括：

1. 吸收投资收到的现金

吸收投资收到的现金反映企业收到的投资者投入的现金，包括以发行股票、债券等方式筹集资金实际收到款项，减去直接支付给金融企业的佣金、手续费、宣传费、咨询费、印刷费等发行费用后的净额。

以发行股票、债券等方式筹集资金而由企业直接支付的审计、咨询等费用，在“支付的其他与筹资活动有关的现金”项目反映。

2. 借款收到的现金

借款收到的现金反映企业举借各种短期、长期借款所收到的现金。吸收投资所收到的现金和借款收到的现金均属于企业对外筹资，其规模的大小与企业经营活动和投资活动资金需求有关，也与企业的理财政策以及企业的对外筹资能力有关。

吸收投资所收到的现金和借款收到的现金项目发生增减变动的原因可能是：企业正处于成长期，其投资机会较多，需要大量资金，则会加快吸收资本和举债的速度，表现为吸收投资所收到的现金和借款收到的现金处于快速增长态势。如企业处于成熟期，其投资机会明显减少，这时对外筹集资金的速度放慢，吸收投资收到的现金和借款收到的现金项目将会表现为规模逐渐萎缩。

分析时应结合投资活动、经营活动的现金净流量进行评价。如果投资活动现金流出较大，说明企业具有扩大获利的机会，加快了投资和经营扩张的步伐；如果经营活动现金流出较大，说明企业经营活动现金短缺，经营活动创造现金流量的能力不足，依靠筹集资金来满足经营活动现金流出的需要。如果这种资金短缺是暂时的，通过合理地安排筹集资金可以解决问题；如果这种资金短缺持续地发生，其原因是经营不当造成的，则会对企业影响较大，如企业不加强管理的话，企业在筹资方面将面临很大的困难。

3. 收到的其他与筹资活动有关的现金

收到的其他与筹资活动有关的现金反映企业除了上述各项目外，收到的其他与筹资活动有关的现金流入。

（二）筹资活动流出的现金主要包括：

1. 偿还债务支付的现金

偿还债务支付的现金反映企业以现金偿还债务的本金，包括偿还金融企业的借款本金、债券本金等。企业偿还的借款利息、债券利息，在“分配股利、利润或偿付利息所支付的现金”项目反映，不包括在本项目内。

2. 分配股利、利润或偿付利息支付的现金

分配股利、利润或偿付利息支付的现金反映企业实际支付的现金股利，支付给其他投资单位的利润以及支付的借款利息、债券利息等。

3. 支付的其他与筹资活动有关的现金

支付的其他与筹资活动有关的现金反映企业除了上述各项目外，支付的其他与筹资活动有关的现金流出，如捐赠现金支出、融资租入固定资产支付的租赁费等。

（三）筹资活动产生的现金流量的质量分析

对筹资活动产生的现金流量的质量进行分析，主要应关注筹资活动的现金流量与经营活动、投资活动现金流量之和的适应程度等。

1. 筹资活动产生的现金流量大于零。筹资活动产生的现金流量大于零，意味着企业在吸收权益性投资、发行债券以及借款等方面所收到的现金之和大于企业在偿还债务、支付筹资费用、分配股利或利润、偿付利息、融资租赁所支付的现金以及减少注册资本等方面所支付的现金之和。在企业处于发展的起步阶段，需要大量资金，企业经营活动的现金流量小于零的条件下，企业对现金流量的需求，主要通过筹资活动来解决。因此，分析企业筹资活动产生的现金流量大于零是否正常，关键要看企业的筹资活动是否已经纳入企业的发展规划，是企业管理层以扩大投资和经营活动为目标的主动筹资行为还是企业因投资活动和经营活动的现金流出失控、企业不得已的筹资行为。

2. 筹资活动产生的现金流量小于零。筹资活动产生的现金流量小于零，意味着企业在吸收权益性投资、发行债券以及借款等方面所收到的现金之和小于企业在偿还债务、支付筹资费用、分配股利或利润、偿付利息、融资租赁所支付的现金以及减少注册资本等方面所支付的现金之和。这种情况的出现，或者是由于企业在本会计期间集中发生偿还债务、支付筹资费用、分配股利或利润、偿付利息、融资租赁等业务，或者是因为企业经营活动与投资活动在现金流量方面运转较好、有能力完成上述各项支付。但是，企业筹资活动产生的现金流量小于零，也可能是企业在投资和企业扩张方面没有更多作为的一种表现。

投资活动与筹资活动属于企业的理财活动。在任何期间，企业均有可能因这些方面的活动而引起现金流量的变化。不过，处于开业初期的企业，其理财活动引起的现金流量变化较大，占企业现金流量变化的比重也较大。

另一方面，理财活动也意味着企业存在相应的财务风险。例如，企业对外发行债券，就必须承担定期支付利息、到期还本的责任。如果企业不能履行偿债责任，有关方面就会对企业采取法律措施。又如，企业购买股票，就可能存在着股票跌价损失的风险，等等。因此，企业的理财活动越多，财务风险也可能越大。

四、汇率变动对现金及现金等价物的影响

汇率变动对现金及现金等价物的影响，是指企业外币现金流量及境外子公司的现金流量折算成记账本位币时采用的是现金流量发生日的即期汇率或按照系统合理的方法确定的、与现金流量发生日即期汇率类似的汇率，而现金流量表“现金及现金等价物净增加额”中外币现金净增加额是按照期末汇率折算两者之间的差额。

第四节　影响现金流量变化的主要原因分析

不论是企业经营活动、投资活动还是筹资活动，在任意会计期间均有可能出现大的波动。那么，哪些因素会导致这些重大变化呢？

现在，我们就对影响企业现金流量变化的主要原因进行总括分析。

一、影响经营活动现金流量变化的主要原因分析

（一）行业特点

不同的行业，由于商业惯例不同，其现金流量的模式也不相同。有的行业采用预收账款

方式销售，有的采用赊销方式销售，有的则采用现销的方式销售。显然，不同的销售模式会导致不同的经营活动现金流量模式。

（二）发展阶段

处于不同发展阶段的企业，其经营活动现金流量的态势也不相同：在企业发展的初期阶段，为了迅速占领市场，扩大企业的影响力，企业往往会加大现金投入（如研发等）。反之，在成熟的发展阶段，市场竞争优势明显的企业。其现金流量态势可能呈现另外的状况。

（三）营销策略

即使在同一个行业内部，由于企业间的竞争优势各不相同，在市场中的营销策略也会有所差异：竞争优势明显、产品供不应求的企业，往往采用预收货款的方式；而销售困难、在市场中处于暂时的竞争劣势的企业往往会加大赊销的力度。

（四）收付异常

在多数情况下，影响企业经营活动产生的现金净流量的主要因素是其常规的收付过程的控制情况。在企业由于种种原因收款或者付款异常的时候，其经营活动产生的净现金流量也会发生显著变化。

（五）关联交易

关联交易既可能对交易的盈亏进行操纵，也可能对现金流量的流向进行操纵。以关联交易为主的企业，其经营活动现金流量正常与否更多地取决于关联企业之间的现金流量控制。

（六）异常运作

在企业的经营资金被关联方占用的情况下，即使常规的经营活动的现金流量再努力，也难以抵挡关联方的巨额占用对经营活动现金流量的冲击。

（七）错编或编错

错编是指企业在编制现金流量表的过程中，出于误导信息使用者的目的而故意将一些项目混淆，致使一些项目发生异常变化。例如，有的企业把关联方占用资金的流出归于“购买商品”活动，而不是“其他”活动。

编错是指财会人员在编制现金流量表的过程中，由于业务能力问题而将一些项目编错。从我国企业财会从业人员的现状来看，相当一部分财会从业人员不能完整编制现金流量表。

二、影响投资活动现金流量变化的主要原因分析

投资活动现金流量变化的主要原因有以下几个方面：

（一）扩张加剧

在企业扩张加剧的情况下，其投资活动产生的现金流出量会比较大。在这种情况下，企业投资活动产生的现金流量净额往往会远远小于零。

（二）战线收缩和处置不良固定资产

在企业战线收缩和处置不良固定资产等的情况下，如果还有相应的现金流入，则这种流入将表现为投资活动产生的现金流入量。在这种情况下，企业投资活动产生的现金流量净额

会因此增加。

(三)投资收益获取

在企业获得投资收益收取现金股利和利息)的情况下，这种流入将表现为投资活动产生的现金流入量。同样，企业投资活动产生的现金流量净额会因此增加。

三、影响筹资活动现金流量变化的主要原因分析

筹资活动现金流量变化的主要原因有以下几个方面：

(一)融资环境

影响筹资活动现金流量变化的首要因素是融资环境。在企业为上市公司的情况下，在证券市场融资会成为其重要的融资活动。

(二)不当融资与理财能力

企业的筹资活动现金流量，除了受融资环境影响外，还与企业的融资行为和理财能力密切相关:理财能力较强的企业，往往会使自身的现金流量余额保持在较低的水平，不会出现长期超过需求数量举债的不当融资行为。

(三)银行承兑商业汇票结算

在企业采用银行承兑汇票结算的情况下，如果企业向银行支付承兑保证金，则企业有可能因此而增加对贷款的需求。

案例分析

案例一：

四川长虹是著名的彩电制造商，一度是我国彩电行业的王牌。2002 年，四川长虹的销售收入扭转了自 1998 年以来萎靡不振的状态，比 2001 年增长了 31 亿元，净利润也由 2001 年的 8900 万元猛增至 2002 年的 1.76 亿元。与此鲜明对比的是，随后几年的经营现金流量却出现了严重的问题。根据有关数据，我们对这一问题进行分析。

我们来看如【表 8－1】和【表 8－2】所示的两组数据。

表 8－1　　四川长虹 1997－2004 年销售收入　　单位:亿元

年份	1997 年	1998 年	1999 年	2000 年	2001 年	2002 年	2003 年	2004 年
销售收入	157	116	99	107	95	126	141	115

表 8－2　　四川长虹 2001－2004 年净利润及经营净现金流量　　单位:亿元

年份	2001	2002	2003	2004
净利润	0.89	1.76	2.41	－36.81
经营性现金流量	13.73	－29.73	－7.75	7.60

2002 年度，巨额的销售增长仅仅是纸面富贵，其经营现金净流量是－29.73 亿元;2003 年的净利润持续增长，经营现金流量仍然是－7.75 亿元;2004 年度 7.60 亿元的经营现金流

量是有违相关规定的:长虹将大量商业汇票贴现。按照财政部当时的规定，这些应该作为筹资现金流量的现金流入，却被计入了经营现金流量。

2004年度四川长虹报告了36.81亿元的亏损，刷新了我国上市公司亏损的记录，引起了各界对长虹的高度关注。据披露，2002年起，长虹的主要收入都来自于对美国Apex公司的出口收入。其中，2002年对美国Apex公司的销售收入为61095万美元，仅仅收回19007万美元的货款;2003年对美国Apex公司的销售收入为42442万美元，只收回34990万美元的货款;2004年的巨额亏损主要来自于计提的坏账准备，36.81亿元的亏损中，对美国Apex公司的坏账准备就高达25.07亿元。

四川长虹应收账款的闹剧留给财务报表使用者的警示是:对于经营业绩与经营现金流量背离的企业，应当保持高度关注。当销售收入和净利润的大幅增长主要来源于单一或者极少数客户时，尤其应当关注货款的收回情况，审慎评估这些客户的信用风险。

案例二:

格力电器的前身为珠海市海利冷气工程股份有限公司，1989年12月成立,注册资金1200万元。1989年经珠海市工业委员会、中国人民银行珠海分行批准设立，1994年经珠海市体改委批准更名为珠海格力电器股份有限公司，1996年11月18日经中国证券监督管理委员会证监字(1996)321号文批准于深圳证券交易所上市上，公司领取4400001008614号企业法人营业执照股票简称:格力电器,股票代码:000651。截至2003年6月30日公司的实收股本和注册资本均为人民币53694万元。经中国证券监督管理委员会发行审核委员会2007年第149次会议审核通过，并获中国证券监督管理委员会证监发行字[2007]406号文核准，2007年12月10日，公司公开发行股票2952万股，发行价格每股人民币39.16元，募集资金总额人民币1156003200.00元，扣除发行费用后，实际募集资金净额1135063152.00元。增发股份已于2007年12月21日在深圳证券交易所上市交易。

公司的经营业务包括制造和销售家用空调器、商用空调器、电风扇、清洁卫生器、音响设备、扩音系统配套设备、模具、塑料制品。其中，主营业务:生产销售空调器、自营空调器出口业务及其相关零配件的进出口业务;兼营业务:音响设备制造、扩音系统配套设备。近年来，随着家用空调器行业的竞争加剧，其他生产厂商纷纷扩大业务实行多元化经营，格力电器坚持专业化精品战略，多年来雄居国内空调行业的龙头地位，市场占有率列国内第一。从金额上来说，空调器的生产销售几乎占到了公司主营业务的100%。

一、公司所处行业分析

(一)利润同比增长，市场表现不突出

以整体法计算，2009年中期家电行业主营收入出现了一定程度的下滑，但是利润出现了同比的增长，特别是净利润同比增速达17.58%。从单季度收入、利润同比增速来看，家电上市公司的业绩好转现象也比较明显。整体看来2009年前期家电板块走势强于大市，从区间涨幅来看与其他行业相比，家电行业涨幅位于中游，表现并不突出。

(二)行业运行状况好转

由于国内刺激消费政策效果的显现，国内家电行业产销情况以及库存消化情况良好，有效的缓解了因为出口下降给家电行业带来的压力，整个家电行业的运行状况好转。

（三）家电下乡销售加速

7月以来家电下乡销售金额和销售数量呈加速上涨趋势，我们可以看到1－8月累计销售金额326.41亿元，7、8月份累计销售达164.12亿元。虽然由于季节性原因冰箱、空调的销售8月出现了下滑，随着彩电、洗衣机等销售旺季的到来，家电下乡销售金额下降的趋势应该能够得到扭转。

（四）出口复苏预期加强

随着经济形势的逐步好转，同比增速开始出现缓步好转，出口复苏的预期显现。但是由于经济的复苏具有反复性，我们对于出口复苏要持续观察，从而进一步确定出口复苏的升势是否确立。

（五）政策推动继续扩大消费

今年以来家电下乡、家电以旧换新、节能政策等等各种刺激政策的推出有力缓解了由于金融危机给家电带来的需求下降，但是并没有推动家电行业回归正常的增长轨道。在后期的刺激消费的领域中，家电消费的增长空间依然较大，我们可以关注后续政策对于家电消费的推动，以及带来的投资机会。

二、根据有关数据，对格力公司现金流量表进行分析

（一）现金流量表一般分析

根据现金流量表数据，对企业现金流量情况进行分析与评价。

该公司本年末现金量比年初减少892411009.59元，其中，经营活动产生净现金流量增加368544296.12元；投资活动产生净现金流量减少942341952.70元；筹资活动产生净现金流量减少296273548.79元。

该公司本年经营活动净现金流量产生的主要原因是销售商品、提供劳务收到的现金20527491675.24元，购买商品、接受劳务支付的现金13076233276.64元。

在三类业务活动引起的现金流量中，经营活动现金流量的稳定性和再生性较好，一般情况下应占较大比例。该公司的经营活动的现金流入量大于现金流出量，即经营活动的净现金流量大于0，反映出企业经营活动的现金流量自我适应能力较强，通过经营活动收取的现金，不仅能够满足经营本身的需要，而且剩余部分还可以用于再投资或偿债。

投资活动现金流量的变动主要是由于购建固定资产、无形资产和其他长期资产支付的现金引起的，本期购建固定资产导致现金流出1021766203.49元。企业在扩大规模，生产能力进一步提高，公司发展前景良好。

筹资活动相关的现金流量主要包括吸收投资收到的现金500000.00元，取得借款收到的现金379282532.97元，收到其他与筹资活动有关的现金2010.00元，偿还债务支付的现金371550774.34元，分配股利、利润或偿付利息支付的现金303459764.69元，支付其他与筹资活动有关的现金1047552.73元。

筹资活动现金流出量远远大于流入量，该公司执行了高股利分配政策。

（二）现金流量表水平分析

现金流量表一般分析只说明了企业当期现金流量产生的原因，没能揭示本期现金流量与

上期或预计现金流量的差异，水平分析可以解决这个问题。

表 8－3　　期末年初 2008/2007 年现金流量水平分析表　　单位：元

项目	本期金额	上期金额	增减额	增减(%)
一、经营活动产生的现金流量：				
销售商品、提供劳务收到的现金	20527491675.24	16098684755.32	4428806919.92	27.51%
客户存款和同业存放款项净增加额	－656250769.42	898720225.11	－1554970994.53	－173.02%
向中央银行借款净增加额			0.00	
向其他金融机构拆入资金净增加额			0.00	
收到原保险合同保费取得的现金			0.00	
收到再保险业务现金净额			0.00	
保户储金及投资款净增加额			0.00	
处置交易性金融资产净增加额			0.00	
收取利息、手续费及佣金的现金	168114732.60	32128364.09	135986368.51	423.26%
拆入资金净增加额			0.00	
回购业务资金净增加额			0.00	
收到的税费返还	406525250.06	438141316.13	－31616066.07	－7.22%
收到其他与经营活动有关的现金	332068937.16	262542413.66	69526523.50	26.48%
经营活动现金流入小计	20777949825.64	17730217074.31	3047732751.33	17.19%
购买商品、接受劳务支付的现金	13076233276.64	10351798810.59	2724434466.05	26.32%

续表

客户贷款及垫款净增加额	1144697560.46	-17771645.40	1162469205.86	-6541.15%
存放中央银行和同业款项净增加额	273730743.96	31515525.86	242215218.10	768.56%
支付原保险合同赔付款项的现金			0.00	
支付利息、手续费及佣金的现金	11844570.25	7660732.66	4183837.59	54.61%
支付保单红利的现金			0.00	
支付给职工以及为职工支付的现金	1366493972.42	1220045389.30	146448583.12	12.00%
支付的各项税费	2147486818.64	1411937912.62	735548906.02	52.09%
支付其他与经营活动有关的现金	2388918587.15	1932240200.62	456678386.53	23.63%
经营活动现金流出小计	20409405529.52	14937426926.25	5471978603.27	36.63%
经营活动产生的现金流量净额	368544296.12	2792790148.06	-2424245851.94	-86.80%
二、投资活动产生的现金流量:			0.00	
收回投资收到的现金			0.00	
取得投资收益收到的现金	99963.99	-99963.99	-100.00%	
处置固定资产、无形资产和其他长期资产收回的现金净额	25428128.07	752425.16	24675702.91	3279.49%
处置子公司及其他营业单位收到的现金净额			0.00	
收到其他与投资活动有关的现金	68080046.16	33058562.22	35021483.94	105.94%
投资活动现金流入小计	93508174.23	33910951.37	59597222.86	175.75%
购建固定资产、无形资产和其他长期资产支付的现金	1021766203.49	963906546.42	57859657.07	6.00%
投资支付的现金	2143468.75	59440984.82	-57297516.07	-96.39%
质押贷款净增加额				

续表

取得子公司及其他营业单位支付的现金净额	429981.21	119877673.63	－119447692.42	－99.64%
支付其他与投资活动有关的现金	11510473.48	26826448.81	－15315975.33	－57.09%
投资活动现金流出小计	1035850126.93	1170051653.68	－134201526.75	－11.47%
投资活动产生的现金流量净额	－942341952.70	－1136140702.31	193798749.61	－17.06%
三、筹资活动产生的现金流量：			0.00	
吸收投资收到的现金	500000.00	1136663152.00	－1136163152.00	－99.96%
其中：子公司吸收少数股东投资收到的现金	500000.00		500000.00	
取得借款收到的现金	379282532.97		379282532.97	
发行债券收到的现金			0.00	
收到其他与筹资活动有关的现金	2010.00		2010.00	
筹资活动现金流入小计	379784542.97	1136663152.00	－756878609.03	－66.59%
偿还债务支付的现金	371550774.34	51000000.00	320550774.34	628.53%
分配股利、利润或偿付利息支付的现金	303459764.69	15849130.68	287610634.01	1814.68%
其中：子公司支付给少数股东的股利、利润			0.00	
支付其他与筹资活动有关的现金	1047552.73	29520.00	1018032.73	3448.62%
筹资活动现金流出小计	676058091.76	66878650.68	609179441.08	910.87%
筹资活动产生的现金流量净额	－296273548.79	1069784501.32	－1366058050.11	－127.69%
四、汇率变动对现金及现金等价物的影响	－22339804.22	－108967.10	－22230837.12	20401.42%
五、现金及现金等价物净增加额	－892411009.59	2726324979.97	－3618735989.56	－132.73%
加：期初现金及现金等价物余额	4074807197.85	1348482217.88	2726324979.97	202.18%
六、期末现金及现金等价物余额	3182396188.26	4074807197.85	－892411009.59	－21.90%

该公司本期净现金流量比上期减少3618735989.56元。经营活动、投资活动和筹资

活动产生的净现金流量较上期的变动额分别是 -2424245851.94 元、193798749.61 元、-1366058050.11 元。

经营活动净现金流量比上期减少了 2424245851.94 元，降低率为 86.80%。经营活动现金流入量与流出量分别比上期增长 17.19% 和 36.63%，增长额分别为 17730217074.31 元和 5471978603.27 元。经营活动现金流入量的增加主要是因为销售商品、提供劳务收到的现金增加了 4428806919.92 元，增长率为 27.51%，还有收取利息、手续费及佣金的现金增加 135986368.51 元，增长率为 423.26%。经营活动现金流出量的增加主要是受购买商品、接受劳务支付的现金增加 2724434466.05 元，增长率 26.32% 的影响。另外，支付的各项税费、支付其他与经营活动有关的现金、存放中央银行和同业款项净增加额、支付给职工以及为职工支付的现金、支付利息、手续费及佣金的现金亦有不同程度的增加。该公司经营活动净现金流量出现这样的情况主要是珠海格力集团财务公司吸收珠海格力集团公司存款减少 5.58 亿而对其贷款增加 1.95 亿元、同业转贴现增加 9.5 亿元、存放中央银行存款准备金增加 2.43 亿元，公司支付税费增加 7.35 亿元所致。

投资活动净现金流量比上期增加了 193798749.61 元，主要原因是由于收到其他与投资活动有关的现金和购建固定资产、无形资产和其他长期资产支付的现金都有较大幅度的增加。

筹资活动净现金流量比上期减少 1366058050.11 元，主要吸收投资收到的现金的大幅减少和偿还债务支付的现金的大幅增加。该公司主要是因为上期收到募集资金 11.35 亿元、本期支付 2007 年度现金股利 2.5 亿元所致。

（三）现金流量表垂直分析

揭示现金流入量和现金流出量的结构情况，从而抓住企业现金流量管理的重点。

表 8-4　**期末年初 2008/2007 年现金流量垂直分析表**　**单位:元**

项目	本期金额	流入结构	流出结构	内部结构（%）
一、经营活动产生的现金流量:				
销售商品、提供劳务收到的现金	20527491675.24		98.79%	
客户存款和同业存放款项净增加额	-656250769.42		-3.16%	
向中央银行借款净增加额				
向其他金融机构拆入资金净增加额				
收到原保险合同保费取得的现金				
收到再保险业务现金净额				
保户储金及投资款净增加额				
处置交易性金融资产净增加额				
收取利息、手续费及佣金的现金	168114732.60			0.81%
拆入资金净增加额				
回购业务资金净增加额				
收到的税费返还	406525250.06			1.96%

续表

收到其他与经营活动有关的现金	332068937.16			1.60%
经营活动现金流入小计	20777949825.64	97.77%		100%
购买商品、接受劳务支付的现金	13076233276.64			64.07%
客户贷款及垫款净增加额	1144697560.46			5.61%
存放中央银行和同业款项净增加额	273730743.96			1.34%
支付原保险合同赔付款项的现金				
支付利息、手续费及佣金的现金	11844570.25			0.06%
支付保单红利的现金				
支付给职工以及为职工支付的现金	1366493972.42			6.70%
支付的各项税费	2147486818.64			10.52%
支付其他与经营活动有关的现金	2388918587.15			11.70%
经营活动现金流出小计	20409405529.52		92.26%	100%
经营活动产生的现金流量净额	368544296.12			
二、投资活动产生的现金流量:				
收回投资收到的现金				
取得投资收益收到的现金				
处置固定资产、无形资产和其他长期资产收回的现金净额	25428128.07		27.19%	
处置子公司及其他营业单位收到的现金净额				
收到其他与投资活动有关的现金	68080046.16		72.81%	
投资活动现金流入小计	93508174.23	0.44%		100%
购建固定资产、无形资产和其他长期资产支付的现金	1021766203.49		98.64%	
投资支付的现金	2143468.75		0.21%	
质押贷款净增加额				
取得子公司及其他营业单位支付的现金净额	429981.21			0.04%
支付其他与投资活动有关的现金	11510473.48			1.11%
投资活动现金流出小计	1035850126.93		4.68%	100%
投资活动产生的现金流量净额	-942341952.70			
三、筹资活动产生的现金流量:				

续表

吸收投资收到的现金	500000.00			0.13%
其中:子公司吸收少数股东投资收到的现金	500000.00			0.13%
取得借款收到的现金	379282532.97			99.87%
发行债券收到的现金				
收到其他与筹资活动有关的现金	2010.00			0.00%
筹资活动现金流入小计	379784542.97	1.79%		100%
偿还债务支付的现金	371550774.34			54.96%
分配股利、利润或偿付利息支付的现金	303459764.69			44.89%
其中:子公司支付给少数股东的股利、利润				
支付其他与筹资活动有关的现金	1047552.73			0.15%
筹资活动现金流出小计	676058091.76		3.06%	100%
筹资活动产生的现金流量净额	-296273548.79			
四、汇率变动对现金及现金等价物的影响	-22339804.22			
现金流入	21251242542.84	100%	100%	
现金流出	22121313748.21			
五、现金及现金等价物净增加额	-892411009.59			
加:期初现金及现金等价物余额	4074807197.85			
六、期末现金及现金等价物余额	3182396188.26			

该公司本期现金流入总量为21251242542.84元，其中经营活动现金净流入量、投资活动现金流入量和筹资活动现金流入量所占比重分别为97.77%、0.44%和1.79%。可见，企业的现金流入量主要由经营活动产生。经营活动的现金流入量中销售商品、提供劳务收到的现金，投资活动的现金流入量中收到其他与投资活动有关的现金，筹资活动的现金流入量中取得借款收到的现金分别占各类现金流入量的绝大部分比重。

该公司本期现金流出总量为22121313748.21元，其中经营活动现金净流出量、投资活动现金流出量和筹资活动现金流出量所占比重分别为92.26%、4.68%和3.06%。可见，在现金流出总量中经营活动现金流出量所占比重最大，投资活动现金流出量所占比重次之。在经营活动现金流出量当中购买商品、接受劳务支付的现金占64.07%，比重最大。投资活动现金流出量中绝大部分都用于购建固定资产、无形资产和其他长期资产。筹资活动现金流出量主要用于偿还债务支付。

（四）现金流量表主要项目分析

1. 经营活动现金流量项目分析

销售商品、提供劳务收到的现金是该企业现金流入的主要来源，通过与利润表中的营业收入总额相比，两者的增长比率分别是27.51%和10.93%，企业的销售收现情况良好，说明该企业产品定位正确，适销对路，并已形成卖方市场的良好经营环境。

收到其他与经营活动有关的现金。该项目中企业收到的利息收入、政府补贴增长较大。说明政府对该企业是采取扶持态度。

表8－5　上年与本年2007/2008年收到其他与经营活动有关的现金表　单位:元

项目	上年数	本年数
利息收入	64035243.14	93833285.50
保证金	49061444.17	13174838.51
赔款	16211229.96	7888257.44
押金	19371762.11	11206399.00
政府补贴	8632660.26	26220584.62
收水电、餐费等	6775437.52	3235420.16
退回预付款	34100000.00	26566681.93
租金	3931994.47	2976374.37

购买商品、接受劳务支付的现金是该企业现金流出的主要方向，将其与利润表中的营业成本相对比，两者的增长率分别为26.32%和8.41%，可以判断企业购买商品付现率较高，企业的资金使用情况良好，企业的商业信用情况较好，企业目前的财务状况良好。

支付的各项税费，增加了735548906.02元，增长率为52.09%，主要是因为销售规模的扩大引起的，说明企业的经营状况良好，市场前景较大。

支付其他与经营活动有关的现金。该项目中安装费与广告费有较大幅度增长，伴随新产品的开发，销售市场的扩大，广告和安装的增加，说明该公司的经营状况良好。

表8－6　上年与本年2007/2008年支付其他与经营活动有关的现金表　单位:元

项目	上年数	本年数
运输费	677421830.71	518299836.99
安装费	483388807.70	807158228.25
广告费	175917018.40	181770772.54
租赁费	93412847.08	85260863.59
佣金	81712906.67	71037529.72
维修费	20259572.89	16677464.97
水电费	11914829.19	13294969.48

2. 投资活动现金流量项目分析

处置固定资产、无形资产和其他长期资产收回的现金净额，该项目相比于上期有较大幅度的增长，表明，企业在经济危机中并没有衰落下去，而是积极进行技术，设备的更新，为未来的生产能力的扩大做好积极准备。

购建固定资产、无形资产和其他长期资产支付的现金，该项目是投资活动现金流出量中数目最大的，企业大势扩大生产规模，生产能力大幅度提高。

3. 筹资活动现金流量项目分析

吸收投资收到的现金，该项目相比于上期大幅度减少，表明企业通过资本市场筹资能力变弱。

取得借款收到的现金，该项目在上期没有，在上期企业筹集资金主要是通过资本市场，而本期则是主要通过银行筹集资金，企业的商业信用增强。

偿还债务支付的现金，该项目有较大的增加，企业以现金偿还债务本金及时，偿债能力提高。

分配股利、利润或偿付利息支付的现金，该项目相比上期有较大的增长，主要是因为股本的增加，公司利润分配的现金充裕。

三、汇率变动对现金的影响分析

汇率变动对现金及现金等价物的影响，该项目大幅减少，主要因本年出口销售收入有所增长和人民币升值、巴币贬值，致使相关汇兑损失大幅增长等综合影响所致。

现金及现金等价物净增加额，该项目大幅减少。主要是该公司使用受限制的现金和现金等价物，主要是公司海外子公司的货币资金 40911144.62 元及子公司冻结的银行存款 116,190.51 元；上期数据为其他货币资金中保证金存款。且该公司现金不包括存放在中央银行的法定存款准备金。

复习思考题

1. 现金流量表的定义及作用是什么？
2. 什么是现金等价物？
3. 现金流量可以分为哪几类，分别包括哪些项目？
4. 现金流量分析的相关理论有哪些？
5. 如何进行现金流量的质量分析？
6. 影响现金流量变化的主要原因有什么？

第九章　合并会计报表分析

【学习目标】

1. 掌握合并会计报表的含义、内容、作用
2. 掌握合并会计报表编制的一般原理和编制方法
3. 掌握合并会计报表的分析方法

第一节　合并会计报表概述

一、合并会计报表的含义

合并会计报表又称合并财务报表，它是以母公司和子公司组成的企业集团为一会计主体，以母公司和子公司单独编制的个别会计报表为基础，由母公司编制的综合反映企业集团财务状况、经营成果及现金流量的会计报表。合并会计报表最早出现于美国。第一次世界大战期间，美国在税法中强制规定母子公司合并纳税，使得大部分控股公司都开始编制合并会计报表。1940 年美国证券交易委员会规定证券上市公司必须编制和提供合并会计报表，使编报合并会计报表成为证券上市公司的法定义务，由此，编报合并会计报表的企业越来越多。受美国企业编报合并会计报表的影响，一些发达资本主义国家在第二次世界大战后也逐步开始重视合并会计报表的作用。如英国，《1948 年公司法》中规定，企业在拥有子公司时必须在提供个别会计报表的基础上，公开反映企业集团会计报表（即合并会计报表），法国证券交易委员会于 1971 年要求公开发行债券的公司、股票上市公司以及所有公营企业编制合并会计报表。德国在《1965 年公共公司法》中，也要求企业编制集团会计报表。日本从 1977 年开始，要求公司编制和公布合并会计报表，并制定发布了合并会计报表准则及规则。为协调各国合并会计报表的编制，国际会计准则委员会早在 20 世纪 70 年代中期，即开始制定发布合并会计报表方面的准则。

随着我国企业体制改革的深入，一些股份制企业开始公开发行股票，并在上海、深圳证券交易所上市交易，或到香港、纽约等海外证券交易市场上市交易。为了满足海外证券上市的需要，这些股份制企业均已对外编报合并会计报表。中国证券监督管理委员会为规范上市公司会计信息的披露，规定上市公司必须披露其合并会计报表。为满足我国企业集团发展的

需要，规范我国上市公司合并会计报表的编报，财政部于 1995 年初发布实施了《合并会计报表暂行规定》。

二、合并会计报表的内容

合并会计报表主要包括合并资产负债表、合并利润表、合并所有者权益变动表、合并现金流量表和合并会计报表附注，与企业个别会计报表一样，这些合并会计报表及附注分别从不同的方面反映企业集团这一会计主体的经营状况，构成一个完整的合并会计报表体系。

（一）合并资产负债表

合并资产负债表是反映母公司和子公司所形成的企业集团在某一特定日期的财务状况的会计报表。合并资产负债表是以母公司和纳入合并范围的子公司的个别资产负债表为基础，抵消企业集团内部经济业务对个别资产负债表的影响，合并各项目的数额编制。

（二）合并利润表

合并利润表是反映母公司和子公司所形成的企业集团在一定会计期间内经营成果的会计报表。合并利润表是以母公司和纳入合并范围的子公司的个别利润表为基础，抵消内部销售业务对个别利润表的影响，合并各项目的数额编制。

（三）合并所有者权益变动表

合并所有者权益变动表是反映母公司和子公司所形成的企业集团所有者权益的各组成部分当期的增减变动情况的财务报表。合并报表准则规定，合并企业所有者权益变动表应当以母公司和子公司的所有者权益变动表为基础，在抵消母公司与子公司、子公司与子公司之间发生的内部交易对合并所有者权益变动表的影响后，由母公司合并编制。合并所有者权益变动表也可以根据合并资产负债表和合并利润表进行编制。

（四）合并现金流量表

合并现金流量表是反映母公司和子公司所形成的企业集团在一定会计期间现金流入、流出量以及现金净流量增减变动情况的会计报表。合并现金流量表是以合并资产负债表、合并利润表以及其他有关影响企业集团一定会计期间现金流入、现金流出的资料为依据编制的。

三、合并会计报表的作用

合并会计报表的作用主要表现在两个方面：

（一）合并会计报表能够对外提供反映由母子公司组成的企业集团整体经营情况的会计信息

在控股经营的情况下，母公司和子公司都是独立的法人实体，分别编报自身的会计报表，分别反映企业本身的生产经营情况，这些会计报表并不能够有效的提供反映整个企业集团的会计信息。因此，要了解控股公司整体经营情况，就需要将控股公司与被控股子公司的会计报表进行合并，通过编制合并会计报表反映企业集团整体经营情况的会计信息，以满足企业集团管理当期强化对被控股企业管理的需要。

（二）合并会计报表有利于避免一些企业集团利用内部控股关系人为粉饰会计报表情况的发生

控股公司的发展也带了一系列新的问题，一些控股公司出于避税考虑利用对子公司的控制关系，运用内部转移价格等手段，如低价向子公司提供原材料、高价回收子公司产品等，转移利润。还有一些控股公司通过高价对企业集团内的其他企业销售产品、低价购买其他企业的原材料等，转移亏损，通过编制合并会计报表，可以将企业集团内部交易所产生的收入及利润予以抵消，使会计报表反映企业集团客观真实的财务和经营状况，有利于防止和避免控股公司人为操纵利润、粉饰会计报表现象的发生。

四、合并会计报表的特点

合并会计报表是以整个企业集团为一会计主体，以组成企业集团的母公司和子公司的个别会计报表(指企业单独编制的会计报表为了与合并会计报表相区别，将其称之为个别会计报表)为基础，抵消内部交易或事项对个别会计报表的影响后编制而成。与个别会计报表相比，它具有如下特点：

(一)合并会计报表反映的是母公司和子公司所组成的企业集团整体的财务状况和经营成果，反映的对象是由若干个法人组成的会计主体，是经济意义上的会计主体，而不是法律意义上的会计主体

个别会计报表反映的则是单位企业法人的财务状况和经营成果，反映的对象是企业法人。对于母公司和若干个子公司组成的企业集团来说，母公司和子公司编制的个别会计报表分别反映母公司本身或子公司本身各自的财务状况和经营成果，而合并会计报表则反映母公司和子公司组成的集团这一会计主体综合的财务状况和经营成果。

(二)合并会计报表由企业集团中对其他企业有控制权的控股公司或母公司编制

也就是说，并不是企业集团中所有的企业都必须编制合并会计报表，更不是社会上所有企业都需要编制合并会计报表。与此不同，个别会计报表是由独立的法人企业编制，所有企业都需要编制个别会计报表。

(三)合并会计报表以个别会计报表为基础编制

企业编制个别会计报表，从设置账簿、审核凭证、编制记账凭证、登记会计账簿到编制会计报表，都有一套完善的会计核算方法体系。而合并会计报表则不同。它是以纳入合并范围的企业的个别会计报表为基础，根据其他有关资料，抵消有关会计事项对个别会计报表的影响而编制的，它并不需要在现行会计核算方法体系之外，单独设置一套账簿体系。

(四)合并会计报表的编制有其独特的方法

个别会计报表的编制有其自身固有的一套编制方法和程序。合并会计报表则是在对纳入合并范围的个别会计报表的数据进行加总的基础上，通过编制抵消分录将企业集团内部的经济业务对个别会计报表的影响予以抵消，然后合并会计报表各项目的数据编制的。

合并会计报表也不同于汇总会计报表。汇总会计报表主要是指由行政管理部门根据所属企业报送的会计报表，对几个项目进行加总编制的会计报表。合并会计报表与其相比，首先是编制目的不同。编制汇总会计报表的主要目的是满足有关行政部门或国家了解掌握整个行业或整个部门所属企业的财务经营状况的需要；而编制合并会计报表则是主要满足公司的所

有者、债权人以及其他有关方面了解企业集团整体财务状况和经营成果的需要。其次，两者确定编报范围的依据不同。汇总会计财务报表的编报范围，主要是以企业的财务隶属关系作为确定的依据，即以企业是否归其管理、是否是其下属企业作为确定编报范围的依据，凡属于其下属企业，在财务上归其管理，则包括在汇总会计报表的编报范围之内。合并会计报表则是以母公司对另一企业的控制关系作为确定编报范围(即合并范围)的依据，凡是通过投资关系或协议能够对其实施有效控制的企业则属于合并会计报表的编制范围。最后，两者所采用的编制方法不同。汇总会计报表主要采用简单加总方法编制;合并会计报表则必须在抵消内部投资、内部交易、内部债权债务等内部会计事项对个别会计报表的影响后编制。

五、合并会计报表编制应遵循的原则

合并会计报表作为财务报表，必须符合财务编制的基本要求，这些基本要求包括真实可靠、全面完整和编报及时等。编制合并会计报表时，除了遵循财务报表编制的基本要求外，还应当遵循以下原则和要求:

(一)以个别会计报表为基础编制

合并会计报表不是直接根据母公司和子公司的账簿编制的，而是利用母公司和子公司编制的反映各自财务状况和经营成果的财务报表提供的数据，通过合并个别会计报表编制的。事实上，在子公司很多的情况下，也很难直接根据各公司的账簿资料编制。以纳入合并范围的母公司、子公司的个别会计报表为基础，是真实性要求在合并会计报表编制过程中的具体体现。

(二)一体性原则

合并会计报表反映的是企业集团的财务状况和经营成果，在编制合并会计报表时，应当将母公司和所有子公司作为整体来看待，视为一个会计主体，母公司和子公司所发生的经济业务及其相互之间发生的经济业务，都应当从企业集团这一整体的角度进行考虑。因此，在编制合并会计报表时，对于母公司与子公司之间、子公司与子公司之间发生的经济业务，应当视为同一会计主体内部业务处理。

(三)重要性原则

与个别会计报表相比，合并会计报表涉及多个法人主体，涉及的经营活动的范围很广。因此，合并会计报表要综合反映企业集团这一会计主体的财务情况，必然要涉及重要性的判断问题，特别是在拥有众多子公司的情况下，更是如此。所以，在编制合并会计报表时，必须强调重要性原则的运用。比如一些项目，在企业集团中的某一企业具有重要性，但对于整个企业集团则不一定具有重要性。在这种情况下，要根据重要性的要求对会计报表项目进行取舍。此外，母公司与子公司之间、子公司相互之间发生的经济业务，对整个企业集团财务状况和经营成果影响不大时，为简化合并手续，也应根据重要性原则进行取舍，可以不进行抵消处理。

六、合并会计报表编制的基本方法

合并会计报表按其编制的时间不同，可以分为合并时的合并会计报表和合并后的合并会计报表两种。与此同时，编制合并会计报表也有不同的处理方法。

(一)股权取得日合并会计报表的编制

顾名思义，股权取得日合并会计报表是指母公司在取得子公司控制性股权时，为了反映整个企业集团合并日财务状况而编制的会计报表。由于在股权取得日，除发生母公司对子公司的投资业务外，尚未发生其他集团内部往来业务，因此，股权取得日的合并会计报表仅有合并资产负债表，而且其编制方法相对简单。股权取得日合并会计报表的编制方法包括购买法、权益集合法和新主体法，下面对这几种方法进行简要介绍。

1. 购买法

购买法是通过购买子公司发行在外的股票来取得子公司全部或一部分的净资产，取得其控制权，在这种情况下，母公司需要以现金、票据或其他形式完成股票购买，而且在取得股权时，其收买价格可能高于或低于子公司净资产的账面价值。如果支出高于账面价值，首先将高出的差额分配给有形资产，但各有形资产所分配的数额仅限于有形资产市价高于其账面价值部分，若分配后仍有余额，就形成母公司合并会计报表中的无形资产——商誉。如果支出小于账面价值，首先按比例减少固定资产账面价值，如果固定资产账面价值降为零后，仍然有差额没有分摊，则该差额可作为递延项目，在以后的会计期间摊销完毕。

2. 权益集合法

当母公司用自己的普通股票去交换对方几乎全部的普通股，将它变成自己的子公司时，一般采用权益集合法。在这种情况下，母公司通过增发自己的普通股来换取子公司全部股票或换取数额在要求比例以上的股票以实现双方股权的集合，这种处理方法只是双方拥有权的一种联合，而不存在任何意义上的买卖关系。母公司通过发行股份给予子公司原来的股东，取得子公司的控制权，而子公司原来的股东则成为母公司的新股东，所以在权益集合法下，母公司的投资额只以子公司净资产账面价值为基础，不考虑各项资产的当时市价，合并会计报表时只要将它们各自的资产、负债合并列示在一张表中就可以了。

从会计角度看，权益集合法进行合并时，因母公司无须支付现金或其他资源，所以两公司的资产、负债、收入、费用等的合并，只需以其账面金额为基准；但如果采用购买法，由于发生了买卖交易行为，就应以子公司各项资产、负债的公允市价作为编制合并会计报表的基础。所以，不同的会计处理方法所编制出来的合并会计报表，结果是不一样的。企业合并时应按规定选择编制方法。

3. 新主体法

新主体法基于这样的假设：企业通过控股合并产生了一个新的主体，即合并主体，而参与合并的各主体均已消亡，因此应当为新的会计主体建立新的会计基础。对参与合并的母公司和子公司的资产、负债，都应按合并日的公允价值反映于合并资产负债表上，合并前双方的留存利润都不应转入新的会计主体，因此在合并日的合并留存利润为零。这种方法将参与合并的母公司与子公司置于同等重要的地位，而不仅仅是着眼于母公司股东的需要。显然，这种方法是以主体理论为依据的。但它将母公司的净资产重新估价，这一做法又有别于编制合并会计报表的主体理论。

上述三种方法中，购买法是国际上广泛运用的一种方法，权益结合法只在少数国家的会计实务中运用，并收到许多严格条件的限制，而新主体法则是一种纯理论方法，尚未得到实务界的认可。编制合并会计报表是一个比较复杂的问题，以上只是简单说明编制合并会计报表的基本方法，作为报表阅读者，一般不须掌握报表的编制，故此不予展开详述。

（二）股权取得日后合并会计报表的编制

股权取得日后合并会计报表的编制是指母公司在取得对子公司的控股权以后，于每一会计期末编制的合并会计报表。由于企业集团内部各成员企业都是法律主体和会计主体，其内部发生的经济业务都反映在它们各自的个别会计报表中。这样，反映在个别会计报表中的有关资产、负债、股东权益、收入、费用等项目，在汇总数中就含有重复计算的部分，而编制合并会计报表，正是要通过特定的程序和方法，对这些重复的项目予以抵消，以提供反映集团真实财务状况、获利能力和现金流量的信息。

合并会计报表的编制是一项极为复杂的工作，不仅涉及母公司会计业务和会计报表，而且还涉及纳入合并范围的子公司的会计业务和会计报表。为了使合并会计报表的编制工作有条不紊地进行，必须遵循一定的方法。合并会计报表编制的方法如下：

1. 编制合并工作底稿。合并工作底稿的作用是为合并会计报表的编制提供基础。在合并工作底稿中，对母公司和纳入合并范围的子公司的个别会计报表各项目的数额进行汇总和抵消处理，最终计算得出合并会计报表各项目的合并数。

2. 将各项数据输入合并工作底稿。将母公司、纳入合并范围的子公司的个别资产负债表、利润表及利润分配表各项目的数据纳入合并工作底稿，并在合并工作底稿中对母公司和子公司个别会计报表各项目的数据进行加总，计算得出个别资产负债表、个别利润表及个别利润分配表各项目合计数额。

3. 编制抵消分录。将母公司与子公司、子公司与子公司之间发生的经济业务对个别会计报表有关项目的影响进行抵消处理。编制抵消分录进行抵消处理是合并会计报表编制的关键和主要内容，其目的在于将个别会计报表各项目的加总数据中重复的因素予以抵消。

4. 计算合并会计报表各项目的合并数额。即在母公司和纳入合并范围的子公司的个别会计报表各项目加总数额的基础上，分别计算合并会计报表中的资产项目、负债项目、股东权益项目、收入项目和费用项目的合并数。

第二节　合并会计报表分析

总的来说，合并会计报表的格式和结构与个别会计报表并无太大差别，其反映的经济内容也大体一致，但由于合并会计报表是针对特定主体的，因而在涉及资本、利润等方面时，与个别会计报表还是有一些差别的。为减少重复，这里仅结合各类报表对不同项目的内容作简要分析。

一、合并资产负债表

（一）合并资产负债表的格式和内容

合并资产负债表是将母公司与子公司作为一个会计主体，合并反映该实体在某一日期财务状况的会计报表，其基本结构如【表 9－1】所示。

表9－1 合并资产负债表 单位：元

资产	年初数	期末数
流动资产：		
货币资金		
短期投资		
应收票据		
应收账款		
其他应收款		
预付账款		
存货		
待摊费用		
流动资产合计		
长期投资：		
长期股权投资		
长期投资合计		
其中：合并价差		
固定资产：		
固定资产原价		
减：累计折旧		
固定资产净值		
减：固定资产减值准备		
固定资产净额		
工程物资		
在建工程		
固定资产合计		
无形资产及递延资产：		
无形资产		
长期待摊费用		
其他长期资产		
无形资产及递延资产合计		
资产总计		
负债及所有者权益		

续表

流动负债：		
短期借款		
应付票据		
应付账款		
预收账款		
应付工资		
应付福利费		
应付股利		
应交税费		
其他未交款		
其他应付款		
预提费用		
流动负债合计		
长期负债：		
长期应付款		
其他长期负债		
长期负债合计		
负债合计		
少数股东权益		
股东权益：		
股本		
资本公积		
盈余公积		
未分配利润		
外币报表折算差额		
股东权益合计		
负债及股东权益合计		

（二）合并资产负债表分析

合并资产负债表与个别资产负债表不同的项目有：合并价差、少数股东权益、外币报表折算差额。

1. 合并价差。在合并资产负债表内，合并价差作为长期投资的调整项目，反映母公司对子公司权益性资本投资数额与子公司所有者权益总额中母公司所拥有的份额抵消时所形成的差额。如为借方余额，则表示母公司对子公司权益性资本投资数额大于子公司所有者权益中母公司所拥有的份额；如为贷方余额，即表示母公司对子公司权益性资本投资数额小于子公司所有者权益中母公司所拥有的份额。一般情况下，合并差价主要是母公司通过第三者取得子公司股份时产生的。

2. 少数股东权益。少数股东权益项目是在负债类和所有者权益类项目之间单列的一个项目，本项目反映母公司以外的其他投资者在子公司的权益，表示其他投资者在子公司所有者权益中所拥有的份额。

母公司采用购买法取得子公司股份时，既可能购买子公司的全部股份，也可能只购买子公司的部分股份。当母公司对子公司拥有全部股份时，子公司就没有其他投资者，因而也不存在少数股东权益。当母公司对子公司的持股少于100%时，有一部分股票就不为母公司掌握。当母公司掌握的控制股权占多数时，剩余的少数股东所拥有的股东权益就叫少数股东权益。少数股东在数量上未必少，有时甚至在子公司中占多数股份。如A公司拥有B公司70%股权，B公司又持有C公司60%的股权，A公司实际间接持有C公司42%的股权，其余58%的股权由A公司以外的其他股东掌握，但是A公司可以通过B公司有效地控制C公司。因此，少数股东权益实质上应指没有控制权的股东所持有的股权。

少数股东权益具有特别的性质，它既不属于母公司的债务，又不是母公司的股权，在数量上等于子公司的所有者权益总额与少数股东持股比例的乘积。

3. 外币报表折算差额。我国会计制度规定，对以外币表示的资产负债表进行折算时，所有资产、负债类项目，都必须按照合并会计报表决算日的市场汇率折算为母公司记账本位币；所有者权益类项目，未分配利润项目外，均按照发生时的市场汇率折算为母公司记账本位币。折算后，资产类项目与负债类项目和所有者权益类项目合计数的差额，作为外币报表折算差额在未分配利润项目后单独列示。

因此，外币报表折算差额项目是专门用于反映将以母公司记账本位币以外的货币编制的子公司会计报表折算为母公司记账本位币时所产生的折算差额。

具体来说，企业集团的子公司如果设在中国境外，其所编制的会计报表是用当地的货币作为记账本位币编制的，而国内母公司则是以人民币作为记账本位币，不同货币的会计报表不能直接合并，因此，在编制合并资产负债表时，须将其子公司所编制的资产负债表各项外币余额按相应汇率折合为人民币后再进行汇编，但母公司与其子公司之间需要相互抵消的项目，由于不同时期汇率浮动，在编制合并会计报表时将外币金额按年末汇率折合的人民币数，往往与相关项目原先折合记账的人民币数额出现差额，以致无法抵消，其差额一般在合并资产负债表中的外币报表折算差额中反映。

二、合并利润表

(一)合并利润表的格式和内容

合并利润表是反映母公司与子公司作为一个会计实体在某一会计期间所取得的经营成果。其基本格式如【表9-2】所示。

表 9－2　　　　合并利润表　　　　单位:元

项目	上年累计数	本年累计数
一、主营业务收入		
减:主营业务成本		
主营业务税金及附加		
二、主营业务利润		
加:其他业务利润		
减:营业费用		
管理费用		
财务费用		
三、营业利润		
加:投资收益		
补贴收入		
营业外收入		
减:营业外支出		
四、利润总额		
减:所得税		
少数股东本期收益		
五、净利润		

(二)合并利润表分析

在阅读合并利润表时，如有可能，可将合并利润表与个别利润表进行对比分析，判断企业集团内部之间形成的损益是否抵消完全，以防止企业集团通过内部往来转移资产或负债等达到改变当期损益的目的。比如，母公司存货中有1000件商品是从子公司购买的，其买价为13000元，而子公司销售这些商品的成本仅为10000元，则在母公司账面上存货增加了13000元，银行存款减少了13000元，而子公司账面上表现为销售收入增加了13000元，结转销售成本10000元，其差额为子公司实现的利润3000元。但如果编制合并会计报表，则母公司与子公司的组合体才是会计主体，商品并没有脱离这一组合体，所以相对于整个主体来看，商品尚未实现销售，而没有卖出的商品成本(即存货成本)对这个主体来说，应是真正所耗用的成本，即子公司的成本10000元。因此，母公司的存货价值应减去3000元;同样道理，商品尚未实现销售，也就不应出现销售利润，换句话说，从合并主体的角度看，子公司收到的13000元银行存款正好与母公司支付的13000元的相互抵消，企业集团并没有形成实际利润，因而，合并利润表中也应将子公司的收益减去3000元。

上述例子比较简单，是单一方面售货，但在实际工作中，企业集团内部各企业之间往往互相售货给对方或发生内部费用收支等非常频繁，尤其是还存在少数股权问题。因此，作为报表阅读者一定要留意合并利润表中是否真实地反映了企业集团当期的经营成果。

合并利润表与单个利润表不同的项目只有一个，即少数股东本期收益项目，该项目反映企业少数股东在利润总额中所占的份额。同少数股东权益类似，少数股东损益项目也是用来处理少数股东对子公司当期经营成果所享有的那部分，其金额等于子公司利润金额与少数股东持股比例的乘积。

三、合并现金流量表

(一)合并现金流量表的结构

合并现金流量表与个别现金流量表的项目完全一致，各项目所包含的内容也是基本相似的，只是其服务的对象不是一个单独的法人，而是作为一个整体的集团企业。

合并现金流量表的基本格式如【表9－3】所示。

表9－3　　合并现金流量表　　单位:元

项目	合并数	母公司
一、经营活动产生的现金流量		
销售商品、提供劳务收到的现金		
收到的税费返还		
收到的其他与经营活动有关的现金		
现金流入小计		
购买商品、接受劳务支付的现金		
支付给职工以及为职工支付的现金		
支付的各项税费		
支付的其他与经营活动有关的现金		
现金流出小计		
经营活动产生的现金流量净额		
二、投资活动产生的现金流量		
收回投资所收到的现金		
取得投资收益所收到的现金		
处置固定资产、无形资产和其他长期资产而收到的现金净额		
收到的其他与投资活动有关的现金		
现金流入小计		
构建固定资产、无形资产和其他长期资产所支付的现金		
投资所支付的现金		
支付的其他与投资活动有关的现金		
现金流出小计		
投资活动产生的现金流量净额		

续表

三、筹资活动产生的现金流量		
吸收权益性投资所收到的现金		
借款所收到的现金		
收到的其他与筹资活动有关的现金		
现金流入小计		
偿还债务所支付的现金		
分配股利、利润或偿付利息所支付的现金		
支付的其他与筹资活动有关的现金		
现金流出小计		
筹资活动产生的现金流量净额		
四、汇率变动对现金的影响		
五、现金及现金等价物净增加额		
补充资料		
1. 将净利润调节为经营活动的现金流量		
净利润		
加:少数股东本期收益		
计提的资产减值准备		
固定资产折旧		
无形资产摊销		
长期待摊费用摊销		
待摊费用减少(减:增加)		
预提费用增加(减:减少)		
处置固定资产、无形资产和其他长期资产的损失(减:收益)		
固定资产报废损失		
财务费用		
投资损失(减:收益)		
递延税款贷款(减:借款)		
存货的减少(减:增加)		
经营性应收项目的减少(减:增加)		
经营性应付项目的增加(减:减少)		

续表

其他		
经营活动产生的现金流量净额		
2. 不涉及现金收支的投资和筹资活动		
债务转为资本		
一年内到期的可转换公司债券		
融资租入固定资产		
3. 现金及现金等价物净增加情况		
现金的期末余额		
减:现金的期初余额		
加:现金等价物的期末余额		
减:现金等价物的期初余额		
现金及现金等价物净增加额		

(二)合并现金流量表分析

合并现金流量表与个别现金流量表相比，一个特殊的问题就是在纳入合并范围的子公司为非全资子公司的情况下，涉及子公司与其少数股东之间的现金流入和现金流出的处理问题。对于子公司与少数股东之间发生的现金流入和现金流出，从整个企业集团来看，也影响到其整体的现金流入和流出数量的增减变动，必须在合并现金流量表中予以反映。子公司与少数股东之间发生的影响现金流入和现金流出的经济业务包括少数股东对子公司增加权益性投资、少数股东依法从子公司中抽回权益性投资、子公司向其少数股东支付现金股利等。为了便于母公司的股东、债权人等了解掌握其现金流量的情况，有必要将与子公司少数股东之间的现金流入和现金流出的情况单独予以反映。

对于子公司的少数股东增加在子公司中的权益性资本投资，在合并现金流量表中应当在筹资活动产生的现金流量之下的吸收权益性投资所收到的现金项目之后单列“其中:子公司少数股东权益性投资收到的现金”项目反映。

对于子公司向少数股东支付现金股利，在合并现金流量表中应当在筹资活动产生的现金流量之下的分配股利、利润或偿付利息所支付的现金项目之后单列“其中:子公司支付少数股东的股利”项目反映。

对于子公司的少数股东依法抽回在子公司中的权益性投资，在合并现金流量表中，应当在筹资活动产生的现金流量之下的减少注册资本所支付的现金项目之后单列“其中:子公司依法减资支付给少数股东的现金”项目反映。

在合并现金流量表上，少数股东对子公司增加权益性投资的列示，是通过在吸收权益性投资所收到的现金项下增列“其中:子公司吸收少数股东权益性投资收到的现金”完成的;对子公司抽回权益性投资的列示，是通过在减少注册资本所支付的现金项下增列“其中:子公司依法减资支付给少数股东的现金”完成的;而对子公司向少数股东支付现金股利则是通过分配股利、利润或偿付利息所支付的现金项下增列“其中：子公司支付少数股东的股利”完成的。

四、合并报表中包含的财务状况质量信息

从合并报表的编制特点来看，合并报表的信息对母公司的股东、母公司的管理层以及母公司的债权人均有意义。

合并报表的主要作用以及合并报表中包含的财务状况质量信息主要在于以下几个方面。

（一）合并报表可以展示以上市公司为母公司所形成的纳入合并报表编制范围的企业集团所存在的资源规模及其结构

在上市公司较少进行经营活动、以对外股权投资为主的条件下，仅仅分析上市公司自身的报表难以分析企业的资产结构。此时，对合并报表的分析就十分重要。这就是说，透过合并资产负债表，母公司股东和管理层可以了解以母公司为控制方的企业集团的资源结构及其分布情况。

（二）合并报表可以揭示内部关联方交易的程度

内部关联方是指以上市公司为母公司所形成的纳入合并报表编制范围的有关各方。内部关联方交易在进行合并报表编制时均须被剔除，在合并报表中不予反映。

由此可推断，集团内部依赖关联方交易的程度越高，经过合并抵消后，相关项目的合并金额就应该越小。受关联方交易影响的主要项目有：应收款项、存货、长期投资、应付款项、营业收入、营业成本、投资收益等。

（三）通过比较相关资源的相对利用效率来揭示企业集团内部管理的薄弱环节

例如，可以通过比较合并报表与上市公司报表的固定资产、存货、营业收入、营业成本等项目，了解在上市公司和上市公司以外的其他纳入合并报表编制范围的公司之间，哪一部分资产的利用效率更高一些。

（四）通过比较母公司利润表和合并利润主要项目之间的差异，比较和评价母公司的基本获利能力和费用发生的比较效率

例如，通过比较两个报表的毛利率（可以近似地用主营业务利润与主营业务收入的比来代替）差异，可以确定母子公司基本的获利能力；通过比较各项经营性费用绝对额以及费用率，可以分析母子公司费用发生的特点与相对效率。

（五）分析和判断以母公司为控制主体的整个集团与集团外的现金流转状况和资本运作状况

合并现金流量表中的经营活动现金流量净额、投资活动现金流量、筹资活动中的子公司吸收的少数股东资本、贷款带来的现金流量等信息，为信息使用者分析整个集团与集团外所开展的经营活动、投资活动与资本运作活动以及税务环境等提供了条件。

案例分析

案例一：

2006年1月25日，某商业银行找到一家会计师事务所，请该所帮助其分析某个非上市公司客户的财务状况。在银行来看，这一客户的报表存在很多疑问，其理由是：(1)企业报表中所列示的货币资金为1000多万元，但是，企业却没有现金支付其到期应偿还给该行的800万元贷款。这表明，或者企业在说谎，或者企业的报表不实。(2)企业的资本公积特别多，银行信贷员问企业：你们的资本公积哪里去了？企业回答：我们把资本公积投到在建工程里边去了。报表中也确实显示企业的在建工程与资本公积的规模大体相当，约占企业报表总资产的70%，与其资产总规模相比，企业的在建工程规模过大。企业的报表肯定有问题。但是，银行对自己的判断有些拿不准，请求事务所予以专业上的帮助。事务所在听完银行负责人的介绍以后，请他拿出企业的报表。发现：(1)该表是一张母公司编制的该企业集团2004年12月31日的合并资产负债表；(2)合并会计报表显示，合并资本公积与在建工程规模大体相当，是实收资本的8倍。

根据上述资料，请代事务所向这家商业银行进行解释。

分析要点：

1. 进行贷款交易，一定要由借款银行提供相关的报表，报表应由中介机构审计，并出具审计意见。母公司编制的合并会计报表不能作为判断母公司财务状况的依据，因为集团公司存在着许多内部交易，如内部借贷、内部购销、内部相互持股等情况，这些内部往来在编制合并会计报表时会予以抵消，从而使母公司的偿债能力，盈利能力等各项指标与合并数会有很大的差异。案例中以合并会计报表披露的信息来判断母公司的财务状况，可能会出现很大的偏差。

2. 资产负债表反映的是某一时点的财务状况。案例中2004年12月31日，企业尚有1000多万元的货币资金，这项指标仅仅反映企业上年年底的现金结余，并不能说明企业现在还有多少货币资金，因为资产负债表项目的金额随着时间的推移，早已发生了变化。

3. 资本公积是一个权益类科目，它与资产类的科目并没有形成一一对应关系，不存在"你们的资本公积哪里去了？""我们把资本公积投到在建工程里边去了"的因果关系。案例中披露出企业的资本公积与在建工程大体相当，这个值得注意，说明企业有可能存在虚拟在建工程的现象，其目的在于直接在报表两端加入相等金额，降低企业资产负债率，借以改善其融资能力。另外，该公司资本公积达到实收资本的8倍，也是难以想象的，因为非上市公司基本没有资本溢价的发生，如此之高的资本公积一般是不可能的。因此，该报表存在问题的可能性非常之大。

案例二：

万科企业股份有限公司成立于1984年5月，以房地产为核心业务，是中国大陆首批公开上市的企业之一。根据有关资料，对其合并资产负债表进行趋势分析。

万科资产负债表趋势分析(垂直分析)

表 9－4　　合并资产负债表之资产类　　单位:元

资产	2010 年 21 月 31 日	比例(%)	2009 年 12 月 31 日	比例(%)
流动资产:				
货币资金	37,816,932,911.84	17.537	23,001,923,830.80	16.72
交易性金融资产:			740,470.77	0.00054
应收账款	1,594,024,561.07	0.739	713,191,906.14	0.519
预付款项	17,838,003,464.71	8.27	8,736,319,500.73	6.35
其他应收款	14,938,313,217.77	6.928	7,785,809,435.41	5.66
存货	133,333,458,045.93	61.832	90,085,294,305.52	65.46
流动资产合计	205,520,732,201.32	95.308	130,323,279,449.37	94.71
非流动资产:				
可供出售金融资产	404,763,600.00	0.188	163,629,472.66	0.119
长期股权投资	4,493,751,631.16	2.083	3,565,383,001.51	2.591
投资性房地产	129,176,195.26	0.0599	228,143,157.99	0.166
固定资产	1,219,581,927.47	0.5656	1,355,977,020.48	0.985
在建工程	764,282,140.58	0.354	593,208,234.13	0.431
无形资产	373,951,887.29	0.1734	81,966,325.94	0.0596
长期待摊费用	32,161,415.85	0.0149	31,318,689.65	0.023
递延所得税资产	1,643,158,028.39	0.762	1,265,649,477.66	0.9197
其他非流动性资产	1,055,992,714.51	0.4897		
非流动资产合计	10,116,819,540.51	4.2	7,285,275,380.02	5.294
资产总计	215,637,551,741.83	100	137,608,554,829.39	100

表9-5　　合并资产负债表之负债及所有者权益　　单位：元

负债及所有者权益	2010年12月31日	比例(%)	2009年12月31日	比例(%)
流动负债：				
短期借款	1,478,000,000.00	0.685	1,188,256,111.11	0.86
交易性金融负债	15,054,493.43	0.00698		
应付票据	30,000,000.00	0.0218		
应付账款	16,923,777,818.98	7.848	16,300,047,905.75	11.85
预收款项	74,405,197,318.78	34.50	31,734,801,163.76	23.062
应付职工薪酬	1,415,758,826.87	0.657	806,504,472.20	0.59
应交税费	3,165,476,401.56	1.468	1,176,877,640.28	0.86
负债及所有者权益	2010年12月31日	比例(%)	2009年12月31日	比例(%)
其他应付款	16,814,029,349.10	7.798	9,258,734,468.30	6.73
应付利息	127,806,502.79	0.059	122,643,721.10	0.089
一年内到期的非流动负债	15,305,690,786.98	7.098	7,440,414,366.78	5.41
流动负债合计	129,650,791,498.49	60.124	68,058,279,849.28	49.46
非流动负债：				
长期借款	24,790,499,290.50	11.496	17,502,798,297.11	12.72
应付债券	5,821,144,507.03	2.6995	5,793,735,805.14	4.21
预计负债	41,107,323.15	0.019	34,355,814.95	0.025
其他非流动负债	8,816,121.26	0.0041	8,408,143.82	0.0061
递延所得税负债	738,993,358.99	0.34	802,464,465.02	0.58
非流动负债合计	31,400,560,600.93	14.56	24,141,762,526.04	17.54
负债合计	161,051,352,099.42	74.69	92,200,042,375.32	67.0017
股东权益：				
股本	10,995,210,218.00	5.099	10,995,210,218.00	7.99
资本公积	8,789,344,008.84	4.076	8,557,716,583.44	6.219
盈余公积	10,587,706,328.79	4.91	8,737,841,436.85	6.3497
未分配利润	13,470,284,310.05	6.247	8,808,398,744.05	6.401
外币报表折算差额	390,131,925.43	0.181	276,721,078.80	0.201
归属于母公司所者权益合计	44,232,676,791.11	20.51	37,375,888,061.14	27.161
少数股东权益	10,353,522,851.30	4.801	8,032,624,392.93	5.837
所有者权益合计	54,586,199,642.41	25.31	45,408,512,454.07	32.998
负债及所有者权益总计	215,637,551,741.83	100	137,608,554,829.39	100

万科资产结构方面，流动资产所占的比重由上年的94.71%上升为95.308%；非流动资产所占的比重由上年的5.294%下降为4.692%。

虽然企业的流动资产增加了，但增加的幅度并不大，主要是企业的预付账款和其他应收款的增加，预付账款所占的比重由上年的6.35%上升为8.27%，增加了1.92%，其他应收款的比重由上年的5.66%上升为6.928%，但企业的存货由上年的65.46%下降为61.832%，下降了3.628%。其中，(1)预付账款的增加主要是因为预付地价及预缴税金增加，其他应收款的增加，金额较大的其他应收款主要为合营及联营公司往来款、与合作方往来款、一年内发生的代垫款及保证金，在其他应收款中，应收关联方62.91亿元，而公司的其他应收款为149.38亿元，说明公司与其关联方交易数额较小。(2)应收账款占资产总额的0.739%，主要为待收取的购房款；由此看来，公司的应收账款占资产总额的比重较低，且账龄在一年以内的应收账款占总应收账款的97%，说明发生坏账和逾期未收的现象非常少，风险较小。(3)存货占资产总额下降了3.628%，下降原因主要是在建开发产品增加，公司依据谨慎原则，对存货进行跌价准备。

非流动资产所占的比重下降了，其中，(1)股权投资由上年的2.591%下降为2.083%，变化不大，虽然下降了，但是占资产总额比例不大，公司长期股权投资主要是对合营企业的投资。(2)固定资产比重由上年的0.985%下降为0.5656%，所占资产总额较少，变化较小，固定资产的减少主要是固定资产的折旧引起的。

无形资产由上年的0.0596%上升为0.1734%，无形资产主要为自用物业的土地使用权。表明企业的开发创新能力在增强。

万科资本结构方面，负债所占比重由上年的67%上升为74.69%，其中：非流动负债所占比重由上年的17.54%下降为14.56%，流动负债比重由上年的49.46%上升为60.124%。

流动负债两年变化较大，主要是预收账款和应缴税费增加，其中：(1)预收账款由上年的23%上升为34.5%，但从其同行业预收账款数额来看，万科的预收账款是合理的，其增长原因主要是预售量的增长。(2)短期借款由上年的0.86%下降为0.685%，降幅较小，但是短期借款的减少，说明企业的短期偿债能力较强，具有良好的商业信用。(3)应付账款由上年的11.85%下降为7.848%，由附注知公司账龄超过一年的应付账款主要为尚未支付的工程款、地价款、质量保证金等，在报告期应付账款中，没有应付持有公司5%（含5%）以上表决权股份的股东单位或关联方的款项。(4)应付职工薪酬由上年的0.59%上升为0.657%，涨幅较小，增长原因主要是公司于2010年对薪酬制度进行了改革，构建了新的薪酬体系，引入了针对集团管理团队和业务骨干的卓越奖金计划，该计划以集团当年度实现的经济附加值作为业务考核指标。

非流动负债变化不大，其中：(1)长期借款由上年的12.72%下降为11.496%，公司无因逾期借款形成的长期借款。(2)应付债券由上年的4.21%下降为2.6995%，公司获取资金主要用于偿还债务及补充流动资金，非投入固定项目使用。

所有者权益由上年的32.998%下降为25.31%，主要是归属于母公司所有者权益下降所致。

综合分析，公司的流动资产所占比重上升，说明公司运营资金充足；流动负债比重上升，说明公司短期偿债能力的压力增大，短期偿债风险应引起重视。从总体来看，公司的资产总体质量较好，能够维持公司的正常运转，公司前景很好。

复习思考题

1. 编制合并会计报表的作用是什么？
2. 合并会计报表的特点有哪些？
3. 合并会计报表的编制方法是什么？
4. 合并价差包括的内容是什么？
5. 如何进行合并会计报表分析？

第十章　财务报告的其他会计信息分析

【学习目标】

1. 了解会计报表附注分析的意义
2. 掌握会计报表附注分析
3. 掌握会计政策、会计估计变更分析
4. 掌握资产负债表日后事项分析
5. 掌握分部报告分析

第一节　会计报表附注分析

会计报表附注是企业财务报告中不可缺少的组成部分，是对财务报表本身无法或难以充分表述的内容和项目所做的补充说明。由于资产负债表、利润表、现金流量表以及相关的附注受报表特有的格式、篇幅及反映形式等诸方面的限制，其所提供的信息是有限的，不能完全满足报表使用者的需要，因此，有必要通过会计报表附注，对会计报表项目的相关项目，会计年度内执行的会计政策和方法，会计处理方法的变更情况、变更原因以及对财务状况和经营成果的影响等做出详细的说明。根据证券监督管理委员会发布的《会计报表附注指引(试行)》，会计报表附注的内容应包括所有在会计报表内未提供的，与公司财务状况、经营成果和现金流量有关的，有助于报表使用者更好地了解会计报表且可以公开的重要信息。

一、财务报表附注的基本内容

公司应按照有关企业会计准则、会计制度的要求，编制和披露财务报表附注。财务报表附注应当对财务报表中需要说明的交易和事项做出真实、完整、明晰的说明。主要包括：

(一)公司的基本情况

首先发行股票的公司应简述公司历史沿革、改制情况、行业性质、经营范围、主要产品或提供的劳务，公司的基本组织架构等公司的有关资料。公司在报告期间内因收购、出售资产或吸引合并等引起公司重大资产或主营业务发生变更的，应予以说明。已上市公司再筹资和披露定期报告时至少应简述公司历史沿革、所处行业、经营范围、主要产品或提供的劳务等。公司在报告期间内因收购、出售资产或吸引合并等引起公司主营业务发生变更的，应予以说明。

（二）会计政策、会计估计和合并财务报表的编制

1. 会计政策

会计政策，是指企业进行会计核算和编制会计报表时所采用的具体原则、方法和程序。只有在对同一经济业务所允许采用的会计处理方法存在多种选择时，会计政策才具有实际意义，因而会计政策存在一个“选择”问题。企业所选择的会计政策，将构成企业会计制度的一个重要方面。

2. 会计估计

会计估计是指对结果不确定的交易或事项以最近可利用的信息为基础所作出的判断。为了定期、及时提供有用的会计信息，需将企业持续不断的营业活动（经济业务）划分为各个阶段，如年度、季度、月度，并在权责发生制的基础上对企业的财务状况和经营成果进行这期确认、计量和报告，这样就必须进行会计估计。合理地进行会计估计，不仅有助于企业为会计信息使用者编制出客观、公允的财务报表，也有助于企业管理当局了解企业的真实情况，继而作出正确的经营决策。

3. 合并财务报表的编制

在编制合并财务报表之前，为使报表编报准确，应当首先统一母公司与子公司的核算口径。统一性是编制合并会计报表的一个独特的质量要求，缺乏统一性的合并报表，必将使合并数据失去意义。

在母子公司财务报表统一核算口径后，合并财务报表便可编制了。编制合并报表时先将财务报表各个项目简单加总，然后编制抵消分录抵消内部交易，最后得出合并财务报表各项目合并数额。抵消的宗旨就是要在合并财务报告的工作底稿上，消除集团内的交易对个别财务报表的影响，使编制后的合并财务报告没有集团内交易（以下简称内部交易）的痕迹。

（三）税项

公司应批注主要税种和税率，如增值税、所得税等；若有税负减免的，应说明批准机关、文号、减免幅度及有效期限。

（四）控股子公司及合营企业

公司应披露其所控制的境内外所有子公司及合营企业的全称、业务性质、注册资本、经营范围以及本公司对其实际投资额度和所占权益比例等。未纳入合并财务报表范围的子公司，应说明原因及对公司财务状况、经营成果的影响。

对纳入合并范围但母公司持股比例未达到50%以上的公司，应说明纳入合并范围的原因。若发生购买、转让股权而增加控股子公司、合营企业的情况，应说明每个新增或转让股权的购买日及确定方法。按照比例合并方法进行合并的公司，应特别说明。

（五）母公司财务报表有关项目附注

母公司财务报表有关项目附注包括应收账款、其他应收款、长期股权投资、主营业务收入和主营业务成本、投资收益等项目。主营业务收入、主营业务成本应按主营业务种类分别披露。

（六）子公司与母公司会计政策不一致对合计会计报表的影响

子公司与母公司会计政策不一致，在编制合并财务报表时又未按母公司会计政策进行调

整的，应说明子公司应采用的特殊会计政策，未调整的原因及其对合并财务报表中净资产和净利润的影响。

（七）关联方关系及其交易

企业会计制度规定，在企业财务和经营决策中，如果一方有能力直接或间接控制、共同控制另一方或对另一方施加重大影响，将其视为关联方；如果两方或多方同受一方控制，也将其视为关联方。

关联方关系，是指关联企业之间的相互关系，它存在的主要特征是企业间存在着控制、共同控制或施加重大影响。关联方关系判定应遵守实质重于形式的原则。

企业会计制度中对关联方关系列举了以下主要形式：

1. 直接或间接地控制其他企业或受其他企业控制，以及同受某一企业控制的两个或多个以上企业；

2. 受同一母公司控制的各子公司之间存在关联方关系；

3. 母公司对某企业的投资没有达到20～50%，但由于子公司也拥有该企业股份，若母、子公司拥有该企业股份之和超过50%，则母公司直接和间接控制该企业，母公司与该企业存在关联关系；

4. 合营企业，指按合同规定经营活动由投资双方或若干方共同控制的企业，它是以共同控制为前提的，共同控制方和合营企业之间就构成关联方关系；

5. 联营企业，指投资者对其具有重大影响，但不是投资者的子公司或合营的企业。联营企业和重大影响是相联系的，如果投资者能对被投资企业施加重大影响，则该被投资企业视为投资者的联营企业；

6. 关键管理人员，包括公司的董事和高级职员及其关系密切的家庭成员；

7. 受上述的人员直接和间接控制的企业。

（八）或有事项

或有负债应按已贴现商业承兑汇票形成的或有负债、未决诉讼或仲裁形成的或有负债，为其他单位提供债务担保形成的或有负债、其他或有负债（不包括最小可能导致经济利益流出企业的或有负债），分项披露该事项形成的原因、预计产生的财务影响（如无法预计，应说明理由）、获得补偿的可能性。

如果或有资产很可能会给企业带来经济利益时，则应说明其形成的原因及产生的财务影响。如果公司没有需要在财务报表附注中说明的或有事项，应予以说明。

（九）承诺事项

对于资产负债表日存在的重大承诺事项，应在财务报表附注中按已签订的尚未履行或尚未完全履行的对外投资合同及有关财务支出、已签订的或正在准备履行的大额发包合同、已签订的或正在准备履行的租赁合同及财务影响、其他重大财务承诺等分项说明其存在原因和金额。如果公司没有需要说明的承诺事项，应予以说明。

（十）资产负债表日后事项

公司应按照有关资产负债表日后事项准则的规定，说明资产负债表日后股票和债券的发行、对一个企业的巨额投资、自然灾害导致的资产损失以及外汇汇率发生较大变动等非调整事项内容，估计对财务状况、经营成果的影响；如无法作出估计，应说明其原因。

（十一）其他重要事项

非货币性资产交换、债务重组应按有关非货币性资产交换及债务重组的规定进行披露。

报告期内发生资产置换、转让及出售行为的公司，应专项披露资产置换的详细情况，包括资产账面价值、转让金额、转让原因以及对公司财务状况、经营成果的影响等。其他对投资着决策有影响的重要事项，应分项说明。

如上所示，会计报表附注包含的内容很多，这里主要从会计报表项目注释、关联方披露来展开分析。

二、会计报表项目注释

会计报表项目注释很多，在分析时主要针对应收账款、存货、固定资产、对外投资、收入等几个项目进行重点分析。这里将以应收账款、存货和收入项目为例来说明会计报表项目注释的分析法方法和思路。

（一）应收款项注释的分析

应收款项主要包括应收账款、应收票据和其他应收款。应收账款是企业因销售商品、提供劳务而形成的债权，该债权由于可以直接影响主营业务收入的变化，且易于操纵、难于查找而往往成为舞弊者青睐的重要工具，是上市公司粉饰企业利润的主要工具之一。其他应收款是指企业发生的非购销活动产生的应收债权，这个科目原本并不重要，而如今却成为一个主要的“藏污纳垢”的场所。正常情况下，其他应收款的期末余额不应过大，但现在，其他应收款的“分量”越来越重，其余额可以和应收账款媲美，甚至有过之而无不及，对此投资者应保持一份清醒。

分析应收款项，通过剖析会计报表附注可以揭示以下问题：

1. 有无利用应收账款虚构营业收入的现象。分析有无利用应收账款虚构营业收入，可以从应收账款和应交税费（附注中的税项部分）的增长速度的比较来进行。如果应收账款增长很快而应交税费并没有增加，说明企业应收账款的增加是虚拟的，并没有相应的交易做基础，因为虚构主营业务收入可以增加利润，粉饰企业的经营业绩，而虚增应交税费则需企业付出纳税的代价，因此，企业在虚拟应交税费时往往会有所顾忌。当然也不排除企业为了达到某种目的而愿意多缴税款。

2. 有无隐瞒应收账款的坏账风险，少提甚至不提坏账准备。上市公司往往采用账龄分析法来计提坏账准备。但是账龄分析法也给上市公司一定的操纵利润的空间，利润多时多提，利润少时少提或不提，如济南柴油机股份有限公司按账龄分析法计提坏账准备，账龄在一年内的不计提坏账准备，该公司 1999 年期末一年以内的应收账款为 12218 万元，比上年增加 7358 万元，占应收账款总额的 80%，而当年的净利润仅为 71 万元，由此我们不难看出该公司为什么对一年内的巨额应收账款采取不计提坏账准备的政策。

3. “其他应收款”是否已成为大股东侵占上市公司资金的“钵盂”。大股东占用上市公司大量资金，将上市公司作为“提款机”的现象比比皆是，所采用的手段主要由以下四种：

（1）大股东贷款上市公司“买单”。大股东或其关联企业从银行贷一笔款，让上市公司提供担保，最后大股东赖账，由上市公司承担担保责任还钱。这是一种比较“古老”的侵占上市公司资产的方法，曾为很多上市公司的大股东采用。实际上，大股东往往从贷款之初就没打算还，但因为有上市公司提供担保，银行也就没有戒心，最后还款的义务都落到上市公司身上，这样就等于大股东间接从上市公司套走了一笔资产。

(2)假合作投资、真转移资产。这种方法多是以投资某一项目为名，上市公司与同属某大股东的一家控股子公司合资成立一家新公司，大股东的这家控股子公司在合资公司中的占控股地位。而实际上，所谓的项目不过是幌子，大股东利用他在他在合资公司中的控制地位，把上市公司的出资部分转移走，以侵占上市公司的资产。

(3)自家人理财，肥水不外流。随着上市公司圈钱规模越来越大，闲置资金增加，上市公司进行委托理财、委托经营的越来越多，有的控股股东就打起了委托理财的主意。在公司上市圈了钱之后，就让上市公司把资产委托给与大股东有关联的金融企业或者干脆就委托给大股东经营，变相将上市公司的资产交到大股东的手里。这种手法比较隐蔽，注册会计师也只有从上市公司获得的承包费、经营费等名目中的蛛丝马迹追踪下去，才会发现问题，如果承包费、经营费数目很小，则容易被疏漏。

(4)大股东打白条直接“借”款。有的上市公司的控股股东干脆直接从上市公司强取豪夺，控股股东只需和上市公司的董事会打个招呼或者写张借条，一笔资金就从上市公司流到了大股东的口袋里。大多数能这么做的上市公司多数在法人治理结构方面存在重大问题，大股东一股独大，而且在人员、财务、资产方面与上市公司有千丝万缕的联系。

此外，对应收账款的分析不应是孤立的，应结合利润表和现金流量表来进行综合分析。如与应收账款直接相关的会计科目是利润表中的主营业务收入和现金流量表中的经营活动现金流入，与计提应收账款坏账准备有关的还有坏账准备、管理费用等科目。

(二)存货注释的分析

会计报表附注中披露的存货内容由两部分:一是有关存货的会计政策，如存货成本计价方法、核算方法、盘存方法和存货跌价准备计提方法等;二是存货比较年度的相关数据。

存货是企业流动资产的一项重要内容，在流动资产占据较大比重，由于流动项目直接对应于流动表中的主营业务成本项目，因此存货金额的变化对企业损益、资产总额、所有者权益和所得税额都会产生一定影响。上市公司若采用不适当的方法计价或任意分摊存货成本，就可能降低销售成本，增加营业利润。首先，存货计价的方法不同，对企业财务状况、盈亏状况会产生不同的影响。期末存货计价过高或期初存货计价过低，当期收益都可能因此而增加；反之亦然。所以，存货计价方法的变更可以产生一定的利润调整空间。其次，有的企业采用定额成本法计算产品成本时，将产品定额成本差异在期末在产品和库存产品之间分摊，本期销售产品却不分摊，以降低本期销售成本。更甚者，故意虚列存货或隐瞒存货的短缺或毁损，从而达到虚增本期利润的目的。可见，对附注中存货注释的分析有利于我们理解和判断报表的真实性。

(三)收入注释的分析

收入包括主营业务收入、其他业务收入和营业外收入。收入项目是上市公司经常用来调节利润的法宝。据统计，我国上市公司各种不规范的手段99%与公司的收入有关，在收入计算方面，存在着十分严重的舞弊现象。这些不规范的手法有很多，这里简单介绍几种：

1. 编造子虚乌有的营业额。评价一家上市公司的业绩，往往要看收入这把衡量公司优劣的“尺子”。主营业务收入是投资者最先想了解的内容，也是造假者极力想粉饰的对象，因为没有收入为基础，利润也就是空中楼阁。

2. 提前确认收入。收入造假的另一手段就是提前确认收入。这种做法相对比较隐蔽。例如上海国家实业下属子公司北京国软科技公司，收到了某化工公司9600万元的软件开发预付款，国软科技公司开具了发票，然后将这笔巨款计入了1997年的营业收入，为国嘉实业直接贡献了6100万元的利润，使得国嘉实业1997年每股收益一下子从0.02元提高到了0.52元，公司业绩像吹圆了气球，迅速膨胀起来。按照我国收入准则，某一项商品或服务的所有权和风险没有完全转移之前，不能确认为公司的收入，商品或服务的预收款都不能直接计入收入，如开发中的软件、房屋等的预收款都不能计入收入。但在实际情况中，上市公司往往采用提前确认收入、推迟确认费用，或不以实际收入的发生为依据，而是根据购销合同协商确认收入等手段直接操纵利润。

3. 调整其他业务收入，虚增利润。虽然其他业务并不属于企业的主要经营业务，但对于一些公司而言却是一块“宝地”，其对公司总体利润的贡献不可小视。如神马实业2001年中期获得其他业务利润2002万元，这笔利润是通过把不良资产委托给大股东托管获得的，占公司2001年上半年利润总额5201万元的38.49%。

4. 调整营业外收入，堤内损失堤外补。营业外收入不是由企业经营资金耗费所产生的，不需要企业付出代价，实际上是一种纯收入，不可能也不需要与有关费用进行配比。营业外收入也通常成为利润的“调节器”。

以上各种情况会在会计报表附注中都可找到蛛丝马迹。进行财务分析时，我们可以对比年报附注中的收入和税项，分析两者增长的幅度是否相一致，借以判断主营业务的真实性。也可采用主营业务利润与总利润的比率来分析利润的构成因素，以检验企业的获利能力与经营成果。如果比率接近1，说明主营业务具有主体性的地位；如果比率远小于1，说明企业主营业务缺乏效益，这时的高额利润并不能够代表企业的真实盈利水平，相反，说明企业还存在用非主营业务来包装利润的可能。另外，还可用其他业务利润或营业外收入与总利润的比率来进行分析，如果比率过大，说明企业盈利水平差，经营前景不容乐观。

三、关联方披露

《企业会计准则第36号——关联方披露》及其指南，对上市公司关联方及其交易的信息的披露进行了规范。企业无论是否发生关联方交易，均应当在附注中披露与母公司和子公司有关的下列信息：

1. 母公司和子公司的名称

母公司不是该企业最终控制方的，还应当披露最终控制方名称。

母公司和最终控制方均不对外提供财务报表的，还应当披露母公司之上与其最相近的对外提供财务报表的母公司名称。

2. 母公司和子公司的业务性质、注册地、注册资本（或实收资本、股本）及其变化。

3. 母公司对该企业或者该企业对子公司的持股比例和表决权比例。

企业与关联方发生关联方交易的，应当在附注中披露该关联方关系的性质、交易类型及其交易要素。披露的交易要素至少包括：

（1）交易的金额

（2）未结算项目的金额、条款和条件，以及有关提供或取得担保的信息

（3）未结算应收项目的坏账准备金额

(4)定价政策

关联方交易应当分别将关联方以及交易类型予以披露。类型相似的关联方交易，在不影响财务报表使用者正确理解关联方交易对财务报表影响的情况下，可以合并披露。

企业只有在提供确凿证据的情况下，才能披露关联方交易是公平交易。

企业关联方及其交易的信息披露之所以越来越引人注目，主要原因在于：关联方之间由于存在着密切的关联关系，完全可以不依赖于正常市场交易的条件下，通过内部操纵而完成关联交易，以达到某种目的。例如，某个关联方在一定时期需要表现更多利润，其他关联方就有可能向需要表现较多利润的关联方以低于市场正常水平的价格提供产品或劳务、以高于市场正常水平的价格从需要表现较多利润的关联方购买商品或劳务。这样，就可以把其他关联方的利润转移到需要表现较多利润的关联方，从而将其“包装”为外在盈利能力远远超过其实际盈利能力的企业。显然，此种交易结果并不是企业正常交易的结果。因此，财务信息的使用者必须对企业关联方关系及其交易予以足够的重视。

第二节　会计政策、会计估计变更和差错更正分析

企业在报表编制过程中，将涉及会计政策变更、会计估计变更和差错更正等问题。上述三个方面的处理包含了较为丰富的财务状况质量信息。下面以我国企业当前的会计准则为基础对上述问题进行分析。

一、会计政策变更

(一)会计政策及其具体内容

会计政策，是指企业在会计确认、计量和报告中所采用的原则、基础和会计处理方法。

企业在会计核算中所采纳的会计政策，通常应在会计报表附注中予以披露。

我国企业当前需要披露的项目主要有：

1. 合并政策，是指编制合并会计报表所采纳的原则。如母公司与子公司的会计年度不一致的处理原则、合并范围的确定原则、母公司和子公司所采用会计政策是否一致，等等。

2. 外币折算，是指外币折算所采用的方法，以及汇兑损益的处理。如外币报表折算是采用现行汇率法，还是采用时态法或其他方法。

3. 收入的确认，是指收入确认的原则。

4. 存货的计价，是指企业存货的计价方法。如企业的存货在先进先出法和其他的国家统一的会计制度所允许的计价方法之间的选择。

5. 长期投资的核算，是指长期投资的具体会计处理方法。如企业对被投资单位的股权投资在成本法和采用权益法核算之间的选择。

6. 坏账损失的核算，是指坏账损失的具体会计处理方法。如企业的坏账损失在直接转销法和备抵法之间的选择。

7. 借款费用的处理，是指借款费用的处理方法，即借款费用在资本化和费用化之间的选择。

8. 其他，是指无形资产的计价及摊销方法、财产损溢的处理、研究与开发费用的处理等。

（二）会计政策变更的含义与条件

会计政策变更。是指企业对相同的交易或事项由原来采用的会计政策改用另一会计政策的行为。为保证会计信息的可比性，使会计报表使用者在比较企业一个以上期间的会计报表时，能够正确判断企业的财务状况、经营成果和现金流量的趋势，一般情况下，企业应在每期采用相同的会计政策，不应也不能随意变更会计政策。否则，势必削弱会计信息的可比性，使会计报表使用者在比较企业的经营业绩时发生困难。但是，也不能认为会计政策不能变更，企业出现下列情况时，应改变原采用的会计政策：

1. 法律、行政法规或者国家统一的会计制度等要求变更。

2. 会计政策变更能够提供更可靠、更相关的会计信息。

3. 会计政策变更对企业财务状况质量分析的影响。

（三）会计政策变更对企业财务状况质量分析的影响

在法律或会计准则等行政法规、规章的要求下发生的会计政策变更，属于不可抗力，企业只能被动地按照国家的有关规定执行。这种条件不会成为企业会计政策变更的经常性原因。

在会计政策的变更能够提供有关企业财务状况、经营成果和现金流量等更可靠、更相关的会计信息的条件下发生的会计政策变更，则属于企业在会计政策选择方面的一种主动行为。在企业认定原来所采用的会计政策不能像新的会计政策那样提供有关企业财务状况、经营成果和现金流量等方面可靠、相关的会计信息时，原则上，企业应当进行会计政策的变更。但必须注意的是，这种变更的必要性，是以企业自身的主观判断为依据的。在很多情况下，企业也有可能出于其他方面的考虑（如新的会计政策的运用，有可能导致企业所披露的财务信息更有利于企业管理层对其业绩的展示）而变更会计政策。企业财务信息的使用者应当对这种可能性有所警惕。

此外还应注意的是，不论何种原因引起的企业会计政策的变更，均会导致企业在不同的会计年度之间财务信息出现不可比性。在对企业不同年度之间的财务信息进行比较时，应当对这种因会计政策变更而导致的财务信息的不可比性予以剔除。

二、会计估计变更

（一）会计估计的含义

会计估计，指企业对其结果不确定的交易或事项以最近可利用的信息为基础所作的判断。

以下各项属于常见的需要进行估计的项目：

1. 坏账；

2. 存货遭受毁损、全部或部分陈旧过时；

3. 固定资产的耐用年限与净残值；

4. 无形资产的受益期；

5. 收入确认中的估计，等等。

（二）会计估计变更的原因

会计估计变更，是指由于资产和负债的当前状况及预期经济利益和义务发生了变化，从而对资产或负债的账面价值或者资产的定期消耗金额进行调整。企业据以进行估计的基础发生了变化，或者由于取得新信息、积累更多经验以及后来的发展变化，可能需要对会计估计进行修订。会计估计变更的依据应当真实、可靠。

（三）会计估计变更对企业财务状况质量分析的影响

显然，会计估计的变更是企业的一种主动行为。与会计政策变更相类似，在很多情况下，企业也有可能出于其他方面的考虑（如新的会计估计的运用，有可能导致企业所披露的财务信息更有利于企业管理层对其业绩的展示）而变更会计估计。企业财务信息的使用者应当对这种可能性有所警惕。

同样应注意的是，企业会计估计的变更，会导致企业在不同的会计年度之间财务信息出现不可比性。在对企业不同年度之间的财务信息进行比较时，应当把这种因会计估计变更而导致的财务信息的不可比性予以剔除。

需要特别关注的是，为了防止企业利用会计估计调节年度间的盈亏状况，我国新的《企业会计准则》对企业关于会计估计的处理进行了规范。例如，《企业会计准则第 8 号——资产减值》准则规定：已计提减值准备不允许转回。

三、前期差错更正

（一）前期差错的含义

前期差错，是指由于没有运用或错误运用下列两种信息，而对前期财务报表造成省略、漏报或错报。

1. 编报前期财务报表时预期能够取得并加以考虑的可靠信息。

2. 前期财务报告批准报出时能够取得的可靠信息；

前期差错通常包括计算错误、应用会计政策错误、疏忽或曲解事实以及舞弊产生的影响以及存货、固定资产盘盈等。

前期差错的产生有诸多原因，以下是常见的前期差错产生的原因：

1. 采用法律或会计准则等行政法规、规章所不允许的会计政策；

2. 账户分类以及计算错误；

3. 会计估计错误；

4. 在期末应计项目与递延项目未予调整；

5. 漏记已完成的交易；

6. 对事实的忽视和误用；

7. 提前确认尚未实现的收入或不确认已实现的收入；

8. 资本性支出与收益性支出划分差错，等等。

（二）关注企业有关前期差错的信息的质量含义

应该说，在企业的会计实践中，出现前期差错是难以避免的。但应该注意的是，相当多的上市公司披露的前期差错在对企业盈亏的影响上呈现出在特定会计期间方向一致性的特征。如果这种情形成为一种普遍现象，读者就应该对这种差错产生的真实原因进行分析了。

此外，还要警惕企业滥用会计政策和会计估计及其变更的情形。滥用会计政策和会计估计及其变更有一个重要特点，就是其处理有“反常识”色彩。如，有的上市公司在某些年度的管理费用、营业费用出现负数；有的上市公司的期间费用随意增减，等等。

第三节　资产负债表日后事项分析

一、资产负债表日后事项的含义及其种类

按照企业会计准则的表述，资产负债表日后事项，是指资产负债表日至财务报告批准报出日之间发生的有利或不利事项。其中，财务报告批准报出日，指董事会或类似机构批准财务报告报出的日期。

资产负债表日后事项，一般分为调整事项和非调整事项。

（一）调整事项

调整事项是指资产负债表日后获得新的或进一步的证据，有助于对资产负债表日存在状况的有关金额作出重新估计的事项。企业应据此对资产负债表日所反映的收入、费用、资产、负债以及所有者权益进行调整。

1. 资产负债表日后诉讼案件结案，法院判决证实了企业在资产负债表日已经存在现时义务。需要调整原先确认的与该诉讼案件相关的预计负债，或确认一项新负债。

2. 资产负债表日后取得确凿证据，表明某项资产在资产负债表日发生了减值或者需要调整该项资产原先确认的减值金额。

3. 资产负债表日后进一步确定了资产负债表日前购入资产的成本或售出资产的收入。

4. 资产负债表日后发现了财务报表舞弊或差错。

需要说明的是，原准则将资产负债表日至财务报告批准报出日之间，由董事会制定的财务报告所属期间的利润分配方案作为一项调整事项，要求现金股利在资产负债表所有者权益中单独列示。如果董事会制定的利润分配方案中包括股票股利，则作为非调整事项在会计报表附注中披露。不能作为调整事项处理。而新准则只要求将拟分配的现金股利和股票股利在报表附注中进行披露，不再作为调整事项进行处理。

（二）非调整事项

非调整事项是资产负债表日以后才发生或存在的事项。这类事项不影响资产负债表日存在的状况。但如不加以说明，将会影响财务报告使用者作出正确估计和决策，因此需要在会计报表附注中予以披露。非调整事项的表现形式主要有：

1. 资产负债表日后发生重大诉讼、仲裁、承诺；

2. 资产负债表日后资产价格、税收政策、外汇汇率发生重大变化；

3. 资产负债表日后因自然灾害导致资产发生重大损失；

4. 资产负债表日后发行股票和债券以及其他巨额举债；

5. 资产负债表日后资本公积转增资本；

6. 资产负债表日后发生巨额亏损；

7. 资产负债表日后发生企业合并或处置子公司。

二、资产负债表日后事项对企业财务状况质量分析的影响

企业对资产负债表日后事项中的调整事项已经进行了报表调整，其对财务状况质量的影响已经体现在相应的报表项目中。对于非调整事项，则既没有调整账户和报表，也没有调整

净利润，只是将这些事项形成的原因、内容以及影响做了相关的披露，财务报表分析者应根据披露的情况逐一分析。如股票和债券的发行会明显地影响企业资本的资本结构，使企业的偿债能力发生变化，盈利能力也会受到一定的影响；对于一个企业的巨额投资，会使企业的风险增加，其投资回报率也有可能增加；自然灾害导致的资产损失，会使企业的偿债能力和盈利能力下降；外汇汇率发生较大变动，可能会为企业带来外汇汇兑收益或汇兑损失。

第四节　分部报告分析

现代证券市场是建立在信息披露制度之上的，上市公司的信息披露是证券市场健康发展的重要保证，也是投资者做出合理投资决策的基本依据。在企业已出现跨行业、跨地区经营的全球性发展趋势的今天，我国上市公司的经营规模和经营范围已经越来越大，呈现出跨行业、跨地区甚至跨国经营的趋势。而企业对外提供的财务会计报告通常情况下反映的是企业整体的财务状况，因而会计信息的使用者通过财务会计报告很难分析其利润增长和财务状况变动的具体原因。这就为分部财务报告提供了土壤。随着投资者理性程度的提高，投资者和其他会计信息使用者对企业分部信息的关注程度也日益提高。

一、报告分部的确定

企业应当以内部组织结构、管理要求、内部报告制度为依据确定经营分部，以经营分部为基础确定报告分部，并按相关规定披露分部信息。

（一）经营分部的确定

经营分部，是指企业内同时满足下列条件的组成部分：

1. 该组成部分能够在日常活动中产生收入、发生费用；
2. 企业管理层能够定期评价该组成部分的经营成果，以决定向其配置资源、评价其业绩；
3. 企业能够取得该组成部分的财务状况、经营成果和现金流量等有关会计信息。

企业若存在相似经济特征的两个或多个经营分部，在一定条件下可以合并为一个经营分部。

（二）报告分部的确定

企业在以经营分部为基础确定报告分部时，应当满足下列三个条件之一：

1. 该分部的分部收入占所有分部收入合计的10%或者以上；
2. 该分部的分部利润（亏损）的绝对额，占所有盈利分部利润合计额或者所有亏损分部亏损合计额的绝对额两者中较大者的10%或者以上；
3. 该分部的分部资产占所有分部资产合计额的10%或者以上。

未满足规定条件，但企业认为披露该经营分部信息对财务报告使用者有用的，也可将其确定为报告分部。

报告分部的数量通常不应超过10个。报告分部的数量超过10个需要合并的，应当以经营分部的合并条件为基础，对相关的报告分部予以合并。

二、报告分部的信息披露要求

企业报告分部确定后，应当披露下列信息：

1. 确定报告分部考虑的因素、报告分部的产品和劳务的类型；

2. 每一报告分部的利润(亏损)总额相关信息，包括利润(亏损)总额组成项目及计量的相关会计政策信息；

3. 每一报告分部的资产总额、负债总额相关信息，包括资产总额组成项目的信息，以及有关资产、负债计量的相关会计政策。

此外，企业还应当根据具体情况适当披露下列信息：

1. 每一产品和劳务或每一类似产品和劳务组合的对外交易收入；

2. 企业取得的来自本国的对外交易收入总额以及位于本国的非流动资产(不包括金融资产、独立账户资产、递延所得税资产，下同)总额，企业从其他国家取得的对外交易收入总额以及位于其他国家的非流动资产总额；

3. 企业对主要客户的依赖程度。

三、分部报告的分析

在分析分部报告时，首先要明确的就是企业划分分部的原则是否具有误导性。如果分部原则与企业的具体情况不符，则应对该分部报告的可信性产生怀疑。

在经营分部、报告分部确定合理，分部报表项目确认、计量恰当的基础上，便可以采用一定的分析方法，对分部报告进行分析，以获取有用的决策信息。一般情况下，传统的财务报表分析方法，如比率分析法、趋势分析法、比较分析法等也适合于分部报告的分析。但需要强调的是，分部报告分析是一个比较复杂的过程，必须深入了解企业管理战略、内部外部环境、经济政治因素、相关行业、地理环境等相关信息。另外，在分部报告中可能会在诸如成本费用分配等方面存在较多的人为因素，这将大大增加分析难度，影响分析结论的客观性。因此应将分部报告分析与企业整体的财务状况分析相结合，以免出现以偏概全的情况。大体上来说，对企业分部报告可以从以下几个方面展开分析。

1. 分析各报告分部的增长率及其变化原因。企业整体是由各个分部所构成的，分部的增长率会在很大程度上影响整个企业的增长率水平。通过采用趋势分析法分析各分部的销售增长率、资产增长率以及利润增长率的变化情况，信息使用者可以判断各分部的相对管理水平和相对发展速度，找出影响整个公司增长率变动的主要分部，进一步可通过考察这些分部的持续发展能力和存在的潜在风险等方面，来预测企业未来的成长性。

2. 比较各报告分部的相对盈利能力。通过计算各报告分部的毛利率、经营性资产报酬率等财务指标，可以考察每一分部的相对盈利能力，进而分析各分部对整个企业盈利能力的影响程度，这样便于了解企业的盈利主要来自哪些分部，企业盈利水平的提高或降低主要是由哪些分部引起的。对那些盈利水平较高或亏损较大的分部应给予特别的关注，它们往往对企业的未来发展起到至关重要的作用。

3. 考察企业资产的分布状况。通过比较每一个报告分部的资产相对分布百分比，来评价公司资产的分布状况以及变动特点。分部资产的分布百分比对整个企业而言，是指每一报告分部的资产占企业总资产的比重。占有资产比重较大的分部，一般是管理层较为重视的分部，应成为企业主要的盈利支柱。结合趋势分析，可以从资产分布百分比的变化来考察企业资产的基本流向，可进一步分析企业未来的发展方向。

4. 了解各报告分部的销售业务对外部客户的依赖程度。一个分部的销售可能全部为内销（表现为企业内部的资源流转），可能部分内销部分外销，也可能全部为外销。在确定报告分部时，没有将内销收入剔除，主要考虑到内销对整个企业来说也是重要的。如果一个分部的销售主要来自外销，那么，该分部对外部客户的依赖程度就很高，随时存在着来自客户的风险。因此，对于外销业务较多的分部，要慎重地分析相应客户的情况，以确定其可能存在的潜在风险。

但从另一角度来说，由于内销只能带来未实现利润，在编制财务报表时会予以抵消，因而企业最终实现的利润应来自外销。外销收入和利润越多的分部，对整个企业的收入和利润的贡献也就越大，这一分部也就越重要。企业管理层借此可以进行相应的企业战略调整，使资源由外销收入少、盈利能力小的分部向外销收入高、盈利能力强的分部转移，以达到企业资源整体的优化配置。而对于外部信息使用者来说，可以了解到公司的收入和利润主要来自什么业务、什么经营部门、什么地区，在对这些业务、部门和地区进行分析的基础上，可以更加全面地评价企业的财务状况，以便做出更加科学的投资决策。

案例分析

案例一：

2002 年无锡小天鹅股份有限公司的报表附注中的应收账款的有关资料如下所示：

表 10－1 账龄分析表 单位：元

类别	账龄	余额	比例（%）	坏账准备	坏账提取比例（%）	净额
应收账款	1 年以内	322114986.12	43.95	36831983.81	11.43	285283002.31
	1 年－2 年	293468738.62	40.05	217871546.00	74.24	75597192.62
	2 年－3 年	47556238.11	6.49	31166620.45	65.54	16389617.66
	3 年－5 年	59220749.85	8.08	32812956.40	55.41	26407793.45
	5 年以上	10468969.14	1.43	10468969.14	100.00	－
	合计	732829681.84	100.00	329152075.80		403677606.04
其他应收款	1 年以内	86800780.10	35.50	53066833.50	61.14	33733946.60
	1 年－2 年	57163364.03	23.38	11872216.71	20.77	45291147.32
	2 年－3 年	46177340.77	18.88	28011089.74	60.66	18166251.03
	3 年－5 年	34235100.86	14.00	17496410.15	51.11	16738690.71
	5 年以上	20149507.78	8.24	20149507.78	100.00	－
	合计	244526093,54	100.00	130596057.88		113930035.66

表 10－2　应收账款中持有本公司 5%（含 5%）以上股份的股东单位欠款情况明细表　单位：元

类别	股东	内容	余额
应收账款	江苏小天鹅集团有限公司	代垫及往来款项	11021393.44
其他应收款	无锡小天鹅制冷电器有限责任公司	大部分 1 年以内代垫款项	32975841.63
	江苏小天鹅集团有限公司	1 年以内代垫及往来款项	23984390.80
	博西威家用电器有限公司	2 年－3 年中方管理人员工资及设备欠款	23464830.55
其他应收款	无锡小天鹅天爱电器有限责任公司	大部分为 2 年－3 年代垫及往来款项	23045045.91
	无锡小天鹅陶瓷有限责任公司	4 年以内代垫及往来款项	12167843.87

该公司应收账款欠款金额前五名的累计总欠款金额为 6839.55 万元，占期末应收账款总余额的 9.33%；其他应收款欠款金额前五名的累计总欠款金额为 11563.80 万元，占其他应收款总余额的 47.29%。

2002 年根据客户单位的回函等实际情况，采用样本推断总体的方法对应收账款按个别认定法计提坏账准备。同时，对以下其他应收款按个别认定法全额计提了坏账准备，如【表 10－3】所示。

表 10－3　坏账准备计提说明表

项目	2002 年 12 月 31 日余额	备注
无锡小天鹅制冷电器有限责任公司	32975841.63	正在清算且已资不抵债
无锡市小天鹅干衣机有限公司	11772983.86	已资不抵债
无锡小天鹅天爱电器有限责任公司	23045045.91	
费用性质的款项	18412329.79	

根据上述各种资料，对无锡小天鹅股份公司的应收账款进行分析：

由上面 3 个表可知：

1. 2002 年无锡小天鹅公司其他应收款的坏账准备是按照附注中所确定的标准提取的。由于无锡小天鹅制冷电器有限责任公司、无锡小天鹅天爱电器有限责任公司正处于清算过程中，公司将它们所欠的款项（分别属于 1 年以内和 2 年－3 年的代垫款项）全额计提坏账准备，造成其他应收款在 1 年以内提取 61.41%、2 年－3 年提取 60.66%，而 1 年－2 年的提取比例仅为 20.77% 的反常现象。

2. 应收账款坏账准备的提取比例却值得进一步分析，其中欠账 1 年－2 年的提取比例高达 74.24%，非常引人注目。仅这一账龄段的欠款，所提的坏账准备就高达 2.17 亿元，占全部应收账款坏账准备的 2/3。而附注中没有对为什么提取如此之高的比例予以说明，仅以采用样本推断总体的方法为由给予含糊的描述。

出现上述情况，有两种原因可供解释:(1)欠账1年－2年的公司里确有相当部分已处于清算之中，或者陷入财务危机。(2)小天鹅公司通过坏账准备科目调节利润。该公司2001年亏损0.57亿元，2002年该公司可能看到扭亏无望时，干脆通过多计费用，“一次亏个够”，将部分收益放在坏账准备等科目中储备起来，造成2002年亏损4.18亿元。待到2003年时，再将以往多计的坏账准备转回，形成第三年的扭亏为盈，从而避免被摘牌的危险。

案例二:

表10－4是2002年无锡小天鹅股份公司的报表附注中的存货注释:

表10－4　　存货明细表　　单位:元

项目	2002年12月31日		2001年12月31日	
	余额	跌价准备	余额	跌价准备
库存材料	97663609.52	18050284.19	97322940.95	4722612.91
委托加工材料	4505214.81	–	3673888.06	–
在产品	14374692.38	–	23618932.71	–
开发产品	12020801.80	–	5159002.81	–
库存商品	570350568.95	103568180.58	288562015.11	2097094.55
低值易耗品	97227.87	–	480786.27	–
合计	699012115.33	121618464.77	418817565.91	6819707.46

根据上表，对无锡小天鹅股份公司的存货注释进行分析:

1.该公司存货库存量增加很大，2002年余额较2001年余额增加2.8亿元，增长了66.90%，据附注披露，这主要因新设控股子公司江苏小天鹅营销有限责任公司销售空调、冰箱等而增加非洗衣机商品库存所致，说明该公司销售的增长低于生产的增长。

2.2002年的跌价准备比上一年增加1.15亿元，增长近17倍，而且主要集中在库存材料和库存商品上，尤其是库存商品跌价准备增长48倍。跌价准备的增加有两种可能性:(1)库存商品已过时，产品更新换代速度快，导致市价的大幅下跌;(2)本年多计提存货跌价准备，将这部分利润“储存”起来，待来年予以转回。该公司2002年亏损4.18亿元，仅坏账准备和存货跌价准备两项就为之“贡献”了3.32亿元，占全部亏损的80%，应该说这是为来年的“扭亏为盈”奠定了“坚实”的基础。

案例三:“知错必纠”的TCL通讯

2003年3月29日，TCL通讯公布了整改报告，对高达15485万元的重大会计差错进行追溯调整。调整后，TCL通讯2000年度由盈利2632万元变为亏损8356万元。这份整改报告在当时备受争议，因为该公司1999年已出现17984万元的巨额亏损，如果2000年再亏损，就要被扣上ST的帽子，那么此举会不会是为了逃避其股票被特别处理而做出来的呢?

表 10－5　　TCL 通讯 1998－2002 年的业绩　　单位:元

年份	1998	1999	2000		2001	2002
			调整前	调整后		
净利润	304	－17983	2631	－8356	2154	27638

TCL 通讯列出的八项重大会计差错变更事项是:1. 2000 年度及以前年度少计提减值准备 6949 万元及 942 万元;2. 2000 年度多计提收入约 426 万元;3. 2000 年度及以前年度少转成本 2265 万元及 350 万元;4. 2000 年度少计所得税费用 300 万元;5. 2000 年度及以前年度少计提广告费用 1915 万元及 77 万元;6. 2000 年度少计研发费用 1200 万元;7. 2000 年度末抵消集团内部公司间交易的未实现利润，造成多计利润约 840 万元;8. 2000 年度少计其他费用 221 万元。

根据上表对重大会计差错变更进行分析进而对重大会计差错的界定有所思考。

从上表看，TCL 通讯 1998－2001 年的净利润可谓是一波三折。特别是从 1998 年的微薄利润到 1999 年的巨亏，会计数据昭显操纵的巨大可能。这里，我们重点关注 2000 年调整前后的利润数字。

上述会计差错累计调减 2000 年度及以前年度利润 1.55 亿元(其中 2000 年度调减 1.4 亿元)，一连串的疑问也随之产生:TCL 通讯进行差错调整的日期是 2003 年 3 月，而差错调整的利润是 2000 年度及以前，对于收入、成本费用计量如此重要的会计实务，何以在 2000 年度前是一个做法，2001 年至 2002 年后又幡然醒悟，准确得分毫不差？就算 2001 年、2002 年采用了正确的收入成本费用确认计量方法，为何不在当时就更正差错，偏偏等到监管部门的四道整改令下达，才痛心疾首地悔过？另外，错报上亿元的 2000 年报是如何通过注册会计师审计的？2003 年的追溯调整又是如何通过注册会计师认定的？

显然，该公司利用自己所理解的“重大会计差错”而随意的进行会计报表的粉饰。所谓的“重大会计差错”，只要是公司管理层检讨认错，就可以不受有关部门的调查和惩处了吗？答案当然是否定的。本案例是将会计舞弊诠释为会计差错的典型。诚然，会计舞弊与会计差错都会导致报表的错报漏报，但二者的区分也是一目了然的。会计舞弊属于故意行为，会计差错属于非故意行为。两者有着根本的区别。我国的再融资、股票特殊处理、退市和复市，与上市公司首次对外报告的净利润为基础。因会计政策变更、重大会计差错进行的追溯调整，既不影响上市公司经营业绩的连续计算，也不影响再融资和上市资格的认定，但发生会计舞弊的更正时，则必须重新计算经营业绩，重新认定再融资和上市资格。可见，会计舞弊和会计差错具有迥然不同的经济后果。此外，对于会计差错更正，相关的配套规定也不明确。

复习思考题

1. 会计报表附注的内容包括哪些？分析时应重点分析哪些内容？
2. 在对会计政策、会计估计变更分析时，应重点分析哪些方面？
3. 怎样对资产负债表日后事项进行分析？
4. 什么是分部报告分析？应该怎样对其进行分析？

第十一章　财务分析综合分析

【学习目标】

1. 了解财务报表综合分析的内容与目的
2. 掌握杜邦财务分析法
3. 掌握沃尔综合评分分析法
4. 掌握资信评级及其指标
5. 掌握企业经营业绩评价综合评分法
6. 掌握财务预警分析

第一节　财务报表综合分析概述

财务分析的最终目的在于全方位的了解企业的经营理财状况，并借以对企业经济效益的优劣做出系统的、合理的评价。单独分析任何一项财务指标或企业的任何一张单一报表，都难以全面评价企业的财务状况和经营成果。要相对企业的财务状况和经营成果有一个总的评价，就必须进行相互关联的分析，采用适当的标准进行综合性的评价。

一、财务报表综合分析的含义与特点

财务报表的综合分析是指将各财务的分析内容和指标作为一个整体，系统、全面、综合地对企业财务状况和经营成果进行的分析和评价活动，借以揭示企业的整体的财务状况、经营情况及未来发展趋势等等。

综合财务分析贵在综合，它利用各种方法将企业财务活动视为一个不可分割的整体，并对其进行全方位的考察和评估，而不仅仅是注重一时一事或某一财务指标。联系性、完整性、相关性和发展性是财务报表综合分析的要求和特点。

1. 联系性

财务报表综合分析的对象是企业所有的财务报表，包括对外公开发布的财务报表及其他的财务报表，还包括企业内部管理报告。各种财务报表之间是互相联系的，是有因果关系和勾稽关系的，只有将所有的财务报表进行相互联系，互相验证，才能判断实施的真相，才能真正揭示企业的财务状况和经营成果。

2. 完整性

财务报表综合分析不同于单一财务分析或单项财务分析的最主要的特点就是其完整性。综合分析不仅要分析其财务状况，包括营运能力、获利能力，更要分析其未来的发展能力或可持续发展能力，并对其经济效益如财务绩效、管理绩效和企业价值做出适当的评价和估计。因此，财务报表综合分析构成了对一个企业的整体状况的完整分析和评价，是报告使用者形成对企业的整体判断和评价。

3. 相关性

财务报表综合分析是建立在单项分析的基础上的，但不是单向分析的简单相加，某一单个财务指标并不能做出准确的判断，而且各指标之间都具有相关性。综合分析就是要将各个财务分析对象之间的相关性结合起来，采用特殊的分析方法，借以揭示分析对象之间的联系，并共同为报表使用者提供决策的有用信息。

4. 发展性

财务报表综合分析的发展性是指财务报表综合分析是一个不断发展和完善的过程。这不仅指财务报表综合分析的内容会随着报告使用者需求的增加而不断完善和增加，还指财务报表综合分析的方法会随着财务分析的技术及计算机技术的不断发展而逐步丰富其内容和手段。现行的财务分析方法，无论是比较分析法、比率分析法还是因素分析法，包括杜邦分析体系及沃尔评分法等方法，基本用简单的数学计算就能完成。高等数学尤其是统计学的方法用得还比较少。随着财务分析电算化的进一步发展和完善，财务综合分析的方法体系将会更加科学和完善。

二、财务报表综合分析体系的设计要求

按照财务报表综合分析的特点来设计财务报表综合分析体系，则体现在财务指标的设计上要求必须具备三个基本条件。

1. 指标要素齐全适当

指标要素齐全适当是指所设置的评价指标必须能够涵盖企业营运能力、偿债能力、获利能力以及企业发展等诸方面总体考核的要求。同时，指标体系要素要适当。指标太少不足以反映全貌，指标太多则又容易带来理解上和操作上的困难，难以推广和应用。

2. 主辅指标的功能匹配

一个健全有效的综合财务指标体系可能是由多项指标构成的，在这些指标中，必然会有主要指标和辅助指标。在指标体系设计时，要明晰总体指标结构中各项指标的主辅地位。使不同范畴的考核的主要指标所反映的企业经营状况、财务状况的不同与不同层次的信息有机结合，全面而祥实地揭示出企业经营理财的实绩。

3. 满足多方面信息要求

财务报表综合分析揭示的是企业经营的全貌，要能使报告使用者从中获得有用的信息。这就要求指标体系必须能够提供多层次、多角度的信息资料，既能满足企业管理当局实施决策的需要，又能满足外部投资者及其他利益相关者进行决策的需要。

三、财务报表综合分析的原则

财务报表的综合分析是一项技术性较强的工作，虽然参与财务报表综合分析的主体各自的目的的不同，具体要求有别，但是在综合评价时均应遵守以下原则：

1. 兼顾价值与使用价值相结合的原则

财务报表分析在衡量企业经济效益的高低时，既要考虑使用价值方面，又要考虑价值方面，而且应将这两方面统一起来。所以，在进行综合分析评价企业经济效益时，所采用的方法、指标等都应兼顾使用价值与价值两方面的内容，还应考虑到单项指标与综合效益指标的结合，以便全面评价企业的财务状况。

2. 微观经济效益与宏观经济效益相统一的原则

微观经济效益与宏观经济效益有着极为密切的关系。在综合评价企业的经济效益时，应将企业的微观经济效益与宏观经济效益联系起来，在保证宏观经济效益的前提下，来判断企业经济效益的好坏和财务能力的高低。

3. 短期经济效益服从长期经济效益的原则

短期经济效益和长期经济效益应该是统一的。但是有时候短期经济效益不高，可是从长远来看，未来可能会取得较大的经济效益。所以，综合财务报告分析在评价企业的经济效益时，必须着眼于长期效益的提高，重视考察企业经济效益的变化前景，正确处理短期经济效益与长期经济效益之间的关系。

4. 企业经济效益与社会经济效益相统一的原则

在现代市场经济中，企业为了持续、稳定、健康的发展，就要既重视自身的经济效益，也要重视社会效益。在进行综合评价时，不仅要考虑企业自身获取的经济效益，而且要考虑企业对社会的贡献，是否有利于社会的发展。所以，综合财务报表在分析评价企业经济效益时不能离开社会效益，必须把企业直接经济利益和对社会的贡献统一起来进行考察和评价。

四、财务报表综合分析的目的

财务报表综合分析的总体目标是考核过去、评价现在和预测未来。其具体目的有：

1. 评估企业分析期的经营绩效

通过财务报表分析所提供的数据资料，对企业财务状况和经营成果进行客观、公正的评价，肯定企业的成绩，提出问题，并将企业实际指标数据与以前各期、计划指标、同类企业的同期和先进指标进行比较，以判断企业在分析期的管理水平和经营业绩。

2. 分析影响企业的财务状况和经营成果的各个因素，挖掘企业的潜力

按照企业各项经济指标的性质，以及各指标之间的相互关系，来寻找影响企业财务指标变动的有关因素，并对其进行量化取得各因素变化的影响程度。企业中的各项指标不是孤立存在的，它们都是相互联系、相互影响、相互作用的，而每一个指标往往又受各种因素的综合影响。通过分析影响因素和计算影响程度，可以分清影响企业财务指标的有利因素和不利因素、主要因素和次要因素。然后对各项指标变动的结果进行综合分析，找出差距，查明原因，制定改进措施，以便挖掘企业各个方面的潜力，即提高企业经济效益的可能性。

3. 监督企业执行政策、法令以及规章制度的情况

作为市场经济的一员，企业必须遵守国家的法律法规，并执行国家有关的规章制度。因此，在进行财务报表数据资料的综合分析时，还应该结合国家有关经济的法律法规和规章制度，来考察企业是否按照法律法规办理各项业务，是否按照规定披露企业的有关财务信息，是否按照国家有关政策正确计算利润和分配利润，是否足额的交纳税金，以及是否正确遵守财经纪律、信贷额度，合理筹集和使用资金。

4. 预测企业未来趋势，提供决策依据

经营活动的中心在于管理，管理的中心在于决策。企业的财务活动是一个复杂的总体，财务报表综合分析应从各项财务指标的分析中，去粗取精，去伪存真，由表及里，由此及彼，找出各项财务指标之间本质的、必然的联系。财务分析者根据分析结果认真评价过去，科学的规划未来，提出改进建议，做出进行决策、制定措施的参考。由于财务报告的综合分析提供的各种财务信息，是通过分析人员运用各种科学的方法，压缩数量，提高质量并对其加工整理后形成的高级财务信息，这样，在运用这些信息进行规划未来的活动中就不会失误，减少了财务决策盲目性，增加了可能性。

第二节　财务报告综合分析方法

一、杜邦分析体系

1910 年，杜邦公司为了考核集团下属企业的业绩，制定了以投资报酬率为核心的财务比率考核体系。此体系即为杜邦比率分析的金字塔。杜邦比率分析金字塔的初衷是用于内部考核分析业绩，后发展到用于投资者和债权人分析企业的目的。杜邦财务分析体系是一种因素分析法，已经问世并风行世界，为通用、松下等众多大型企业竞相采用。并在以后几十年中成为普遍使用的企业业绩评价系统。杜邦分析体系传入我国之后，成为我国上市公司财务分析的主要工具，打开任何一个上市公示的资料，都可以找到杜邦分析图。

杜邦分析法就是利用各个主要财务之间的内在关系，建立一个财务比率分析的综合模型,利用模型中各个财务比率之间的关系,来综合分析和评价企业财务状况的方法。采用这种分析方法，可以使财务比率分析的层次更加清晰，条理更加突出，为财务报告分析者全面、细致的了解了企业经营和盈利状况提供方便。

1. 传统杜邦分析体系的基本原理

杜邦分析体系的特点是:通过几种主要财务指标之间的相互关系,将资产负债表和利润表结合起来,全面、系统、直观的反映出企业的财务状况,可以大大节约分析者的时间。在杜邦分析模型中，股东权益净利率是核心指标。有关指标的内在联系为:

$$\text{股东(所有者)权益净利率} = \text{总资产利润率} \times \text{权益乘数}$$

$$\text{总资产利润率} = \text{销售净利率} \times \text{总资产周转率}$$

$$\text{权益乘数} = \frac{\text{总资产}}{\text{股东权益}}$$

因此，

$$\text{股东权益净利率} = \text{销售净利率} \times \text{总资产周转率} \times \text{权益乘数}$$

从上面的公式中可以了解以下信息:

(1)财务管理的目标是股东财富最大化，股东权益净利率反映了企业所有者投入资本的获利能力，说明企业筹资活动、投资活动、资产营运活动等各项管理活动的效率。因此，股东(所有者)权益净利率是一个综合性很强的指标，是杜邦分析体系的核心。不断提高股东(所有者)权益净利率，是实现财务管理目标的基本保证，也是企业的经营者，所有者都十分关心的问题。它不仅受总资产利润率的影响，而且还受企业资本结构的影响。通过具体分析可以看出，影响股东（所有者）权益净利率的因素有三个，即销售净利率、总资产周转率和权益乘数。这样，将股东权益净利率指标分解后，可以了解股东权益净利率指标变动的具体原因。而分解后的这三个指标又分别反映各企业盈利能力、经营能力、偿债能力以及资本结构，从而可以从各个方面说明企业所存在的问题和取得的成绩。

（2）总资产利润率是影响股东权益净利率的主要因素，体现了企业全部资产的总体获利能力，而总资产利润率又是销售净利率和总资产周转率共同作业的结果。要想提高总资产利润率，必须增收节支，加速资产周转。因此，总资产利润率是销售成果和资产管理效果的综合体现。

（3）销售净利率反映企业利润和销售收入的关系，用来考核企业经营的获利能力。按照“收入－费用＝利润”的会计基本等式，销售净利润的高低取决于销售收入和成本的大小。要想提高销售净利率，其途径有两条：一是扩大销售收入；二是降低成本费用。而企业盈利能力的高低，在一定程度上又决定了企业股东最终的报酬率。在企业销售收入一定的情况下，降低成本费用就成为获利的至关重要的因素，通过杜邦分析体系可以进一步分析成本费用发生的情况，分析企业成本费用结构是否合理，从而找出降低成本费用的途径和加强成本控制的办法。

（4）总资产周转率可以揭示企业资产实现销售收入的综合能力，而影响总资产周转率的重要因素之一就是资产总额。在企业中，总资产由流动资产和长期资产构成，而流动资产和长期资产的结构是否合理，将直接影响企业资产的周转速度。一般来说，流动资产体现资产的营运效率和偿债能力，长期资产则体现企业的经营规模与发展潜力。两者之间应保持一种合理的比率关系，才能使企业受益能力最强。衡量企业资产周转率的快慢，可以分别分析流动资产周转率和固定资产周转率，而流动资产周转率的高低，与流动资产内部结构和影响流动资产周转率的具体因素相关。因此，还应通过分析应收账款和存货等的周转率来查明影响资产周转率的具体原因。通过这种层层分解分析，可以看出企业资产运用状况的好坏。

（5）权益乘数与资产负债率相关，是（1－资产负债率）的倒数。资产负债率越大，权益乘数越高，也说明企业的负债程度越高。资产负债率是衡量企业偿债能力的一个重要指标，也是反映企业资本结构情况的指标。在资产总量不变的情况下，开展适度负债经营，相对减少股东权益比率，可以提高股东权益净利率。因此，通过对权益乘数的分析，可以了解企业利用财务杠杆的效果，企业是否合理使用全部资产，是否能够具有合理的资本结构，这将关系到企业股东权益净利率的提高。

2. 传统杜邦分析体系存在的问题

（1）总资产利润率比率的分子、分母之间权利归属的不匹配

计算总资产利润率的“总资产”和“净利润”不匹配。首先被质疑的是资产利润率的计算公式，总资产是全部资产提供者享有的权利，而净利润是专门属于股东的，两者不匹配。

（2）没有区分经营活动损益和金融活动损益

传统财务分析体系没有区分经营活动和金融活动。金融活动是指筹资，筹资活动没有产生净利润，而是支出净费用。从财务管理的基本理念看，企业的金融资产是投资活动的剩余，是尚未投入实际经营活动的资产，应将其从经营资产中剔除，才能使经营资产和经营收益匹配。

（3）没有区分有息负债与无息负债

既然要把金融活动分离出来单独考察，就会涉及单独计量筹资活动的成本。负债的成本（利息支出）仅仅是有息负债的成本。因此，必须区分有息负债与无息负债。利息与有息负债相除才是实际的平均利息率。

3. 改进的杜邦分析模型指标体系

改进后的杜邦分析模型指标体系见【图 11－1】。

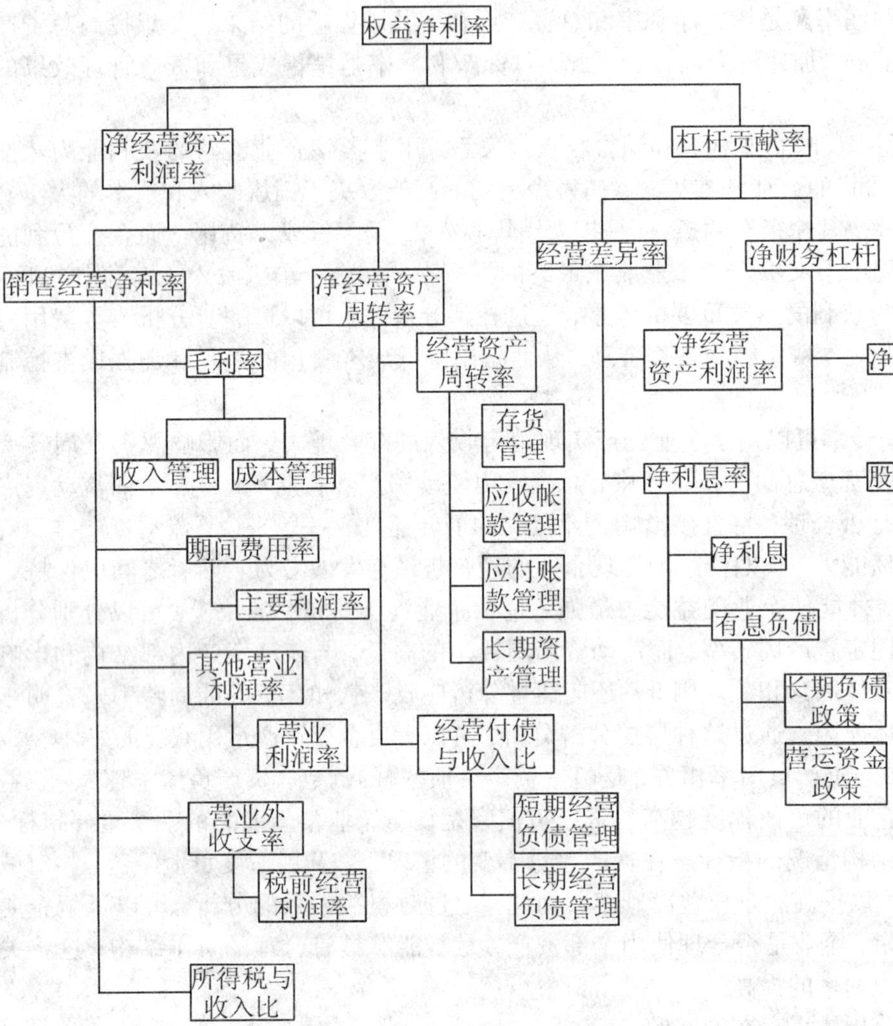

图 11－1　改进后的杜邦分析模型指标体系

注：经营差异率＝净经营资产利润率－净利息率

（1）具体公式

改进后的杜邦分析模型指标体系中各指标之间的关系如下：

$$权益净利率=\frac{经营利润}{股东权益}-\frac{净利息}{股东权益}$$

$$=\frac{经营利润}{净经营资产}\times\frac{净经营资产}{股东权益}-\frac{净利息}{净负债}\times\frac{净负债}{股东权益}$$

$$=\frac{经营利润}{净经营资产}\times\left(1+\frac{净负债}{股东权益}\right)-\frac{净利息}{净负债}\times\frac{净负债}{股东权益}$$

$$=净经营资产利润率+(净经营资产利润率-净利息率)\times净财务杠杆$$

该分析体系可以进行以下的分解：

第一层次：

$$权益净利率=净经营资产利润率+杠杆贡献率$$

第二层次：

$$净经营资产利润率=净经营资产周转率\times销售经营利润率$$

第三层次：

$$净经营资产周转率=\frac{销售收入}{净经营资产}$$

$$销售经营利润率=\frac{经营利润}{销售收入}$$

$$净利息率=\frac{净利息}{净负债}$$

$$净财务杠杆=\frac{净负债}{股东权益}$$

第四层次：

$$净经营资产=净金融负债+股东权益$$

$$经营利润=税前经营利润\times(1-所得税税率)$$

$$净利息=利息费用\times(1-所得税税率)$$

$$净负债=金融负债-金融资产$$

(2)具体计算过程

①资产负债表的调整，其基本公式如下：

$$净经营资产=净金融负债+股东权益$$

$$净经营资产=经营资产-经营负债$$

$$净金融负债=金融负债-金融资产$$

与传统杜邦分析系统相比，两者主要的区别是：

第一，区分经营资产和金融资产。经营资产是指用于生产经营活动的资产。与总资产相比，不包括没有被用于生产经营活动的金融资产。区分经营资产和金融资产的主要标志是有无利息，如果能够取得利息则列为金融资产。

第二，区分经营负债和金融负债。经营负债是指在生产经营中形成的短期和长期无息负债。金融负债是公司筹资活动形成的有息负债。划分经营负债与金融负债的一般标准是有无利息要求。

在进行具体计算时，需要对原有的资产负债进行调整，具体调整后的资产负债表见【表 11－1】。

表 11－1　　　　　　　　　　调整后的资产负债表

编制单位：　　　　　　　　　___年____月____日　　　　　　　　　单位：

净经营资产	年末余额	年初余额	净金融负债及股东权益	年末余额	年初余额
经营资产：			金融负债：		
应收票据			短期借款		
应收账款			交易性金融负债		
预付账款			长期借款		
应收股利			应付债券		
应收利息			金融负债合计		
其他应收款					
存货					
待摊费用					
一年内到期的非流动资产					
其他流动资产					
持有至到期投资					
长期股权投资					
长期应收款					
固定资产					
在建工程					
固定资产清理					
无形资产					
开发支出					
商誉			金融资产：		
长期待摊费用			货币资金		
递延所得税资产			交易性金融资产		
其他非流动资产			可供出售金融资产		
经营资产合计			金融资产合计		
经营负债：			净金融负债		
应付票据					
应付账款					
预收账款					
应付职工薪酬					
应交税金					

续表

应付利息					
应付股利					
其他应收款					
预提费用					
预计负债					
一年内到期的非流动负债			股东权益:		
其他流动负债			股本		
长期应付款			资本公积		
专项应付款			盈余公积		
递延所得税负债			未分配利润		
其他非流动负债			减:库存股		
经营负债合计			股东权益合计		
净经营资产			净金融负债及股东权益		

②利润表的调整，其基本公式如下：

净利润 = 经营利润 - 净利息费用

其中：　　　经营利润 = 税前经营利润 ×（1 - 所得税税率）

净利息费用 = 利息费用 ×（1 - 所得税税率）

与传统杜邦分析体系相比，两者的主要区别是：

第一，区分经营活动损益和金融活动损益。金融活动的损益是净利息费用，即利息收支的净额。金融活动的收益和成本，不应列入经营活动损益，两者应加以区分。利息支出包括借款和其他有息负债的利息；利息收入包括银行存款利息收入和债权投资利息收入，如果没有债权投资利息收入，则可以用“财务费用”作为税前“利息费用”的估计值。金融活动损益以外的损益，全部视为经营活动损益。经营活动损益和金融活动损益的划分保持相对。

第二，经营活动损益内部，可以进一步区分主要经营利润、其他营业利润和营业外收支。主要经营利润是指企业日程活动产生的利润，等于销售收入减去销售成本及有关的期间费用，是最具持续性和预测性的收益。其他营业利润，包括资产减值、公允价值变动和投资收益；营业外收支不具持续性，没有预测价值。

第三，法定利润表的所得税是统一扣除的。为了便于分析，需要将其分摊给经营利润和净利息费用，分摊的简便方法是根据实际的所得税税率比例分摊，严格的分摊办法是分别根据使用的税率计算应负担的所得税。

在进行具体分析时，需要对原有的利润表进行调整，具体调整后的利润表见【表 11 -2】。

表 11－2　　调整利润表

编制单位：　　＿＿＿＿＿年度　　单位：

项目	金额
经营活动：	
一、营业收入	
减：营业成本	
二、毛利	
减：营业税金及附加	
销售费用	
管理费用	
三、主要经营利润	
减：资产减值损失	
加：公允价值变动收益	
投资收益	
四、税前营业利润	
加：营业外收入	
减：营业外支出	
五、税前经营利润	
减：经营利润所得税费用	
六、经营利润	
金融活动：	
一、税前利息费用	
利息费用减少所得税	
二、净利息费用	
利润合计	
税前利润合计	
所得税费用合计	
税后净利润合计	
备注：平均所得税税率	

第三节 沃尔综合评分分析法

一、沃尔综合评分分析法的产生与意义

财务比率反映了企业财务报表各项目之间的对比关系，以此来揭示企业财务状况，但是，一项财务比率只能反映企业某一方面的财务状况。为了进行综合的财务分析，可以编制财务比率汇总表，将反映企业财务状况的各项财务比率集中在一张表中，能够清晰、明了地反映出企业各方面的财务状况。并且，在编制财务比率汇总表时，可以结合比较分析法，将企业财务状况的综合分析与比较分析相结合。

企业财务状况的比较分析主要有两种：第一，将企业本期的财务报表或财务比率同过去几个会计期间的财务报表或财务比率进行纵向比较，可以分析企业的发展趋势，如趋势分析法。第二，将本企业的财务比率与同行业平均财务比率进行横向比较，可以了解到企业在同行业中所处的水平，以便综合评价企业的财务状况。

第二种比较分析法尽管在企业的综合财务分析中也经常使用，但是它存在以下两种缺点：

1. 它需要企业找到同行业的平均财务比率或同行业先进的财务比率等资料作为参考标准，但在实际工作中，这些资料有时可能难以找到；

2. 这种比较分析只能定性的描述企业的财务状况，如比同行业平均水平略好、与同行业平均水平相当或略差，而不能用定量的方式来评价企业的财务状况究竟处于何种程度。

而采用财务比率综合评分法就能克服这两个缺点。财务比率综合评分法最早是在20世纪初，由亚历山大·沃尔选择7项财务比率对企业的信用水平进行评分所使用的方法，所以也称为沃尔综合评分分析法。他在20世纪初出版的《信用晴雨表研究》和《财务报表比率分析》中就提出了信用能力指数的概念，把若干个财务比率用线性关系结合起来，以评价企业的信用水平。这种方法是通过对选定的几项财务比率进行评分，然后计算出综合得分，并据此评价企业的综合财务状况。从理论上讲，沃尔综合评分分析法有一个弱点，就是未能证明为什么选择7个指标，而不是更多或更少，或者选择别的财务比率，另外也未能证明每个指标所占比重的合理性。

二、沃尔综合评分分析法的内容

沃尔综合评分分析法的内容包括以下七个方面：

1. 选定评价企业财务状况的财务比率

在选择财务比率时，一要具有全面性，要求反映企业偿债能力、营运能力和获利能力的三大财务比率都应当包括在内；二要具有代表性。即要选择能够说明问题的重要财务比率；三要具有变化方向的一致性，即当财务比率增大时，表示财务状况的改善，反之财务比率减小时，表示财务状况的恶化。

2. 根据各项财务比率的重要程度，确定其标准评分值，即重要性系数

各项财务比率的标准评分值之和应等于100分。各项财务比率评分值的确定是财务比率综合评分法的一个重要问题，它直接影响到对企业财务状况的评分多少。对各项财务比率的重要程度，不同的分析者会有不同的认识，但是一般来说，应更具企业的经营活动的性质、生产经营规模和分析者的分析目的等因素来确定。

3. 规定各项财务比率评分值的上限和下限，即最高评分值和最低评分值。

这主要是为了避免个别财务比率的异常给总分造成不合理的影响。

4. 确定各项财务比率的标准值。

财务比率的标准值是指各项财务比率在本企业现时条件(不确定是否为现时条件，前面也有出现但未标注，可用查找来确定位置)下最理想的数值，亦即最优值。财务比率的标准值，通常可以参照同行业的平均水平，并经过调整后确定。

5. 计算企业在一定时期各项财务比率的实际值。

6. 计算出各项财务比率实际值与标准值的比率，即关系比率。

关系比率等于比率的实际值除以标准值。

7. 计算出各项财务比率的实际得分。

各项财务比率的实际得分是关系比率和标准评分值的乘积，每项财务比率的得分都不得超过上限或下限，各项财务比率实际得分的合计数就是企业财务状况的综合得分。企业财务状况综合得分的高低反映了企业综合财务状况是否良好。如果综合得分等于或接近于100分，说明企业的财务状况是良好的，达到了预先确定的标准；如果综合得分低于100分很多，就说明企业的财务状况较差，应当采取适当的措施加以改善；如果综合得分超过100分很多，就说明企业的财务状况很理想。

例如，采用财务比率综合评价法对甲公司20×6年的财务状况进行综合评价，得到【表11－3】。从【表11－3】中可以看到，甲公司财务状况的综合得分为99.90分，非常接近100分，说明该公司的财务状况是良好的，与选定的标准是基本一致的。

表11－3　　甲公司2006年财务比率综合评分表

财务比率	评分值	标准值	实际值	关系比值	实际得分
	①	②	③	④＝③/②	⑤＝①×④
流动比率	10	2	1.98	0.99	9.90
速动比率	10	1.2	1.29	1.08	10.80
资产/负债	12	2.1	2.17	1.03	12.36
存货周转率(次)	10	6.50	6.60	1.02	10.20
应收账款周转率(次)	8	13	12.72	0.98	7.84
总资产周转率(次)	10	2.1	2.05	0.98	9.80
资产报酬率	15	31.50%	30.36%	0.96	14.40
股东权益报酬率	15	58.33%	57.19%	0.98	14.70
销售净利率	10	15%	14.79%	0.99	9.90
合计	100				99.90

三、美国沃尔比重绩效评价指标体系与方法

1. 美国沃尔比重绩效评价方法通过公司各项指标与行业平均值的比较分析，给予综合评价，并按档次评定其财务水平级别，从而反映企业的经营管理水平在行业中所处的位置。它能够比较直观和客观的向投资者反映企业的财务状况的总体水平，揭示其所面临的风险大小

和成长空间。美国沃尔比重绩效评价指标体系如【表11－4】所示。

表11－4 美国沃尔比重绩效评价指标体系

指标类型	具体指标	重要性系数
偿债能力	(1)流动比率 (2)速动比率	0.06 0.05
财务杠杆	(1)资产负债率 (2)已获利息倍数	0.06 0.05
盈利能力	(1)销售利润率 (2)毛利率	0.09 0.05
投资报酬率	(1)总资产报酬率 (2)股东权益报酬率	0.08 0.20
经营效率	(1)流动资产周转率 (2)营业周期	0.09 0.09
成长性	(1)三年净利润平均增长率 (2)三年销售平均增长率	0.09 0.09
合计		1

2.评价方法

美国沃尔比重绩效评价方法的具体步骤如下：

(1)在确定评价体系指标之后，确定评价标准值。其标准值是依据公司同行业，同一时期，同一指标而计算出的平均值。

(2)计算本企业各项财务指标的实际值，将实际值与标准值相比，得出关系比率。关系比率＝实际值/标准值。

(3)计算各项指标的综合系数。这一综合系数可以作为综合评价财务状况的依据。各项指标的综合系数＝各项指标的关系比率×重要性系数；综合系数的合计数＝∑各项指标的综合系数≤1。

(4)按100分制对某一企业进行综合评分，各项指标的得分＝该指标综合系数×100，企业综合评分＝综合系数的合计数×100，综合评价结果按A、B、C、D、E(或优、良、中、低、差)五档划分如下：

A(优)：综合评价得分达到85分以上(含85分)；

B(良)：综合评价得分达到70～85分以上(含70分)；

C(中)：综合评价得分达到50～70分以上(含50分)；

D(低)：综合评价得分达到40～50分以上(含40分)；

E(差)：综合评价得分达到40分以下。

四、沃尔综合评分分析法的发展："证星－若山风向标"上市公司财务评测字体

上市公司综合财务分析是证券投资分析中的重要环节，但是由于个人能力以及时间与精力的限制，投资者难以对上千家上市公司的财务情况进行详细、深入的分析。这影响了投资

者的准确性，甚至导致投资的失误。为了更好地为投资者服务，我国著名的审计学家、财务分析家——复旦大学会计学系博士生导师李若山教授亲自主持，与证券类网站“证券之星”共同合作，研究开发出“证星－若山风向标”这一上市公司财务评测系统。李若山教授认为，经营业绩、现金流量和财务状况的好坏是公司运营的晴雨表，不仅反映出公司获利能力的强弱，而且预兆公司财务的健康与危机。基于上述原理，他将财务指标划分为偿债能力指标、资产负债管理能力指标、盈利能力指标、成长能力指标与现金流量指标五大类，选取其中最相关、最重要的20个财务指标，构成上市公司的财务评测系统的指标体系；财务指标的具体运算，参考国际通用的沃尔评分系统，结合我国证券市场特色、考虑三大基本财务报表和审计意见、或有事项、期后事项等因素的综合分析影响；各个财务指标权重的确定，以AHP（层次分析法）计算所得的数值为基础，经过统计资料的不断验证、调整而成。通过该评测系统，用户不仅可以简便地分析到结果，还可以直接对上市公司进行横向和纵向比较，从而得出比较准确的分析结论，以优化投资决策。“证星－若山风向标”评测系统的一个重要创新优点是，采用行业平均作为评价基准，预测出各个上市公司相对于行业平均的实际综合得分，使依此排列出的上市公司行业排名榜更可靠、更相关，更有参考价值。

第四节　资信评级

一、资信评级概述

资信评级也称为信用评级，是具有一定资格的资信评级服务专业机构以客观、公正立场，根据规范的评估指标体系，运用科学的评估方法，履行严格的评估程序，对受评对象的信用记录、企业素质、管理能力、经营水平、外部环境、财务状况、发展前景等进行全面了解、考察调研、分析研究后，就其在未来一段时间履行承诺的能力和可信程度所做的综合评价，以简单明了的符号表示其优劣并公布给社会公众的一种经济活动。

目前，资信评级已经成为成熟资本市场上债券投资和定价的标准模式，是保障资本市场良好运作的重要基础，其主要作用主要体现在以下方面：

1. 资信评级能够利用评级机构的专业优势降低投资者的信息成本和投资风险。

为了避免投资风险，债券投资人在进行信贷决策时往往需要对债券发行人的还本付息能力进行判断，这需要相当大的信息成本。由于债券投资人分析能力和信息获取能力的不足，很可能得到错误的分析结果，导致错误的信贷决策。而资信评级是由客观、公正、专业的评级机构进行的，具有明显的规模经济和专业优势，其信息分析能力和准确性远非个人投资者能比。此外，信用评级机构与发债企业往往有较为密切的联系，因此可能获得“内部信息”，得出较为准确的评级结果。

2. 资信评级能够降低发债人的融资成本。

由于证券市场存在明显的信息不对称现象，如果发债人没有资信评级供投资人参考，那么投资人就会意识到自身处于明显的信息劣势，因此会要求较高的风险溢价来补偿信息劣势所带来的额外风险。当信息不对称导致发债人的融资成本过高时，就可能产生逆向选择或道德风险问题。而逆向选择或道德风险问题可能进一步导致债券投资人提高风险溢价，从而形成恶性循环，甚至导致债务融资市场崩溃。

3. 资信评级能够协助监管部门提高金融监管效率。

债务金融商品是许多金融机构资产负债管理的重要工具，这些债务金融商品品质的好坏将直接影响金融机构的经营风险，而金融机构的经营风险又直接关系到整个金融体系的稳定，是监管部门密切关注的对象。如果缺乏资信评级体系，那么监管部门需要花费大量的时间、人力、物力和对金融机构投资的债务金融商品违约风险进行调查，这无疑将大大降低监管效率。而专业客观的资信评级制度，可以作为监管部门制定规范及检查的依据，大大提高监管效率。

4. 资信评级有助于增进市场有效性。

资信评级一方面可以减少投资者的信息收集成本，丰富投资组合的内容；另一方面可以降低发债人的融资成本，减少错失有利投资项目的机会成本。这无疑能够有效扩大、活跃市场交易，使市场的运作更为平滑顺畅。此外，资信评级制度为发债人建立了一个常态性的监督机制，强化了发债人向投资者负责的心态，对发债人经营产生良性压力，有助于敦促发债人积极改善财务结构并健全财务会计制度。因此，完善的资信评级体系对提高市场有效性、实现资源的合理配置有重要的作用。

二、资信评级分析方法

一般而言，资信评级分析方法也叫做信用评级方法，可以分为两种：一种是传统法，即通过构建信用评级指标体系作为评估框架进行评级；另一种是评级模型法，即运用现代计量经济模型来进行信用评级。

相对而言，传统法能够较为全面地考虑影响信用质量的各种因素，从而得出较为准确的信用评级，因此信用评级机构对客户的初始评级一般采用传统法。但如前所述，在对客户进行初始评级之后还必须进行跟踪监测和后续评级，由于传统法的评级程序较为复杂、评级周期较长，如果采用传统法每年对客户的信用特征进行评级，显然过于费时费力。因此，在采用传统法对客户进行初始评级后，运用评级模型法进行后续评级是一个可供选择的做法。常用的评级模型包括 Z - Score 模型、CreditMetries 模型、KMV 模型、Kaplan - Urwitz 模型等。下面简单介绍信用评级的 Kaplan - Urwitz 模型。

Kaplan - Urwitz 模型是通过表【11 - 5】所列示的变量和系数来判断债务信用评级的。

表 11 - 5

变量	系数	
	模型 1	模型 2
模型截距	5.67	4.41
总资产	0.001	0.0012
次级债券（是 =1，否 =0）	-2.36	-2.56
长期债券对总资产比率	-2.58	-2.72
市场模型的 β 系数	-0.87	NA
净收益对总资产的比率	5.13	6.40
市场模型剩余收益的标准离差	-2.90	NA
5 年间净收益的变异系数（标准离差/期望值）	NA	-0.53
息税前现金流量对利息费用比率	0.007	0.006

上表各变量的排序是按照模型 1 所确定的统计重要性顺序。由上表可以发现解释债务评级最重要的因素不是财务比率，而是公司规模，大公司往往比小公司获得更高的评级。债务是否属于次级债务是第二重要因素，随后是杠杆指标。盈利能力似乎不太重要，但模型中仍然包含了两个与盈利能力有关的指标(净收益对总资产的比率和息税前现金流量对利息费用比率)。

上述模型计算出的分值按照以下标准转换为债务评级：

分值 >6.76，预测为 AAA 级；

分值 >5.19，预测为 AA 级；

分值 >3.28，预测为 A 级；

分值 >1.57，预测为 BBB 级。

卡普兰和厄威茨(Kaplan & Urwitz)将模型 1 运用于 64 种债务，结果正确预测了其中 44 种债券的级别，准确率为 63%。

虽然目前评级模型研究发展迅猛，但各种模型都存在自身的缺陷，比如各种模型往往忽略了不同的评级对象所持有的信用特征，分析缺乏深度和广度，评级结果的针对性和前瞻性较差。因此，期望利用评级模型捕捉住所有影响信用质量的信息是不现实的。时间证明，利用评级模型得出的评级结果与实际评级之间还是有显著差异的。

目前而言，国际评级机构(如标准普尔和穆迪)一直坚持“资信评级不仅是一门技术，还是一门艺术”的观点，他们一直认为资信评级主要是一种定性分析，定量分析也是为定性分析服务的。因此，目前传统评级方法仍然是处于主导地位，也是国际资信评级机构主要采用的方法。

三、资信评级指标体系

如前所述，在传统下的资信评级需要借助一套指标体系来进行。资信评级指标体系是根据评级对象的资信要素及其评估具体项目而设置的评级指标集合，即评级指标体系是由能够反映评级对象某一特征的一系列指标所组成的。这里所说的指标不仅仅局限于财务指标或经济指标数据。下面简要介绍标准普尔公司和穆迪公司的资信评级指标体系。

1. 标准普尔资信评级指标体系

标准普尔公司的评级分析是以行业分析和公司竞争地位分析为起点的。两家公司可能计算出同样的财务比率。但由于所处行业的盈利能力和所选择的竞争战略不同，最后的评级结果可能大相径庭。【表 11 -6】列示了标准普尔公司设计的经营风险/财务风险矩阵与信用级别的关系。其中经营风险因素主要包括：国家风险、行业特征、公司竞争地位、产品组合及市场营销、技术、成本效率、公司战略、管理层素质、同业比较等；财务风险因素主要包括：会计信息质量、财务政策、公司治理、风险承受能力、现金流的充裕程度、资本结构、资产保障程度、流动性等。

表 11－6 财务风险指标比率

		财务风险等级				
		小	轻度	中等	激进	高度杠杆经营
经营风险等级	优	AAA	AA	A	BBB	BB
	良	AA	A	A－	BBB－	BB－
	满意	A	BBB＋	BBB	BB＋	B＋
	较差	BBB	BBB－	BB＋	BB－	B
	极差	BB	B＋	B＋	B	B－

标准普尔经营风险/财务风险矩阵与信用级别的关系

财务风险等级	现金流量/债务比率	财务杠杆率
小	大于 60%	低于 25%
轻度	45%－60%	25%－35%
中等	30%－45%	35%－45%
激进	15%－30%	45%－55%
高度杠杆经营	低于 15%	大于 55%

2. 穆迪公司资信评级指标体系

穆迪公司的资信评级也是主要围绕经营状况和财务状况展开的。经营状况包括宏观层面和管理层面两个方面。宏观层面主要包括行业发展趋势、国家政策和监管环境，公司层面主要包括收益指标、现金流量指标和资本结构指标。

(1)经营状况指标：

①行业发展趋势。主要分析因素包括：经济周期、行业竞争度、行业进入壁垒、行业成本结构、行业技术变化、行业所需原材料价格变化等。

②国家政策和监管环境。国家政策和监管环境对公司现金流入和履行债务的能力有潜在的重大影响。主要分析因素包括：监管趋势、政府担保和支持、货币政策及汇率等。

③管理层的素质。管理层的素质虽然难以量化，但却是影响评级对象信用质量的重要因素之一。主要分析因素包括：管理层的财务概念、管理层投资和研发活动的稳健性、管理层的战略选择、管理层对待竞争的态度、管理层的团队精神、特殊情况下管理层的轮换、公司会计政策的一致性、公司的历史业绩、公司的内部控制系统等。

④公司基本经营及竞争地位。主要分析因素包括：市场占有率展望、业务结构、收益的多元化、成本结构、原材料供应来源、生产设施、服务网络效率等。

⑤财务状况和流动资金来源。主要分析因素包括：财务弹性、盈利能力、公司经营活动现金流量、公司举债能力、公司通过出售可变现证券以应急的能力、短期借贷的性质和金额、长期债券到期日及偿还本息的安排、公司备用资金来源的性质、合约式的借贷承诺、银行内部向公司口头承诺的信贷额、公司由于同银行的特殊关系而获得的额外借贷能力、信贷来源的可靠性等。

⑥公司架构。主要分析因素包括：子公司对集团的重要性、母公司在子公司出现财务困难

时能否提供财务支持、公司所处法律环境、公司的合伙伙伴和合作安排、子公司组织框架、债务优先次序等。

⑦突发事件风险。评级对象的信用质量可能因为某些突发事件而突然下降。所谓的突发事件是指事件发生的时间以及对公司债权人的影响难以用一般的信用工具预测，比如并购、资本重组、股票回购等。对那些容易受突发事件影响的行业和公司，应事先估计额外风险。

(2)财务状况指标：

①收益分析指标。穆迪公司在分析评级对象收益时，主要进行四项分析：一是收益项目分析，该部分指标主要分析收入、成本、费用在销售净收入及净收益中的比重，说明企业在成本、费用控制以及收益分配等方面的状况。

②现金流量分析指标。穆迪公司分析现金流量的重点是了解现金流量同资本支出和负债的关系，用以说明企业用现金流量维持或扩大再生规模以及偿还全部债务的能力。

③资本和债务结构分析指标。穆迪公司设置该部分指标的目的在于了解资本、负债的结构和举债经营的情况。

四、我国的资信评级

(一)我国资信评级概述

我国的资信评级始于20世纪80年代初，当时许多省市级人民银行在内部设立了评级委员会。1987年我国第一家独立于银行系统的地方级评级机构——上海远东资信评估公司成立。1992年10月，经中国人民银行批准，首家全国性的证券评估机构——中国诚信证券评估有限公司成立。1997年12月人民银行总行又认可了9家企业债券评级机构。随着我国资信评级行业的发展，部分评级机构与国际著名信用评级公司的合作交流不断加深。这些合作与交流一方面引进了国际评级理念和评级方法，另一方面扩大了对外宣传，使国内资信评估机构的评级业务逐步与国际评级业接轨。从长远来看，中国资本市场，特别是债券市场存在着巨大的发展空间，这也是中国资信评级业迅猛发展的契机。

随着国内评级机构的不断发展，与国际评级机构的交流不断加深，我国主要评级机构在评级程序、评级方法、等级设置等方面与国际惯例逐渐接轨，已不存在实质性的差异，因此相关内容可以参考第二节的内容，此处不再赘述。

(二)我国企业债券评级指标体系和计分标准

虽然我国企业债券信用评级起源于20世纪80年代，但直到1992年才出现了较为完整的企业债券信用评级指标体系，也就是当时由全国信誉评级协会筹备组制定的《债券信用评级办法》。该办法根据企业债券的类别，分别列出了工业企业(技改项目)债券、商业企业(技改项目)债券、工商企业新建项目债券、工业企业短期融资券、商业企业短期融资券等5类评级指标体系，对以后债券信用评级影响较大。1992年以后，随着国内资信评级行业的发展，各评级机构在参考国际评估业惯例的基础上，结合我国实际情况，不断完善债券评级指标体系。总体而言，我国长期债券资信评级指标体系一般包括外部环境指标、产业分析指标、企业基础素质指标、经营惯例指标、财务分析指标、债券条款和外部支持六部分，具体分析如下：

1. 外部环境指标。由于我国的企业债券发行主体大都是实力较为雄厚的大型企业，其发展的基础一般与宏观经济环境有着较为紧密的相关性。因此，可以用GDP、消费指数、就业水平等常规指标来考察外部环境。虽然整体经济的高速发展可能提升发债企业的经营业绩，但经济环境的快速变化也可能增加企业的经营风险，因此需要考虑经济发展的周期波动，并作为未来预测的重要依据。此外，政治环境的稳定也是外部环境的重要指标。

鉴于目前众多企业债券带有地方政府债券的特征，因此外部环境指标还应当包括地方经济发展情况和地方政府政策，比如地区经济所处的发展阶段、与全球经济的整合进程、地方财政收入来源、财政开支结构及其稳定性分析。

2. 产业分析指标。产业分析指标主要包括产业政策、行业发展状况、行业内竞争程度、行业景气程度和其他行业特征。产业分析方法可以参考本书所介绍的"五力"分析模型。

3. 企业基础素质指标。企业素质分析是评级机构对评级对象的法律地位、企业规模、研发能力、人员综合素质、技术装备水平和经济地理环境等方面的考察和评判。这些因素直接关系到评级对象生存发展的前景，具体指标包括：企业环境；企业规模；职工素质；厂房设备；管理体制等。

4. 经营管理指标。企业的经营管理水平决定了其财务成果、现金流和未来的发展方向，是信用质量的内在决定因素。具体的经营管理指标包括：人均收益指标（如人均利润、人均利税等）；资产周转指标（如应收账款周转率、存货周转率、总资产周转率等）；发展速度指标（如总资产增长率、净资产增长率、销售收入增长率、净利润增长率等）；成本费用指标（如期间费用率、研发费用率等）。

5. 财务指标。财务指标是各个资信评级机构均相当重视的内容。资信评级机构对企业财务指标分析的内容包括盈利能力、资本机构、财务弹性和偿债能力，具体财务指标包括：盈利能力指标（如销售净利率、总资产收益率、净资产收益率等）；长期偿债能力指标（如长期负债比率、资产负债率等）；短期流动性指标（如流动比率、速动比率、利息保障倍数、现金流量比率的等）。

6. 债券条款和外部支持。债权契约条款往往设定所发行债券的优先级别，以及具体的偿债保障措施。如果所发行的债券设定为优先债券，那么其债券持有人相对其他债权人将具有法律上的优先偿还权，因此其信用等级一般较高。对于具体的偿债保障措施，主要分析保障的可靠性以及保障的程度，具体指标包括：发行条件；债券偿还优先程序；担保条款；其他限制条款等。

地方企业集团发行的债券往往隐含当地政府的信用支持，此类外部支持对债券的信用质量有较大影响。评价支持力度的大小，主要从下列几个方面进行分析：政府对企业的控制和管理的力度；政府给予的明确保证和担保；项目享受的政府优惠措施及持续性；政府是否将其偿还纳入财务预算；政府提供援助的及时性；政府给予援助的历史记录；企业违约可能带来的政治、经济、社会问题的严重性。

以上定性指标采取经验判断与专家咨询相结合的方式进行计分。定量指标的实际值可以按照"近大远小"的原则进行加权平均计算，比如最近一年权数为0.5，前一年为0.3，前两年为0.2，表示年份越近，对未来影响越大。实际值算出后，可按以下公式计算每项指标得分：

定量指标的分值 = 100 − [35 ×（指标的行业最佳值 − 指标的实际值）]/（指标的行业最佳值 − 指标的行业平均值）

所有定量指标和定性指标均以百分制计分，最后按各项指标的权重计算总得分数。各项指标的权重设计可以参考【表 11 − 7】。

表 11－7　各项指标的权重设计表

指标	权重
外部环境	10
产业分析	10
企业基础素质	
其中:企业环境	3
企业规模	3
职工素质	3
厂房设备	3
管理体制	3
经营管理	30
其中:人均收益	4
资产周转率	6
发展速度	8
成本费用	4
未来预测	8
财务指标	35
其中:盈利能力	12
资本结构	8
财务弹性	12
偿债偿还期内的偿债能力	3

债券条款和外部支持分析并未设置权重，而是根据具体分析结果对总评分进行相应的调整。

第五节　企业经营业绩评价综合评分法

运用综合评分法或功效系数法的一般程序或步骤包括选择业绩评价指标，确定各项业绩评价指标的标准值，确定各项业绩评价指标的权数，计算各类业绩评价指标得分，计算经营业绩综合评价分数，确定经营业绩综合评价等级。下面根据 2006 年国务院国有资产监督管理委员会发布的《中央企业综合绩效评价实施细则》来说明综合评分法的程序、方法及应用。

一、选择业绩评价指标

进行经营业绩综合分析的首要步骤是正确选择评价指标，指标选择要根据分析目的和要求，考虑分析的全面性、综合性。根据 2006 年国务院国有资产监督管理委员会颁布的实施细则，选择的企业综合绩效评价指标包括 22 个财务绩效定量评价指标和 8 个管理绩效定性评价指标，具体见【表 11－8】。

表 11－8 企业综合绩效评价指标体系表

评价指标类型	财务绩效定量评价指标		管理绩效定性评价指标
	基本指标	修正指标	
盈利能力状况	净资产收益率 总资产报酬率	销售（营业）利润率 盈余现金保障倍数 成本费用利润率 资本收益率	战略管理 发展创新 经营决策 风险控制 基础管理 人力资源 行业影响 社会影响
资产质量状况	总资产周转率 应收账款周转率	不良资产比率 流动资产周转率 资产现金回收率	
债务风险状况	资产负债率 已获利息倍数	速动比率 现金流动负债比率 带息负债比率 或有负债比率	
经营增长状况	销售增长率 资本保值增值率	销售利润增长率 总资产增长率 技术投入比率	

（一）财务绩效基本指标及其计算

1. 净资产收益率，指企业运用投资者资本获得收益的能力。其计算公式为：

$$净资产收益率=\frac{净利润}{平均净资产}\times 100\%$$

其中：$平均净资产=\frac{期初所有者权益+期末所有者权益}{2}$

2. 总资产报酬率，用于衡量企业运用全部资产的获利能力。其计算公式是：

$$总资产报酬率=\frac{利润总额+利息支出}{平均资产总额}\times 100\%$$

其中：$平均资产总额=\frac{期初资产总额+期末资产总额}{2}$

3. 总资产周转率，指企业在一定时期营业收入与平均资产总额的比值，是综合评价企业全部资产经营质量和利用效率的重要指标。其计算公式为：

$$总资产周转率=\frac{营业收入}{平均资产总额}\times 100\%$$

4. 应收账款周转率，指企业一定时期营业收入与应收账款平均余额之比。其计算公式为：

$$应收账款周转率=\frac{营业收入}{应收账款平均余额}\times 100\%$$

$$应收账款余额=\frac{应收账款净额+应收账款坏账准备}{2}$$

5. 资产负债率，可用于衡量企业负债水平与偿债能力的情况。其计算公式为：

$$资产负债率 = \frac{负债总额}{资产总额} \times 100\%$$

6. 已获利息倍数，指息税前利润与利息支出之间的比率，可用于衡量企业的偿债能力。其计算公式为：

$$已获利息倍数 = \frac{利润总额 + 利息支出}{利息支出}$$

7. 销售(营业)增长率，销售(营业)增长率是反映企业销售(营业)增长情况的指标。其计算公式为：

$$销售(营业)增长率 = \frac{本年营业收入 - 上年营业收入}{上年营业收入} \times 100\%$$

8. 资本保值增长率，可用于衡量企业所有者权益的保持和增长幅度。其计算公式为：

$$资本保持增长率 = \frac{扣除客观增加因素的年末所有者权益}{年初所有者权益} \times 100\%$$

根据上述公式计算 ZTE 公司 2008 年各项基本指标见【表 11－9】。

表 11－9　　ZTE 公司 2008 年财务绩效基本指标表　　单位:%

基本指标	2008 年
净资产收益率	13.62
总资产报酬率	7.93
总资产周转率(次)	0.98
应收账款周转率(次)	5.19
资产负债率	70.15
已获利息倍数(倍)	2.73
销售增长率	27.36
资本保值增值率	117.81

利息支出由于受资料限制，用财务费用替代。

(二)财务绩效修正指标及其计算

$$销售(营业)利润率 = \frac{营业利润}{营业收入} \times 100\%$$

$$盈余现金保证倍数 = \frac{经营现金净流量}{净利润} \times 100\%$$

$$成本费用利润率 = \frac{利润总额}{成本费用总额} \times 100\%$$

成本费用总额 = 营业成本 + 企业税金 + 营业费用 + 管理费用 + 财务费用

$$资本收益率 = \frac{净利润}{平均资本} \times 100\%$$

$$平均资本 = \frac{[(年初实收资本 + 年初资本公积) + (年末实收资本 + 年末资本公积)]}{2}$$

$$不良资产比率 = \frac{资产减值准备余额 + 应提未提和应摊的潜亏挂账 + 未处理资产损失}{资产总额 + 资产减值准备余额} \times 100\%$$

$$流动资产周转率 = \frac{营业收入}{平均流动资产余额} \times 100\%$$

$$平均流动资产余额=\frac{年初流动资产总额+年末流动资产总额}{2}$$

$$资产现金回收率=\frac{经营现金净流量}{平均资产总额}\times100\%$$

$$速动比率=\frac{速动资产}{流动负债}\times100\%$$

其中，速动资产 = 流动资产 - 存货

$$现金流动负债比率=\frac{经营现金净流量}{流动负债}\times100\%$$

$$带息负债比率=\frac{短期借款+一年内到期的长期负债+长期借款+应付债券+应付利息}{负债总额}\times100\%$$

$$或有负债比率=\frac{或有负债余额}{所有者权益}\times100\%$$

或有负债余额 = 已贴现承税汇票 + 担保余额 + 贴现与担保外的被诉事项金额 + 其他或有负债

$$销售(营业)利润增长率=\frac{本年营业利润-上年营业利润}{上年营业利润}\times100\%$$

$$总资产增长率=\frac{年末资产总额-年初资产总额}{年初资产总额}\times100\%$$

$$技术投入比率=\frac{本年科技支出合计}{营业收入}\times100\%$$

根据上述公式计算 ZET 公司 2008 年各项修正指标见【表 11 - 10】。

表 11 - 10　　ZTE 公司 2008 年财务绩效修正指标表　　单位:%

修正指标	2008 年
销售利润率	2.81
盈余现金保障倍数(倍)	1.91
成本费用利润率	5.86
资本收益率	26.54
不良资产比率	4.30
流动资产周转率(次)	1.21
资产现金回收率	8.10
速动比率	112.34
现金流动负债比率	12.16
带息负债比率	29.35
或有或债比率	5.00
销售利润增长率	24.45
总资产增长率	29.66
技术投入比率	1.80

注：由于数据资料有限，或有负债比率和技术投入率都是假设值，取行业平均值。

二、确定各项经济指标的标准值及标准系数

为了准确评价企业经营业绩，对各项经济指标标准值的确定，根据企业类型不同及指标分类情况规定了不同的标准。

1. 财务绩效基本指标标准值及标准系数，基本指标评价的参照水平即标准值由财政部定期颁布，分为五档。不同行业、不同规模的企业有不同的标准值。例如，2008 年通信设备制造业全行业财务绩效基本指标标准值见【表 11－11】。

表 11－11　　通讯设备制造业全行业财务绩效基本指标标准值表　　单位:%

项目 档次(标准系数)	优秀(1)	良好(0.8)	平均(0.6)	较低(0.4)	较差(0.2)
净资产收益率	11.6	7.1	0.8	－4.6	－10.8
总资产报酬率	5.6	3.2	0.5	－4.5	－10.7
总资产周转率(次)	2.3	1.7	1.0	0.8	0.7
应收账款周转率(次)	10.0	6.6	3.2	2.2	1.2
资产负债率	49.6	59.5	67.9	82.2	93.9
已获利息倍数	7.3	4.9	1.0	－2.3	－5.5
销售增长率	20.2	9.8	3.5	－8.7	－19.5
资本保值增值率	110.6	105.6	98.3	91.4	87.5

2. 财务绩效修正指标标准值及修正系数。基本指标有较强的概括性，但是不够全面。为了更加全面地评价企业绩效，另外设置了 4 类 14 项修正指标，根据修正指标的高低计算修正系数。用得出的系数去修正基本指标得分。2008 年通信设备制造业全行业财务绩效修正指标标准值由财政部定期发布，见【表 11－12】。

表 11－12　　通讯设备制造业全行业财务绩效修正指标标准指表　　单位:%

项目 指标(标准系数)	优秀(1)	良好(0.8)	平均(0.6)	较低(0.4)	
一、盈利能力状况					
销售利润率	30.0	18.4	9.4	4.6	－4.9
盈余现金保障倍数	7.1	2.8	1.1	－0.3	－3.3
成本费用利润率	7.7	5.2	0.5	－6.5	－21.7
资本收益率	14.9	7.7	0.7	－6.9	－17.0
二、资产质量状况					
不良资产比率	0.7	3.6	6.8	10.5	14.8
流动资产周转率(次)	2.8	2.1	1.4	1.1	1.0
资产现金回收率	17.4	6.8	2.5	－7.2	－12.8
三、偿债风险状况					
速动比率	149.0	132.3	97.7	64.0	45.5
现金流动负债比率	20.1	12.6	2.6	－8.1	－17.7
带息负债比率	21.9	34.8	46.2	59.3	67.3
或有负债比率	1.5	3.1	5.0	12.3	23.8
四、经营增长状况					
销售利润增长率	15.1	6.5	3.1	－6.4	－17.9
总资产增长率	14.3	9.4	0.8	－8.2	－14.5
技术投入比率	5.3	2.6	1.8	1.2	0.2

三、确定各项经济指标的权数

指标的权数根据评价目的和指标的重要程度确定。【表 11－13】是企业综合绩效评价指标体系中各类及各项指标的权数或分数。

表 11－13　　企业综合绩效评价指标及权重表　　单位:分

财务绩效定量评价指标(权重 70%)					管理绩效定性指标(权重 30%)	
指标类别(100)	基本指标(100)		修正指标(100)		评议指标(100)	
一、盈利能力状况(34)	净资产收益率	20	销售利润率	10	战略管理	18
	总资产报酬率	14	盈余现金保障倍数	9	发展创新	15
			成本费用利润率	8	经营决策	16
			资本收益率	7	风险控制	13
二、资产质量状况(22)	总资产周转率	10	不良资产比率	9	基础管理	14
	应收账款周转率	12	流动资产周转率	7	人力资源	8
			资产现金回收率	6	行业影响	8
三、债务风险状况(22)	资产负债率	12	速动比率	6	社会贡献	8
	已获利息倍数	10	现金流动负债比率	6		
			带息负债比率	5		
			或有负债比率	5		
四、经营增长状况(22)	销售增长率	12	销售利润增长率	10		
	资本保值增值率	10	总资产增长率	7		
			技术投入比率	5		

四、各类指标得分计算

(一)财务绩效基本指标得分计算

基本指标反映企业的基本情况，是对企业绩效的初步评价。它的记分是按照功效系数法记分原理，将评价指标实际值对照行业评价标准值，按照规定的记分公式计算各项基本指标得分。其计算公式为：

1. 单项指标得分的计算

单项基本指标得分 = 本档基础分 + 调整分

其中：本档基础分 = 指标权数 × 本档标准系数

调整分 = 功效系数 ×（上档基础分 − 本档基础分）

上档基础分 = 实际权数 × 上档标准系数

$$功效系数 = \frac{实际值 - 本档标准值}{上档标准值 - 本档标准值}$$

本档标准值是指上下两档标准值居于较低等级一档。根据表 11－9ZET 公司 2008 年财务绩效基本指标，结合【表 11－11】通信设备制造业全行业财务绩效基本指标标准值及系数，按上述公式可计算 ZET 公司各项基本指标得分。例如，2008 年总资产周转率为 0.98 次。此时，该企业的总资产周转率已超过“较低”（0.8）水平，处于“较低”档，因此可以得到较低档基础分。另外，它处于“平均”档（1.0）和“较低”档（0.8）之间，同时需要调整。

本档基础分 = 指标权数 × 本档标准系数 = 10 × 0.4 = 4（分）

$$本档调整分 = \frac{实际值 - 本档标准值}{上档标准值 - 本档标准值} \times (上档基础分内 - 本档基础分)$$

$$= \frac{0.98 - 0.8}{1 - 0.8} \times (10 \times 0.6 - 10 \times 0.4) = 1.8（分）$$

总资产周转率指标得分 = 4 + 1.8 = 5.8（分）

其他基本指标的得分计算方法与此相同，不再举例。

2. 财务绩效基本指标总分的计算

分类指标得分 = Σ类内各项基本指标得分

基本指标总分 = Σ各项基本指标得分

ZET 公司单项指标得分的计算结果如【表 11－14】第三列，“分类指标得分”和“基本指标总分”如第四列。

表 11－14　　ZTE 公司指标得分的计算表　　单位：分

类别	基本指标（分数）	单项指标得分	分类指标得分
一、盈利能力状况	净资产收益率（20）	20.00	34.00
	总资产报酬率（14）	14.00	
二、资产质量状况	总资产周转率（10）	5.80	14.40
	应收账款周转率（12）	8.60	
三、债务风险状况	资产负债率（12）	6.82	13.71
	已获利息倍数（10）	6.89	
四、经营增长状况	销售增长率（12）	12.00	22.00
	资本保值增值率（10）	10.00	
基本指标总分			84.11

（二）财务绩效修正指标修正系数计算

对基本指标得分的修正，是按指标类别得分进行的，需要计算“分类的综合修正系数”。分类的综合修正系数，由“单项指标修正系数”加权平均求得；而单项指标修正系数的大小主要取决于基本指标评价分数和修正指标实际值两项因素。

(1)单项指标修正系数的计算

单项指标修正系数的计算公式是：

单项指标修正系数 = 1.0 +(本档标准系数 + 功效系数 × 0.2 - 该类基本指标分析系数)

单项修正系数控制修正幅度为 0.7 ~ 1.3。

下面以盈余现金保障倍数为例说明单项指标修正系数的计算。

① 标准系数的确定

根据表 11 - 10 可知，ZET 公司盈余现金保障倍数为 1.91，查阅表 11 - 12，发现该指标的实际值介于良好和平均之间，其标准系数应为 0.6。

② 功效系数的计算

$$功效系数 = \frac{指标实际值 - 本档标准值}{上档标准值 - 本档标准值}$$

$$盈余现金保障倍数指标的功效系数 = \frac{1.91 - 1.1}{2.8 - 1.1} = 0.48$$

③ 分类基本指标分析系数的计算

$$某类基本指标分析系数 = \frac{该类基本指标得分}{该类指标权数}$$

根据【表 11 - 14】可知盈利能力类基本指标得分为 34.00，其权数为 34，则：

盈利能力类基本指标分析系数 = 34.00 ÷ 34 = 1

根据以上结果，可以计算出盈余现金保障倍数的修正系数为：

盈余现金保障倍数的修正系数 = 1.0 +(0.6 + 0.48 × 0.2 - 1) = 0.70

在计算修正指标单项修正系数过程中，对于一些特殊情况作如下规定：

第一，如果修正指标实际值到达优秀值以上，其单项修正系数计算公式如下：

单项修正系数 = 1.2 + 本档标准系数 - 该部分基本指标分析系数。

第二，如果修正指标实际值处于较差值以下，其单项修正系数计算公式如下：

单项修正系数 = 1.0 - 该部分基本指标分析系数

第三，如果资产负债率≥100%，指标得 0 分，其他情况按照规定的公式记分。

第四，如果盈余现金保障倍数分子为正数，分母为负数，单项修正系数确定为 1.1；如果分子为负数，分母为正数，单项修正系数确定为 0.9；如果分子分母同为负数，单项修正系数确定为 0.8。

第五，如果不良资产比率≥100% 或分母为负数，单项修正系数确定为 0.8。

第六，对于销售(营业)利润增长率指标，如果上年主营业务利润为负数，本年为正数，单项修正系数确定为 1.1，如果上年主营业务利润为零，本年为正数，或者上年为负数，本年为零，单项修正系数确定为 1.0。

按照上述方法，可以计算出销售(营业)利润率、成本费用利润率和资本收益率三项修正指标的单项修正系数分别为 0.36、0.85、1.2。

(2)分类综合修正系数的计算

分类综合修正系数 = ∑类内单项指标的加权修正系数

其中，单项指标加权修正系数的计算公式是：

单项指标加权修正系数 = 单项指标修正系数 × 该项指标在本类指标中的权数。

例如，盈余现金保障倍数指标属于盈利能力指标，其权数为9，盈利能力类指标总权数为34。

盈余现金保障倍数指标的加权修正系数 = 0.70 × (9 ÷ 34) = 0.19

盈利能力类修正指标有4项，已计算出盈余现金保障倍数加权修正系数为0.19，销售营业利润率指标的单项指标加权修正系数为0.11，成本费用利润率指标的加权修正系数为0.2，资本收益率指标的加权修正系数为0.25。则

盈利能力类修正系数 = 0.19 + 0.11 + 0.2 + 0.25 = 0.75

其他类别指标的综合修正系数计算与上述方法相同，不再举例。

（三）修正后得分的计算

修正后总分 = ∑(分类综合修正系数 × 分类基本指标得分)

ZEY公司各项基本指标和分类综合修正系数见【表11－15】，可计算出修正后定量指标的总得分。

表11－15 修正后得分的计算

项目	类别修正系数	基本指标得分	修正后得分
盈利能力状况	0.75	34.00	25.50
资产质量状况	1.03	14.40	14.83
债务风险状况	1.12	13.71	15.36
经营增长状况	1.07	22.00	23.54
修正后定量指标总分	－	－	79.23

（四）管理绩效定性指标的计分方法

1. 管理绩效定性指标的内容

管理绩效定性评价指标的记分一般通过专家评议打分形式完成，聘请的专家应不少于7名，评议专家应当在充分了解企业管理绩效状况的基础上，对照评价参考标准；采取综合分析判断法，对企业管理绩效指标作出分析评议，评判各项指标所处的水平档次，并直接给出评价分数。【表11－16】是一名评议专家给出的各项管理绩效定性评价指标的等级。

表11－16 管理绩效定性评价指标等级表

评议指标	权数	等级（参数）				
		优(1)	良(0.8)	中(0.6)	低(0.4)	差(0.2)
1. 战略管理	18		√			
2. 发展创新	15	√				
3. 经营决策	16		√			
4. 风险控制	13		√			
5. 基础管理	14			√		
6. 人力资源	8		√			
7. 行业影响	8	√				
8. 社会贡献	8		√			

2. 单项评议指标得分

单项评议指标得分 = ∑（单项评议指标权数 × 各评议专家给定等级参数）÷ 评议专家人数

假设评议专家有 7 人，对“战略管理”的评议结果为：优等 4 人，良等 3 人。

$$战略管理评议指标得分 = \frac{(18 \times 4 + 18 \times 0.8 \times 3)}{7} = 16.46$$

其他指标的计算方法与上述方法相同，不再举例。

3. 评议指标总分的计算

评议指标总分 = ∑单项评议指标分数

前面已计算出战略管理评议指标分数为 16.46，假设其他 7 项评议指标的单项得分分别为 4、14、11、12、6、8、7，则

评议指标总分 = 16.46 + 4 + 14 + 11 + 12 + 6 + 8 + 7 = 88.46 分

五、综合评价得分计算

在得出财务绩效定量评价分数和管理绩效定性评价分数后，应当按照规定的权重，耦合形成综合绩效评价分数。计算公式为：

企业综合绩效评价分数 = 财务绩效定量评价分数 ×70% + 管理绩效定性评价分数 ×30%

根据以上有关数据，ZET 公司得综合评价得分计算如下：

综合评价得分 = 79.23 ×70% + 88.64 ×30% = 82（分）

在得出评价分数以后，应当计算年度之间的绩效改进度，以反映企业年度之间经营业绩的变化情况。计算公式为：

绩效改进度 = 本期绩效评价分数 ÷ 基期绩效评价分数

绩效改进度大于 1，说明经营业绩上升；反之，说明经营业绩下滑。

六、确定综合评价结果等级

企业综合绩效评价结果以 85、50、70、40 分作为类型判定的分数线。具体的企业综合绩效评价类型与评价级别表【见 11 - 17】。

表 11 - 17　　企业综合绩效评价类型与评价级别表

评价类型	评价级别	评价得分
优(A)	A + + A + A	A + + ≥95 分 95 分 > A + ≥90 分 90 分 > A ≥85 分
良(B)	B + B B -	85 分 > B + ≥80 分 80 分 > B ≥75 分 75 > B - ≥70 分
中(C)	C C -	70 分 > C ≥60 分 60 分 > C - ≥50 分
低(D)	D	50 分 > D ≥40 分
差(E)	E	E < 40 分

本例中 ZET 公司综合得分 82.00 分，其综合绩效等级属于良（B + ）级。

第六节 财务预警分析

一、财务危机预警分析概述

（一）财务危机的概念

企业在生产经营过程中，几乎不可避免地要与金融机构或其他企业发生债权债务关系。当企业的经营过程无法产生足够的现金以偿付到期债务（包括应付账款、利息、诉讼费用等），企业财务就会面临这样一种困境：一方面要借入新的债务以偿还到期债务；另一方面又要周转资金用于继续生产经营，并努力赚取利润、回笼资金来偿还新的债务。一个已经在资金上捉襟见肘的企业是很难让人相信其还债能力的，这样的企业很难再借入资金；没有了新的资金来源，债权人就可能采取行动迫使债权人履行还债义务，也有可能向法院提起诉讼，申请该企业破产。所谓财务危机，就是一个企业处于经营性现金流量不足以抵偿现有到期债务而面临破产的危险状况。

当然，处于财务危机之中的企业并不一定会破产。当企业经营现金流量不足以补偿现有债务时，反映出企业资本流动能力相对低下或流动资产与流动负债不匹配。这时企业可以通过出售主要资产，与其他企业合并，减少资本支出，进行资产重组，或采用发行新股、与债权人协商谈判、债权换股权等债务重组方式使企业免于破产。当这些举措无效时，企业才进入破产程序。

（二）财务危机形成的原因

企业财务危机是由于企业的状况不断恶化而造成的。因此，企业一定要十分注意那些可能导致财务恶化的原因，将那些可能会危及企业获利能力甚至生存的财务问题及早解决，并随时注意可能引起财务危机的种种现象。一般而言，导致财务危机形成的原因主要有以下几种：

1. 长期亏损

几乎所有发生财务危机的企业都要经历三至五年的亏损。利润是一个综合性的指标，企业一切经营活动的最终成果都要由利润体现出来。从项目投资、产品生产、销售到售后服务的全过程中，项目成败、产品市场竞争力、原材料的质量、废品损失率、劳动生产率、营销费用、企业管理能力、企业文化以及外部环境等，无一不与经济效益相关，并最终通过收入与费用项目核算反映于期末利润中。然而一旦发生三到五年以上的亏损，内部留存受到蚕食，则势必造成资金周转严重困难，且长期亏损的企业很难从外部获得资金支持。

2. 销售连年下降

销售是实现产品价值的最主要环节，是产品市场竞争力的集中体现，也是企业管理能力的体现。销售收入是利润的来源，也是经营活动现金流量的主要来源。销售收入下降导致销售利润的下降，从而导致企业净利润的减少，甚至出现亏损，同时表现为企业经营活动净现金流量的减少和枯竭。

通常情况下，销售额下降未必使企业立即倒闭，尤其是宏观经济不景气而引起的暂时性下降。但从以往的倒闭个例来看，尽管原因各不相同，但销售额下降始终占据第一位。销售额连年下降是产品不能适应市场或竞争力下降的表现，这种状况如果持续连年，企业将处于相当危险的境地。

3. 非计划的存货积压

企业管理人员应根据企业的具体情况，掌握关于存货与销售比率的一般标准。任何一个月的存货与销售的比率如果高于这个标准，都可能是企业财务危机的早期信号，不少情况还与非预期的销售下跌有关，必须通过增加销售或削减采购等办法来及早解决这一问题。

4. 平均收账期延长

通常，企业收回应收账款是现金收入的一个主要渠道。当企业的现金余额由于客户延缓付款而逐渐消失时，较长的平均收款期就会成为企业严重的财务问题。因此，企业管理人员应十分重视应收账款的收账期，从中可以找出主要问题，以免使问题变得更为严重。

5. 规模过度扩张

如一家企业同时在许多地方大举收购其他企业，同时涉足许多不同领域，可能使企业因负担过重，支付能力下降而破产。一个企业新建项目扩张或对原有的厂房进行大规模的扩建，都是扩张业务的表现。一旦业务发展中企业预算不周或管理不善，很可能会发生周转资金不足的现象。因而，对于大举收购企业（或资产）的行为要多加注意，要能够透过繁华的表象发现财务危机的征兆。

6. 过度负债

一般来说，企业为取得财务杠杆效应实行一定程度的负债经营是顺理成章的理性选择。但是，如果企业过度负债，使资产负债率过高，必然会导致企业资金紧张，甚至会使企业资金链断裂。

7. 过度依赖关联企业

如果子公司对母公司过度依赖，一旦母公司根据战略的需要或者整体投资回报率的考虑，觉得某子公司不再有利用价值，它会立即停止对子公司的支持。子公司如果在销售、供应甚至管理、技术各个方面都完全依赖于母公司的帮助，一旦失去母公司的支持，很可能会倒闭。

8. 现金流管理不当

现金流是现代企业经营管理中非常重要的一个指标。从某种意义上说，现金流比利润更重要，现金流状况的好坏是决定企业能否持续发展的重要因素。企业如果忽视现金流管理，导致现金流中断，即使对外经营比较正常，内部财务也难以为继。实务中不乏这样的现象：虽然企业还有资产，还有库存，但一旦现金流中断，会迅速陷入危机甚至破产。

（三）财务危机的形成过程

企业从业绩优良到陷入财务危机，有一个渐进与积累的过程。破产作为企业财务危机发展的结果，常被看做一种极端的财务危机。

从企业发生财务危机的过程看，可以分为三个阶段，即经营失调阶段、经营危机阶段、经营失败阶段。这三个阶段的划分依据是反映企业流动性、结构性、盈利性、效率性和成长性等财务指标的恶化程度。例如，企业在经营失调阶段主要表现为主营业务收入下降、流动资金紧张；在经营危机阶段主要表现为资金严重不足、周转困难、短期债务无法偿还；在经营失败阶段主要表现为企业几乎陷入停滞状态，负债总额超过资产总额，出现资不抵债的现象，除非进行大规模的资产重组，否则企业无法摆脱破产的困境。

财务危机的发生是渐进的，正是这种渐进性成为财务危机可预测性的前提。财务危机形成过程的三个阶段都具有一定的特征，这些特征一般可以通过企业的财务指标加以反映，也可以选择其中一些具有敏感性的财务指标建立预警模型来对企业可能发生的财务危机进行预警分析，以便充分利用财务危机预警机制，防范和化解企业可能发生的财务危机。

（四）财务危机预警分析的意义

所谓财务危机预警分析，就是通过对企业的财务报表、经营计划及其他相关经营资料的分析，设置并观测一些敏感性财务指标的变化，随时观察企业发生财务危机的早期特征，对企业可能或者将要面临的财务危机进行实时监控和预测警报。

企业建立财务危机预警机制，科学有效地进行财务危机预警分析，不仅会帮助企业经营者预防财务失败风险，而且也是企业各利益关系者关注的焦点。具体来说，利用财务预警分析的结果，经营者能够在财务危机出现的萌芽阶段采取有效措施改善企业经营，阻止企业财务状况的进一步恶化；投资者在发现企业的财务危机萌芽后能够及时处理现有投资，减少更大损失；银行等金融机构可以利用这种预测，正确做出贷款决策并进行贷款控制，降低信贷风险；相关企业可以在预警信号的帮助下做出信用决策并对应收账款进行有效管理；审计机构和注册会计师可以利用这种预警信号合理确定其审计程序，准确判断企业的前景，发表恰当的审计意见，规避审计风险。

总之，企业财务预警分析应该是企业预警系统的一部分，它除了能够预先告知经营者、投资者企业组织内财务营运体系隐藏的问题，还能清晰地告知企业经营者应朝什么方向努力，以便有效地解决问题，让该企业把有限的财务资源用于最需要或最能产生经营成果的地方。

（五）财务危机预警分析的功能

有效的财务危机预警分析一般具有三大功能：

1. 信息监测功能

导致企业财务失败的原因可能是多方面的，但是任何财务失败都是逐步演变、不断恶化的结果。财务预警分析通过收集企业自身的各类财务和生产经营状况信息，以及与企业经营相关的产业政策、市场竞争状况等信息，对企业的生产经营活动进行跟踪、记录和计量，考核实际情况与目标、预算、定额、标准等之间的差异，分析产生各类偏差的原因，以监测财务失败的踪迹。

2. 危机预告功能

当出现可能导致财务危机的关键因素时，财务预警分析系统能够预先发出警告提醒信息使用者尽早做好准备，采取对策，避免潜在的风险演变成现实的损失，防患于未然。

3. 预防矫正功能

当企业内部发现潜在的财务危机时，有效的财务预警分析还能对企业财务结构等重要问题进行诊断，发现导致企业出现财务恶化的根本原因，帮助经营者及时找出导致财务危机状况趋于恶化的根源，对症下药，弥补企业现有经营和财务管理中的缺陷，阻止财务状况的进一步恶化，避免类似的财务危机再度发生。

二、财务危机预警分析方法

财务危机预警分析方法包括定性分析方法和定量分析方法两类。

（一）定性预警分析方法主要包括以下几种：

1. 标准化调查法

标准化调查法也称风险分析调查法，即通过专业人员、咨询公司、协会等，对企业可能遇到的问题加以详细调查与分析，形成报告文件以供企业决策者参考。这些报告文件从一两页到上百页不等。之所以称其为标准化，并不是指这些报告或调查表格具有统一的格式，而是指它们所提出的问题具有共性，对所有企业或组织都有普遍适用性。一般而言，标准化调查的项目包括经营业绩、同行业对比、经营上的问题与原因、企业前景等。

对特定的企业而言，标准化调查法形成的报告文件无法提供企业的特定问题和损失暴露的个性特征。并且，报告文件是专业人员根据调查结果以自己的职业判断为标准对企业的情况给予定位，这有可能出现主观判断错误的情况。另外，该类报表没有要求对回答的每个问题进行解释，也没有引导使用者对所问问题之外的相关信息做出正确判断。

2."四阶段症状"分析法

企业财务危机的出现具有特定的症状，而且是一个逐渐加剧的过程。"四阶段症状"分析法将财务运营症状与危机划分为四个阶段，即财务危机潜伏期、财务危机发作期、财务危机恶化期和财务危机终结期。各阶段的表现症状分别是:①财务危机潜伏期:盲目扩张;无效市场营销;疏于风险管理;缺乏有效管理制度，企业资源分配不当;无视环境重大变化。②财务危机发作期:自有资本不足;过分依赖外部资金，利息负担重;缺乏会计的预警作用;债务拖延偿付。③财务危机恶化期:经营者无心经营业务，专心于财务周转;资金周转困难;债务到期违约不支付。④财务危机终结期:负债超过资产，丧失偿付能力;宣布倒闭。企业管理当局要针对各阶段的发病症状，对症下药，采取有效措施，摆脱财务困境，恢复财务正常运作。

3."三个月资金周转表"分析法

企业面临的市场环境和理财环境是不断变化的。当销售额逐月上升时，兑现付款票据极其容易;反之，如果销售额每月下降，已经开出的付款票据也就难以支付。而且，经济繁荣与否和资金周转关系甚为密切，从萧条走向繁荣时资金周转渐趋灵活;从繁荣转向萧条时，尤其是进入萧条期后，企业计划就往往被打乱，销售额和赊销款的回收都不能按照计划进行，但各种经费往往超过原来的计划。有鉴于此，企业有必要制作"三个月资金周转表"，并经常检查结转下月余额对总收入的比率，以及销售额对付款票据兑现额的比率，这对预防财务危机出现，维持企业的生存极为重要。

这种方法的判断标准是:

①企业是否经常准备好安全度较高的资金周转表。如果制定不出三个月的资金周转表，就说明这个企业已经处于紧张状态。

②如果企业已经制好了三个月资金周转表，要进一步查明转入下一个月的结转额是否占总收入的20%以上，付款票据的支付额是否在销售额的60%以下(批发商)或40%以下(制造业)。

(二)财务危机预警定量分析方法

从定量分析的角度看，财务比率分析是最常见的企业财务危机实证研究的基本统计分析技术。建立在正确理解基础上的财务比率提供了企业最好的基础财务预警信息。因此，广义地说，本书前面几章所讲的各种财务比率的计算和应用都属于财务危机预警的定量分析。

在实务中，进行财务危机预警分析时不可能也不必要同时计算和运用所有的财务比率指标，而是选择少数最有代表性和检查性的指标，建立并运用一定的数学模型进行分析判断。因此，狭义地说，按照建模时所用财务比率是单一的(单变量)还是多样的(多变量)来分，财务危机预警的定量分析方法又可以分为单变量预警分析方法和多变量预警分析方法两类。

1. 单变量预警分析方法

单变量预警分析方法是指运用单一变量，用个别财务比率来预测财务危机的方法。按照这一模式，当企业财务危机预警模型所涉及的个别财务比率趋于恶化，即可认为是该企业将要发生财务危机的先兆。

单变量预警模型的创始人是美国芝加哥大学的威廉・比弗(William Beaver)教授。1967年，Beaver 教授在美国《会计研究》上发表了一篇研究财务比率有用性的论文。该文以美国79 对行业相同、资产规模相近的破产企业和正常企业作为样本，通过对 30 多个财务比率进行逐个检验，首次提出可以运用财务比率来预测企业的财务危机的单变量分析法。他对财务失败的判定并不仅仅局限于破产，还包括债券拖欠不履行、银行超支、不能支付优先股股利等情况。该文认为："现金流量净额与负债总额之比"这个比率能够较准确地判定公司的财务状况，"净利润与资产总额之比"也能在一定程度上反映企业财务状况，但效果比前者次之。

在实务操作中，企业还应根据所处的阶段和所属的行业不同，选择使用财务保障率、资产收益率、资产负债率、资产安全率等预警指标。

值得一提的是，日本企业诊断专家田边升一在其所著的《企业经营弊病的诊治》一书中提出的"利息及票据贴现费用"判别分析法也可看作是一种比较有效的单变量预警分析方法。其思路是：通过检查企业运营的"血液"——资金运行状况分析，特别是重点分析企业利息及票据贴现费用的大小，即以企业的贷款利息、票据贴现费用占其销售额的百分比来判别该企业的经营和财务是否正常。比如，在制造企业，如果这种百分比的数值为 3%，则属情况正常；如果是 5%，表明资金周转较困难；到了 7%，就会发生拖欠职工工资的现象；上升到 10%时，该企业势必会倒闭。

单变量分析法尽管简明有效，但其作用有限。其局限性主要表现在以下几个方面：一是单变量比率可以判别公司是否处于财务危机之中，但不能判别企业是否可能破产以及何时破产；二是单变量比率分析的结论可能会受到通货膨胀的影响；三是当企业面临财务困难时，管理当局往往会采取粉饰财务报表的方法来掩盖公司的真实财务状况，使财务危机预警失去作用。

2. 多变量预警分析方法

多变量预警分析方法就是运用多个财务指标来建立预警模型，并据此综合反映企业财务状况预测和判别财务危机的方法。根据指标选择和模型设计的不同，它又包括多种判别模式，这里以 Z 值计分法为例来介绍。

经典的多元线性函数模式(Z 值计分法)是指美国纽约大学奥特曼(A1tman)教授创立的 Zeta 模型。该模型是运用五种财务比率，进行加权汇总后产生的总判别分(称为 Z 值)来预测企业是否处于财务危机。Zeta 模型可通过对企业有关财务数据的多元回归判断分析导出，其公式如下：

$$Z = b_1X_1 + b_2X_2 + b_3X_3 + b_4X_4 + b_5X_5 = \sum_{i=1}^{5} b_iX_i$$

式中，Z 值为总判别分；b_i 为权数，表示对有关自变量 X_i 的重视程度，由多元回归判断分析一并确定；X_i 为五个财务比率指标，可视为模型的自变量。其中：

X_1：营运资本/资产总额。该比率反映企业资产的变现能力和规模特征指标值越大，说明企业资产的流动性越强，财务状况越理想。一般来说，对于经历长期经营亏损的企业，其营运资本相对于总资产将有所缩减，因此该指标是企业是否面临停止运营的最有效指示器之一。

X_2:留存收益/资产总额。该比率反映公司的累计获利水平，也反映企业在一定时期内留存收益进行再投资的比例。指标值越大，说明企业筹资和再投资功能越强，企业的创新和竞争力越强。

X_3:息税前利润/资产总额。该比率剔除了税收和杠杆因素的影响，用于衡量企业资产的获利能力，是预测企业财务危机的最有力的依据之一。

X_4:所有者权益市价/负债总额。该比率反映一家公司的财务结构，表明所有者权益和债人权益的相对关系，也能衡量企业在负债超过资产、企业失去偿债能力之前其资产可能跌价的程度。该指标主要反映投资者对公司前景的判断，指标值越大说明企业越有投资价值。在成熟的资本市场中，该指标尤其具有说服力。

X_5:总销售额/资产总额。该比率反映企业资产周转情况，用来衡量企业资产利用的效率，并可推测企业在竞争条件下有效经营的能力。

奥特曼教授在分析上述变量相互之间的关系，观察各变量判别预警正确性的基础上，经过综合分析，建立了下列判别函数模型：

$$Z = 0.717X_1 + 0.847X_2 + 3.11X_3 + 0.42X_4 + 0.998X_5$$

按照这一模式，Z值与企业发生财务危机的可能性成反比，Z值越小企业发生财务危机的可能性就越大;Z值越大，企业发生财务危机的可能性就越小。通过计算某个企业连几年的Z值就能发现企业发生财务危机的先兆。回归分析结果表明:当 $Z<1.2$ 时，企业属于破产之列;当 $Z>2.9$ 时，企业不属于破产之列;当 $1.2<Z<2.9$ 时，企业处于“灰色区域”或“未知区域”，很难简单得出企业是否肯定破产的结论。

运用Z值计分法可以比较准确地预测企业未来一定时期内财务失败的可能性。但应该注意，在利用多元线性函数模式求到的Z值评估企业财务危机时，一定要考虑到企业之间的差距，即不同国家、不同行业、不同规模以及处于不同发展阶段的企业，是不可用相同的Z值标准评判的。实务中，最好先找到同行业中最安全企业的Z值，以此为参考标准，评估同行业中其他企业的财务危机程度才是更可信的做法。

另外，在运用Zeta模型进行财务预警分析时，还必须注意它的时效性，即运用该模型得出的预测结果表明的只是短期财务状况，而不是长期的和永久的财务状况。Z值计分法作为一种财务诊断和分析方法，只是进行企业财务状况整体评价的一种方法，其依据是企业的财务报表。因此，企业财务报表的真实性和客观性将对Z值的判别结果产生决定性的影响，分析者在运用这一方法时应注意这个因素。

尽管如此，Z值计分法所提供的分析思路仍有较强的指导意义。在评价企业经营风险和财务风险方面具有重要的参考价值，它可以帮助企业经营者及早发现潜在的财务危机，以便在财务危机出现的萌芽阶段采取有效措施，从而控制风险。随着我国会计准则与国际会计准则的接轨，会计信息质量的不断提高，其运用前景将更加广阔。对上市公司来说，如果能结合我国证券市场的实际对计算指标进行调整完善，增加一些更能反映我国企业财务状况的判别指标，改善某些指导性不强的指标，则会大大提高Z值计分法的运用价值。例如，可以考虑用企业的净现金流量指标代替息税前利润指标，用净现金流量加现金利息支出代替本期销售额。当然，需要相应的调整判别标准。

案例分析

案例一：

一、资料

根据杜邦财务分析系统，选取两家资产总额相近的建筑行业公司——葛洲坝和中川国际的相关资料进行分析。具体资料如【表 11－18】、【表 11－19】所示：

表 11－18　　两家可比建筑公司杜邦财务分析原始数据

公司	年份（年）	净资产收益率（%）	销售净利率（%）	总资产周转率（%）	财务杠杆
葛洲坝	1998	10.04	13.34	0.46	1.65
	1999	10.15	14.00	0.50	1.45
	2000	6.76	9.84	0.47	1.46
中川国际	1998	10.36	7.5	0.29	4.84
	1999	8.72	8.43	0.23	4.41
	2000	15.98	14.00	0.26	4.35

表 11－19　　两家可比建筑公司杜邦财务分析要素变动表

公司	年份（年）	销售净利率变动率（%）	总资产周转率变动率（%）	财务杠杆变动率（%）	净资产收益率变动率（%）
葛洲坝	1999	4.95	9.69	－12.22	1.10
	2000	－29.71	－5.87	0.67	－33.40
中川国际	1999	12.40	－17.82	－8.83	－15.83
	2000	66.07	11.94	－1.42	83.26

根据上述资料，运用杜邦财务分析法的原理对葛洲坝、中川国际两家上市公司的成长性进行分析。

二、两家公司成长性初步分析——净资产收益率比较

根据上面两个表的资料我们可以看到：葛洲坝 1998 年、1999 年的净资产收益率变化不大，2000 年则明显下降；中川国际的净资产收益率 1999 年较 1998 年略有回落，但 2000 年增幅较大。

另外，从上表中可以看到两家公司的净资产收益率中，中川国际 2000 年是增幅很大，而葛洲坝 2000 年是降幅较大。

三、两家公司成长性的进一步分析

（一）葛洲坝

1. 葛洲坝成长性的杜邦分析

两个表的资料告诉我们:影响净资产收益率的各因素中，销售净利率的作用较大，其次为财务杠杆，作用最小的是总资产周转率。此外，2000年度销售净利率较1999年度下降比例较大，这是导致葛洲坝净资产收益率2000年较1999年大幅下滑的主要原因。该公司2000年与1999年相比，销售净利率下降了29.71%，总资产周转率下降了6%，而财务杠杆只有小幅回升，结果净资产收益率大幅下降。

2. 葛洲坝成长性的深度分析

上文提出影响2000年净资产收益率下滑的主要因素为销售净利率的下滑，接下来对影响销售净利率的各因素做进一步的讨论。我们知道，影响销售净利率的主要因素有主营业务收入、主营业务成本、三项费用、投资收益、补贴收入、营业外收支和所得税等。因此，我们对上述因素分别进行分析。下面给出葛洲坝的相关资料，见【表11-20】。

表11-20 葛洲坝净利润及相关因素明细表 单位:万元

年份 项目	净利润	利润总额	主营业务收入	主营业务成本	主营业务利润	营业利润	投资收益	补贴收入
1998	25604	38368	191882	138860	47892	36689	1598	
1999	28784	42357	205608	150692	49466	39371	1776	934
2000	21211	30882	215580	166751	42955	31425	1255	320

首先考察净利润的变化。从表中可以看到，葛洲坝的净利润2000年较1999年大幅下降，注意到利润总额和营业利润在2000年度也大幅下降，其他影响利润总额的因素(如投资收益、补贴收入等)占利润总额的比重较小，所以这些因素的变动不是主要原因。因此，我们的研究重点应该放在对营业利润的分析上。营业利润主要受主营业务收入和三项费用(营业费用、管理费用和财务费用)的影响。主营业务利润2000年度有所下降，而三项费用(营业利润与主营业务利润之差)较为平稳，说明导致营业利润下降的主要原因是主营业务利润的下降。进一步考虑影响主营业务利润下降的可能因素——主营业务收入及其成本的变化，2000年主营业务收入较前一年略有增加，但主营业务成本也有所增加，而且增加幅度大于主营业务收入增加的幅度，从而导致主营业务利润下滑。到此为止，我们找到了导致葛洲坝2000年净资产收益率下滑的主要原因，即主营业务成本的增加。说明在不改变其他影响净资产收益率变动因素的情况下，改善主营业务成本现状(如改善产品原材料供给关系、有效控制可变成本的增加等)是提高销售净利率从而提高净资产收益率的主要途径。如果这一状况无法改变，那么以上分析至少可以给我们一个暗示:该公司未来增长有可能进一步减缓。

(二)中川国际

1. 中川国际成长性的杜邦分析

上述两表告诉我们，影响中川国际净资产收益率变动的三因素中，销售净利率2000年升幅较大，其比例达66.7%，总资产周转率升幅比例达13.04%，两者一起对净资产收益率增长的贡献率将近80%。所以，有必要考察导致销售净利率和总资产周转率变动的因素。据推测，这种变化很可能由于主营业务收入的大幅增长所致。

2. 中川国际成长性的深度分析

接下来我们对影响中川国际销售净利率和总资产周转率的因素做进一步的分析。根据该公司披露的会计报表，其有关资产、净利润及相关因素的资料如【表11-21】所示。

表 11－21　　中川国际有关资产、净利润及相关因素的明细表　　单位：万元

年份 项目	净利润	利润总额	主营业务收入	主营业务成本	主营业务利润	营业利润	投资收益	资产总额
1998	1967.87	1970.49	26228	19717	6305.26	1288.60	67.80	91866
1999	1814.54	2651.30	21527	14079	7248.59	1711.60	69.90	91749
2000	4028.70	4358.30	28780	18501	10068.68	4106.50	253.21	109574

从表中可知，中川国际2000年度的主营业务收入和主营业务利润比1999年的都有一定程度的增长；三项费用则较为稳定。公司净利润大幅增长，增长主要来源于营业利润的增长，而营业利润的增长又主要是靠主营业务收入的增长造成的。说明销售净利率的增长主要是依赖主营业务收入的增长。由于资产总额没有同速增长，所以主营业务收入增长也是造成总资产周转率增长的主要原因。由此我们可以认为，主营业务收入增长是造成2000年净资产收益率增长的主要原因。

通过以上分析我们可以得出如下结论：不同上市公司其成长性的来源不同，必须区别情况加以对待；杜邦分析是确定影响公司成长性主要因素的一个重要手段。

复习思考题

1. 简述会计报表综合分析的含义及特点。

2. 请说明杜邦财务分析指标体系中主要指标之间的关系。

3. 简述沃尔综合评分分析法的内容及应用价值。

4. 资信评级的内容是什么？国内外资信评级指标有哪些？这些指标在资信评级中是怎么样运用的？

5. 怎样运用综合评分法进行企业绩效评价？

6. 财务预警分析中定性分析法和定量分析法都有哪些？各自都有什么特点？

第十二章　财务情况分析报告

【学习目标】

1. 掌握财务情况分析报告的撰写方法
2. 了解财务情况分析报告的含义和分类
3. 熟悉财务情况分析报告的内容和格式

第一节　财务情况分析报告概述

做财务工作都要算账。算账从广义上讲应当包括计算和分析，计算的对象是账表数字，它能具体或综合反映一个单位财务活动的现状和工作进行的情况。但由于财务活动本身错综复杂，每一项财务指标又受制于多种因素，如果单纯从账表数字去看这些指标完成的情况，往往不能发现其中隐藏着的本质问题，当然也难以找出其产生和发展的原因以及客观的内在规律。因此，还需要根据账表数字和调查研究掌握的材料，对财务活动的状况进行分析。分析是计算的继续和深化，而根据分析的情况及其结果写成的书面报告就叫做财务情况分析报告。

一、财务情况分析报告的含义

财务情况分析报告是以会计报表及会计报表附注的资料为主要依据，根据计划指标、会计核算、统计资料和通过调查研究获得的资料，对某一部门或某一单位的财务活动状况进行分析、找出差距、指出方向、提出建议，指导企业财务会计工作的一种书面报告，是对企业一定期间内收入、成本、费用、利润、资金等情况进行分析总结形成的书面文字报告。它能全面提供公司、企业和其他单位生产经营、业务活动情况，分析总结经营业绩和存在的不足。

过去，财务情况分析报告一般是由报告单位的财务部门根据本单位的财务报告等会计及经营信息资料，利用财务分析的理论和方法，经过整理、分析、提炼和总结而撰写完成的供单位内部使用的财务经营活动的结论性文书。但随着资本市场在我国的不断发展，财务情况分析报告也开始在资本运作中由一些投资分析机构或独立财务分析人员撰写完成，并应用于股权投资、企业重组或资产并购等价值评价中。

由于财务情况分析报告是根据公司财务指标体系和综合分析体系资料，通过分类、整理、综合概括来说明企业的财务状况和财务成果的，因此，搜集整理资料就是编写财务分析报告的重要前提。除搜集以会计报表为主的实际资料和有关的计划资料以外，还应搜集一些有关财务、统计和同行业的资料，另外还可以通过调查研究等方法，搜集一些典型事例的资料。然后，将搜集的资料进行整理、分类、综合汇总，使之条理化、系统化，供编写分析报告时选择采用。整理分析资料的过程，应当是一个去粗取精、去伪存真、由此及彼、由表及里、综合考虑的加工过程。有时某个单项分析的数据，把它综合起来以后，可能会出现一些矛盾，如计算的口径不一致等，这就需要做些调整；有时候，综合资料时会发现某些方面的分析比较单薄、资料不够等，需要做进一步的补充，甚至有时还会出现原来初步评价是良好的，经过综合资料和全面分析后，反而要修正原来的结论的情况。所以说撰写财务情况分析报告的过程，也是财务活动综合分析的继续与提高的过程。

财务会计报告也叫财务报告，它是指企业对外提供的反映企业某一特定日期的财务状况和某一会计期间的经营成果、现金流量等会计信息的文件。财务会计报告包括会计报表及其附注，以及其他应当在财务会计报告中披露的相关信息和资料。会计报表至少应当包括资产负债表、利润表、现金流量表和所有者权益变动表(新的会计准则要求在年报中披露)等报表。

可以看出，财务分析报告与财务会计报告，不论是在含义、内容和组成上，还是在应用范围、价值作用和使用对象上，都是完全不同的。但是，它们也存在着一定的关系。财务会计报告是财务分析报告的数据分析基础，提供给财务分析最具核心内容的信息资料；而财务分析报告不仅仅依赖于财务会计报告，更是独立于财务会计报告而形成的经济活动中特定的财务活动文书，它延伸了财务会计报告的应用范围和作用。

二、财务分析报告的分类

(一)按分析的时间分类

财务分析报告按照分析的时间来划分，可分为定期财务分析报告和不定期财务分析报告两种。

1. 定期财务分析报告。定期财务分析报告是指报告单位根据主管部门，企业控制人或管理人员的规定或要求，在每间隔一定期间就需编制和报送的财务分析报告。定期分析报告可以分日、周、旬、季、半年和年度报告等，而常用的一般有月、季、半年和年度报告。

2. 不定期财务分析报告。不定期财务分析报告是指报告单位根据财务活动和经营合理的实际需要而不定期编制和报送的财务分析报告。不定期财务分析报告可以对企业作为有必要的、任何时点的财务活动的有关情况进行分析与评价。

(二)按分析的内容分类

财务分析报告按照分析的内容，可分为综合分析报告、项目分析报告和专项分析报告。

1. 综合分析报告。综合分析报告是报告单位对其整体财务活动及营运情况所做的书面分析评价报告，它是依据企事业单位所编制的财务报告等会计信息、经营活动所形成的重要经营信息等资料，运用科学的财务分析方法，对企事业单位的资产结构、实现利润、成本费用、变现(偿债)能力、营运能力、盈利能力、发展能力和经营风险等情况进行客观、全面和系统的分析和评价，并对其未来的财务活动进行科学的预测或警示而形成的分析评价报告。

综合分析报告具有全面、系统和严谨的特点。一般适用于定期分析，可在中期或年度进行编报。

2. 项目分析报告。项目分析报告是报告单位对财务报告中某个项目或指标的情况所做的分析评价报告，它是根据企事业单位的某项会计信息及相关的经营信息等资料，针对该项目存在的突出问题或需要解决的重大问题，进行重点的分析和评价而形成的书面报告，包括货币资金变动情况的分析，应验收账款逾期情况的分析，管理费用增减的变动情况的分析等。通过项目分析和评价，能够揭示企事业单位在分析期内某项财务信息的基本情况及其经济指标情况，并预测其今后发展趋势。

项目分析报告具有抓住要害，简明扼要的特点。一般适用于定期分析，可按月或季度进行编报。

3. 专题分析报告。专题分析报告是报告单位对其在经营管理活动中的某些重大事项、关键问题或薄弱环节等涉及的财务活动进行的专门分析而形成的书面分析评价报告。它一般是针对企业某独立专题的财务活动事项所做出的分析和评价，其涉及内容比较广泛，如企业亏损原因情况的分析、企业整体税负情况的分析、对外投资项目经济效益情况的分析、企业厂址搬迁对财务影响的分析等，这些都属于专题分析的范围。

专题分析报告具有不受报告时间限制、书写灵活、一事一议、分析内容为管理层所关注的特点，因此更能引起管理层的重视，有利于问题的解决和发挥实效作用。专题分析报告一般适用于不定期财务分析，可根据企业实际需要进行编报。

三、财务情况分析报告的作用

写作财务情况分析报告是财会人员必不可少的基本功之一。财会人员应按照经济核算原则，定期检查、分析财务预算的执行情况，挖掘增收节支的潜力，考核资金使用效果，揭露经营管理中的问题，及时向领导提出建议。写好财务情况分析报告的重要作用表现在以下几个方面：

1. 评价经营业绩和经济责任

通过财务分析报告，能够了解企事业单位的财务活动的结果、财务计划的完成、经营目标的实现程度等情况，能够分清各核算单位、各相关部门的工作成绩及营运效益，能够确定部门财务活动对整体财务目标和计划完成的影响，从而划清经济责任并进行奖赏。

2. 进行财务预测和财务决策

会计报表为经营决策提供了重要的财务数据，但会计报表是过往的数据和资料文件，不能单独凭此做出决策。因此，企业需要对会计报表数据进行动态分析，了解过去，掌握现在，预测未来，从而做出正确决策。搞好了会计报表分析工作，也就可以了解经济活动的规律，确保财务预测和财务决策的正确性。

3. 进行财务预警和风险防范

财务分析报告就像医生对病人进行医疗诊断后出具的“诊断报告书”，通过专业“诊断”，对确诊的病情，及时对症下药进行治疗；对出现的病症，加以警惕并予以预防。也就是说，财务分析报告不仅是对现有的经营成果和财务状况进行评价，更为重要的是，通过分析和研究财务活动中的薄弱环节，找到影响财务成果和财务状况的不利因素与风险所在，并消除这些不利因素与风险，巩固和发展有利因素，不断挖掘潜力，改善财务管理，提高经济效益。

4. 进行价值评价和风险规避

在资本市场中，为了充分利用现有生产各要素，优化资本及债权结构，企业之间进行股权投资、债券投资、债务重组和企业并购等形式的资本运作，在经济活动中越来越普遍，也越来越重要。财务分析报告在资本运作中的应用价值是显而易见的，通过正确评价有关企业的内在价值可以准确把握投资机会，合理实施重组和并购方案，及时规避运作中出现的风险。

第二节　财务情况分析报告的内容和格式

一、财务情况分析报告的内容

尽管财务情况分析报告的类型很多，而且由于不同的报告使用者对财务信息的需求不同，所以不同财务情况分析报告的内容是不同的，但概括起来，财务分析报告的内容主要包括以下几个方面：

1. 资本结构分析

企业在生产经营过程中周转使用的资金是从不同的来源取得的（包括从债权人借入和企业自有两大部分），又以不同的形态分配和使用（包括流动资产、固定资产、无形资产、其他资产等）。资本结构的健全和合理与否，直接关系到企业经济实力的充实和经济基础的稳定与否。如果资本结构健全、合理，企业的经济基础就比较牢固，就能承担各种风险；反之，如果资本结构不合理，企业的经济基础就虚弱，难以承担各种风险。分析资本结构，无论对企业的经营者、投资者或债权人，都具有十分重要的意义。

2. 偿债能力分析

企业在生产经营过程中，为了弥补自有资金的不足，经常通过举债来筹集部分生产经营资金。但是举债必须以能偿还为前提，如果企业不能按时偿还所负债务的本息，那么企业的生产经营就会陷入困境，以至危机企业的生存。因此，对于企业经营者来说，通过财务报告分析，测定企业的偿还能力，有利于其做出正确的筹资决策和投资决策；而对债权人来说，偿债能力的强弱就是他们做出贷款决策的基本的和决定性的依据。如 2002 年力元新材公司的流动比率和速动比率分别只有 0.64 和 0.49，资产负债率达到 68%，说明公司的偿债能力较弱，当然随着股票发行成功，该公司高财务杠杆的局面会有很大的改观。2004 年力元新材公司的流动比率和速动比率分别达到 0.95 和 0.77，资产负债率只有 47%。

3. 获利能力分析

获利能力即赚取利润的能力，获取利润是企业生产经营的根本目的，也是投资者投资的根本目的。获利能力的大小，显示着企业经营管理的成败和企业未来前景的好坏，因而是企业经营者和投资者对财务情况分析的重点。例如，力元新材公司 2004 年、2005 年的主营业务收入同比分别增长 32.3%、21.2%，主营业务利润率也保持相对稳定，表明公司的盈利能力较强。

4. 资金运用效率分析

企业筹集资金的目的是为了使用。如果资金得到充分有效的使用，则企业必能获得较多的收入，而且能减少对资金供应量的需求；反之，如果筹集到的资金得不到充分有效的使用，不仅不能给企业带来利益，而且还会给企业带来负担。因此，资金运用效率的高低，直接关系到企业获利能力的大小，预示着企业未来的发展前景，因而是企业经营者和投资者财务报告分析的一项重要内容。例如，力元新材的应收账款周转率和存货周转率逐年提高，从2002年的6.19和8.26次提高到2004年的7.32和7.00次，表明公司的资产运营状况良好。

5. 现金流量分析

通过现金流量分析，为会计报表使用者提供企业在该会计期间内现金流入、现金流出以及现金净流量信息的会计报表，估量企业现金的产生能力和使用方向，反映企业现金在流动中增减变动情况，从现金流量的角度来揭示企业的财务状况。

6. 成本费用分析

在市场经济条件下，产品的价格是由市场决定的。在同样的市场价格条件下，如果能降低成本，减少费用，企业就能获取较高的利润，从而在市场竞争中处于有利的地位；反之，则会在市场竞争中处于不利的地位，以至于被淘汰。由于有关成本、费用的报表属于企业内部使用报表，投资者、债权人一般无法取得，因而成本费用的分析是企业经营者财务报告分析的重要内容。

7. 收入、利润和利润分配分析

收入和利润水平是否与企业生产经营规模和能力相适应，反映着企业经营管理的水平和企业获利能力的大小，也预示企业未来的发展前景。而利润分配政策则直接关系到企业未来的发展和企业承担风险的能力，这些都是企业经营者和投资者财务报告的重要内容。

二、财务情况报告的格式

财务情况分析报告根据其报告种类的不同、分析内容的不同，其报告格式也不尽相同，但一般包括标题、正文、落款和附件资料的内容。

（一）财务分析报告的格式要求

1. 标题。财务分析报告的标题一般有以下几种形式：

（1）完整式。标题中包括单位名称、时间、事由和文种的全部内容。

（2）简化式。标题中包括事由和文种两部分内容，省略单位名称或时间一项或两项。

（3）专题式。标题中使用了分析报告中的观点、建议或意见，这种形式常见于专题分析报告。

2. 正文。财务分析报告的正文一般包括开头、主体和结尾三个部分。

（1）开头。主要是概述报告单位的基本情况、战略目标、行业背景，以及财务重要数据和指标、经营特点与态势、存在的主要问题等，也可以做出初步评价。在这部分内容中，一般要求文简意切，为下文展开分析做好铺垫。

（2）主体。这是报告的分析部分，主要是对各项财务指标的完成情况以及有关情况加以说明，并对影响指标增减变化的原因进行分析和评价。分析时既要肯定成绩、总结经验，又要指出问题、分析原因。分析原因时，还要注意分清主客观原因、内外部原因，并且找出主要原因。在分析中，不要堆砌数字、就事而论，而应从实际出发，透过数据表面，进行系统、综合的分析，解释出问题的本质。

（3）结尾。这部分是对正文精辟的总结，一般是指出存在的问题，提出改进的意见、建议或措施。要求内容具体、文字简洁、意见中肯、建议可行。

3. 落款。财务情况分析报告的落款一般包括报告单位名称、负责部门和撰写人姓名，并落有报告完成日期等。

4. 附件资料。财务分析报告的附件一般包括报告单位各年度的完整财务报表、财务计划书等财务分析报告中所引用的重要财务信息资料。在必要的时候，这些报表或资料可以插置到正文的适当位置，但为了版面简洁、易于阅读，也经常将这些报表或资料放在篇尾。对这些报表或资料都应编号和设标题，并加上必要说明。

在撰写财务分析报告时，我们应该根据分析目的和要求，灵活组织报告内容，合理安排报告结构，不需要面面俱到，避免僵化呆板的形式。此外，在报告形式表达上可以采取一些新鲜的手法，如采用文字处理与图表表达相结合的方法，使其更易懂、更生动、更形象。

第三节　财务情况分析报告的撰写

一、撰写财务分析报告的要求

分析人员要撰写出质量水平高、实用性强的财务分析报告，应该注意以下要求：

（一）一般要求

1. 了解财务分析报告的阅读和适用对象。内部财务分析报告的阅读和使用对象一般是上级单位、企业股东、管理层或有关部门负责人等。报告需要根据阅读对象不同，撰写的内容和形式也应各有针对、因人而异。如阅读对象为财务部门人员时，报告可以专业化一些；阅读对象为企业领导或其他部门人员时，报告则力求通俗易懂；阅读对象为不同层次人员时，报告则要考虑满足不同层次阅读者的需要等。

2. 明白阅读和使用对象对财务分析报告信息的需求。财务分析报告是要解决报告阅读使用对象所关心的财务活动信息，因此，分析人员要与阅读使用对象沟通，了解他们对信息的需求。如若阅读使用对象关心的是部门或分支机构的财务活动信息，则分析的内容应具体和详细；若他们关心的是公司集团的财务活动信息，则分析的内容就应集中抓住重大问题。

3. 熟悉企业经营业务和所处的行业背景。分析人员需要熟知企业的发展过程，熟悉企业的经营状况，以及了解业务流程各环节等。这就需要分析人员参与到财务、投资、融资、生产、质量、市场、行政等有关经营管理活动中。只有通过熟悉了解各业务环节情况，才能更容易分析判断经济业务发生的合理性和合规性，才能透过财务数据的表象，来揭示财务数据内在和有用的信息。此外，分析人员还需要了解国家宏观经济环境，了解行业发展形势，了解同行业竞争对手背景等资料。在工作中，既要分析，也要比较，只有这样才能在复杂多变的市场中客观地认识自己。

4. 准确理解企业发展的方针政策。分析人员要紧跟企业发展步伐，吃透企业经营方针政策，这样在分析中才能立足当前，预测未来，使财务分析报告更有前瞻性，更具有应用价值。

5. 案例分析报告制度，使分析工作常态化。撰写财务分析报告，应该将报告制度予以规范化、制度化，建立一系列的财务分析流程、岗位职责、工作指引等，使撰写财务分析报告的工作有序、有度地进行。除了建立制度外，还需要使分析工作常态化。分析人员对经营管理、财务活动中发生的重大事情，要勤做记录，多提问题，多作分析，并将工作成果所形成的资料或文件分类归档，以作撰写报告之用。

（二）具体要求

1.数据要可靠，证据要可信。财务分析报告是对财务活动进行分析和总结，因此它是以财务数据为基础，并在汇集财务、计划、经营、宏观等各种信息资料后，再进行统计、对比和分析等，然后计算出各项经济指标情况，判断出财务活动状况的好坏，从而得出科学的结论。因此，用于财务分析的财务数据必须精确可靠，相关证据资料必须可信，否则将得出完全错误的结论。

2.信息要积累，职责要明确。分析人员平时需要注重国家经济宏观数据以及企业微观信息资料的收集，建立各种数据台账或数据库。如在分析经营费用与营业收入的比率增长原因时，需要分析不同区域、不同商品、不同责任人等实现的收入与费用的关系，但这些数据不能从账簿中直接得到。这就要求分析人员平时就要做大量的数据统计工作，对分析的项目按性质、用途、类别、区域、责任人，按月度、季度、年度进行统计，以便在编写财务分析报告时有据可查。

分析人员单凭某个人的力量，很难完成高质量的分析报告。分析报告所需要的数据和信息，要靠报告单位的相关部门与人员合力提供。因此，报告单位应明确财务分析的职责，要求有关职能岗位，按照各岗位的工作职责与范畴，去发现问题、分析问题、提供信息。

3.分析要深入，数据要量化。撰写财务分析报告的根本目的不仅是要发现问题、反映问题，更重要是要对问题进行深入分析，已揭示问题的本质并提出解决办法。因此，财务分析报告应该抓住事情的主要矛盾，以及解决突出的、关键的问题。

财务分析报告离不开用数字说话，而引用的数据又不能生搬硬套，必须予以量化，即必须对各种抽象的财务数据及零散的经营信息，通过合理科学方法进行处理，予以具体化，从而发现数据变化与差异的原因和规律，以揭示数据所反映的经济活动中的主要矛盾。

4.重点要突出，焦点要把握。分析人员在撰写财务分析报告时，面对大量的分析对象、财务数据、业务资料、存在问题和经济信息时，要坚持重要性原则，要把握住报告使用者所关心的焦点问题，要解决事务中的突出问题，即运用辩证法的重点论方法。只有坚持了重要性原则，财务分析报告才会化难为易，化繁为简。

5.观点要鲜明，文字要简练。财务分析报告要从各种信息资料中获得和分析出财务活动的真实状况，明确问题的原委与是非，因此报告应有鲜明的判断和观点。文字表述要条理清楚、简洁易懂、行文要流畅和精炼。

6.结论要准确，建议要可行。财务分析报告一般是提供给报告单位的上级单位、企业控制人、公司领导或有关负责人等作经营决策或财务预测等使用，对实际工作具有指导意义。因此，报告中的所有结论和建议对他们影响很大，如果结论错误、建议不当，将会对报告单位或使用人造成重大影响，以至于造成重大损失。

二、撰写财务分析报告的步骤

撰写财务分析报告，通常有六个步骤，具体如【图 12－1】所示。

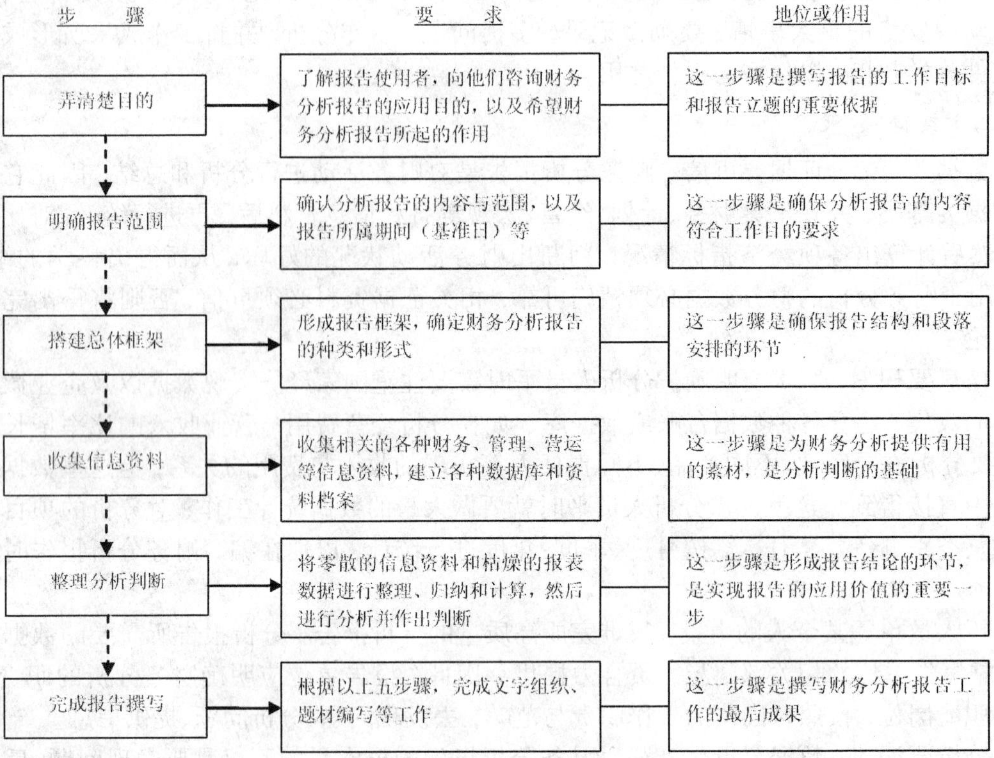

图 12－1 撰写财务分析报告的步骤

案例分析

案例一：

欣荣公司 2010 年度财务分析报告书

一、基本情况

(一)公司简介

A 公司是一家外商独资企业，于 2001 年 10 月经市人民政府批准成立。公司主要生产和销售汽车倒车雷达、汽车中控锁、汽车防盗报警器、汽车轮胎检测报警系统(TPMS)、汽车音响自动静音系统五类产品，各类产品细分为 2000 多个具体品种。

公司是经市有关部门认定的技术先进企业和外销型企业，也是本市最大的汽车安防电子产品研发、生产基地之一。目前，公司总投资规模 1.5 亿余元，净资产约 9000 万元，年销售额近 3 亿元。在职职工总数为 800 余人，经营场地占地面积 30000 多平方米，厂房等建筑面积 20000 多平方米。

(二)公司战略目标

公司业务发展是以国内市场为主导、兼顾拓展国际市场的战略目标。在国内，除了在各大中城市设有办事处和形象店外，已开始向国内多家汽车主机厂提供倒车雷达、中控锁、环境信息显示器等配套产品；在国际，每年向亚洲、美洲、欧洲等十个国家和地区的客户出口倒车雷达、中控锁、防盗报警器等产品。目前，公司营销和服务网络覆盖广泛，希望在未来年里，打造成在国内行业排名前50名，在国内市场具有品牌形象的著名企业。

公司在研究方面也取得很大成绩，已拥有行业内比较领先的研发中心（有总部研发中心、理工大学联合实验室等）和先进的设备；公司致力于研发领先的汽车电子产品，现在拥有30多项专利成果，并已拥有六大商标品牌。

随着公司不断发展壮大，公司也准备涉足资本市场领域，已与多家投资银行进行接触并研究公司上市的有关问题。若上市成功，将会给公司带来更大发展空间。

（三）行业背景

国务院发展研究中心产业经济研究部、中国汽车工程学会和大众汽车集团（中国）共同编撰的2010年中国汽车产业蓝皮书指出，从2011－2015年的“十二五”规划期间，中国汽车产销增长率保守预计在8.8%左右，到2015年，中国汽车产销量将分别达到2273.76万辆以及2258.47万辆，全球汽车产销中心将向中国转移。由于中高档车配置安装电子防盗系统的比例接近100%，因此中高档车型随着汽车产销高速增长而发展，将直接决定市场对于电子防盗系统的需求变化。根据上海一家专业公司推测：2010年中国汽车产销量在达到1100万辆情况下，市场对汽车电子防盗系统的需求量约为540万套，为2005年的3～4倍。

随着汽车电子防盗系统市场的发展，未来几年市场竞争必将更加激烈，市场格局也将进一步改变。整车市场格局的发展以及各电子防盗系统供应商在价格、品质方面的努力，大公司掌握市场的局面将有所缓解，电子防盗系统市场份额将会进一步均分。

（四）其他说明

由于汽车安防电子产品行业属于一个细分的行业，市场处于的发展阶段，还没有专门的机构统计分析该行业的经济数据和指标，因此我们暂时无法取得行业的各项财务数据来与本企业进行比较。

二、情况分析

（一）主要财务数据比较与分析

【表12－1】是公司近三年的主要财务数据及变动情况表。

表12－1　　2008－2010年主要财务数据及变动情况表

项目	2008年		2009年		2010年		平均增长率
	金额	增长率	金额	增长率	金额	增长率	
一、资产总额	16740.13	4.58%	15301.40	－8.59%	16165.57	5.65%	0.55%
其中：流动资产	14691.09	6.64%	13086.19	－10.92%	13970.08	6.75%	0.82%
非流动资产	2049.04	－8.11%	2215.21	8.11%	2195.48	－0.89%	－0.30%
二、负债总额	8310.19	－7.57%	5645.97	－32.06%	7360.73	30.37%	－3.09%
其中：流动负债	6176.19	－5.20%	4095.97	－33.68%	7360.73	79.71%	13.61%
非流动负债	2134.00	－13.81%	1550.00	－27.37%	-	－100.00%	－47.06%
三、所有者权益总额	8429.94	20.17%	9655.43	14.54%	8804.84	－8.81%	8.63%
其中：实收资本	1944.87	0.00%	1946.21	0.07%	1946.21	0.00%	0.02%
未分配利润	3910.51	56.69%	5134.66	31.30%	4284.06	－16.57%	23.81%
四、营业收入	26884.03	0.88%	27682.17	2.97%	24592.93	－11.16%	－2.44%

续表

其中:出口业务收入	13473.82	-5.24%	12090.15	-10.27%	7492.14	-38.03%	-17.85%
减:营业成本	20115.31	-3.30%	21609.99	7.43%	20745.22	-4.0%	0.04%
其中:出口业务成本	9655.35	-8.99%	9292.30	-3.76%	8090.64	-12.93%	-8.56%
减:营业税费	-		-		-		0.00%
销售费用	1176.72	5.04%	1204.27	2.34%	878.20	-27.08%	-6.57%
管理费用	3223.70	19.23%	2805.83	-12.96%	1728.60	-38.39%	-10.71%
财务费用	301.60	111.52%	321.08	6.46%	670.11	108.71%	75.56%
六、利润总额	2066.05	9.98%	1734.18	-16.06%	553.91	-68.06%	-24.71%
减:所得税	557.83	9.98%	468.23	-16.06%	175.98	-62.42%	-22.83%
七:净利润	1508.22	9.98%	1265.95	-16.06%	377.93	-70.15%	-25.41%
八:现金流量							
经营活动产生的净值	-103.35	-	1347.02	1403.36%	1608.65	19.42%	711.39%
筹资活动产生的净值	-100.16	-	-1436.56	-1334.32%	-766.18	46.67%	-643.83%
投资活动产生的净值	-93.39	-	-358.31	-283.68%	-344.48	3.86%	-139.91%
现金及等价物净增减	-369.02	-	-514.65	-39.46%	352.99	168.59%	64.56%

分析主要的财务数据项目:

1. 资产及其变动分析。从近三年的财务数据情况来看，资产总额基本保持平稳，平均增长率略为上升0.55%;流动资产与非流动资产所占比例也基本稳定，流动资产平均增长率上升0.82%，非流动资产平均增长率下降0.30%。这些说明企业资金流动平稳，没有重大的经营策略改变和投资扩张行为。

2. 负债及其变动分析。从近三年的财务数据情况来看负债总额升降互现、波动剧烈，2009年度下降32.06%，2010年度上升30.37%;流动负债与非流动负债也都发生较大的波动;流动负债平均增长率上升13.61%，非流动负债平均增长率下降47.60%。这些说明企业负债及融资政策或环境在此期间发生了重大变化，需要予以高度关注。如受到金融风暴的影响，2009年公司减少了1200多万元的银行借款，关联方由于出现资金问题，终止了内部长期融资政策;又如2010年随着国家金融和投资政策的调整，公司又增加了930多万元的银行借款，同时关联方继续终止并回收内部长期融资款项等。

3. 所有者权益总额及其变动分析。从近三年的财务数据情况来看，所有者权益总额逐年保持增长，但增长势头有所放缓，增长的原因是这几年的经营均有赢利，而平均增长率为8.63%。从未分配利润项目看到，2010年度增长率为-16.57%，是由于公司股东进行了利润分配，共分配而减少了未分配利润约1230万元。这些说明了公司投资和扩张在下降，投资者开始关注经营风险并获取回报。

4. 营业收入及其变动分析。公司的营业收入主要包括内销和出口两部分。从近三年的财务数据情况来看，营业收入总体上有升有降，三年平均增长率为 -2.44%，第三年降幅较大；而从内外销的结构来看，出口业务下滑明显，三年平均增长率为 -17.85%。这些说明公司的经营业务受到考验行业的市场竞争逐渐激烈、国际市场十分低迷。

5. 期间费用及其变动分析。从近三年数据情况来看，销售费用和管理费用呈下降趋势，三年平均分别下降了 6.57% 和 10.71%；财务费用呈上升趋势，三年平均增长了 75.56%。这种趋势变化在 2010 年度表现尤为突出，当年的销售费用和管理费用分别下降了 27.08% 和 38.39%，财务费用增长了 108.71%。分析原因，一是由于国际金融风暴的影响造成营业收入减少而使得直接费用减少；二是由于原材料等成本的普遍通胀，迫使公司开展大规模的节流运动，大量减少了非必要的费用开支如广告费、门面开拓费和研发费等费用，以避免出现经营亏损；三是由于融资成本的增加，以及出口收汇结汇期的延长，造成财务费用的猝然增加。这些说明在国际金融风暴的影响下公司做了积极地应对工作并取得一定效用，但同时也要看到，所采取的紧缩措施可能会对今后的产品更新和市场发展产生影响。

6. 净利润及其变动分析。从近三年的财务数据情况来看，净利润显逐年下降趋势，三年平均下降了 25.41%。这些从另一个角度说明了公司盈利能力在下降，经营业绩正受到严峻的考验，需要想方设法予以扭转。

7. 现金流量及其变动分析。从各类现金流量近三年的平均增长率比较来看，经营活动的现金净流量在大幅度上升，三年平均增长了 711.39%，投资活动和筹资活动的现金净流量显逐年下降（净流出）趋势。这些说明：公司更加注重现金流的管理与财务风险；但同时也看到，投资活动没有扩大，只是补充了报废的进本生产所需的固定资产（生产机器设备等）和其他资产项目，这对未来的扩大生产形成不利因素。

（二）主要财务指标比较与分析

【表 12-2】是以公司近三年的财务数据为基础计算出来的主要财务比率指标表。

表 12-2　　2008-2010 年主要财务比率指标

项目	分析方法（公式）	公司数据		
		2008 年	2009 年	2010 年
1	2	3	4	5
一、短期偿债能力				
1. 流动比率	流动资产/流动负债	237.87%	319.49%	189.79%
2. 速动比率	速动资产/流动负债	134.17%	176.83%	105.10%
3. 现金比率	（现金 + 有价证券）/流动负债	29.75%	32.29%	22.76%
二、长期偿债能力				
1. 资产负债率	负债总额/资产总额	46.64%	36.90%	45.53%
2. 产权比率	负债总额/所有者权益总额	98.58%	58.47%	83.60%
3. 利息保障倍数	息税前利润/债务利息	13.08	8.60	1.33
4. 有形净值债务率	负债总额/（所有者权益 - 无形资产、递延资产净值）	98.58%	58.47%	83.60%

续表

三、赢利能力				
1.销售净利率	净利润/销售收入	5.61%	4.57%	1.54%
2.毛利率	(销售收入－销售成本)/销售收入	25.18%	21.94%	15.65%
3.总资产净利率	净利润/资产平均总额	9.21%	7.90%	2.40%
4.净资产利润率	净利润/平均所有者权益	19.53%	14.00%	4.09%
5.资本保值增值率	期末所有者权益/期初所有者权益	120.17%	114.54%	91.19%
四、营运能力				
1.营业周期	存货周转天数＋应收账款周转天数	88	90	93
2.存货周转天数	360/(销售成本/平均存货)	50	52	53
3.应收账款周转天数	360/(销售收入/平均应收账款)	38	38	40
4.流动资产周转率	销售收入/平均流动资产	188.87%	199.32%	181.72%
5.固定资产周转率	销售收入/固定资产平均净值	1305.05%	1422.27%	1248.59%
6.总资产周转率	销售收入/资产平均总额	164.19%	172.79%	156.31%
五、现金流量质量				
1.流动负债保障率	经营活动现金净流量/流动负债	－1.67%	32.89%	21.85%
2.总负债保障率	经营活动现金净流量/负债总额	－1.24%	23.86%	21.85%
3.净利润现金保障倍数	经营活动现金净流量/净利润	－6.85%	106.40%	425.64%
4.销售现金比率	经营活动现金净流量/销售收入	－0.38%	4.87%	6.54%
5.总资产现金回收率	经营活动现金净流量/资产总额	－0.62%	8.80%	9.95%

分析主要的财务指标：

1.短期偿债能力指标分析。通过对【表12－2】中数据分析，公司近三年短期偿债能力比较强，财务风险不大，但指标正在转差。下面对公司的短期偿债能力指标中的流动比率和速动比率进行分析。

(1)流动比率的分析。从【表12－2】数据来看，本公司近三年的流动比率指标分别是237.87%、319.49%和189.79%，第一年、第二年的指标远高于经验值，表明公司的短期偿债能力高于社会整体水平，具有很强的偿还到期债务的能力；第三年的指标低于经验值，表明公司偿还到期债务的能力正在减弱，但仍有较强的偿债能力。再结合资产结构情况来看，公司近三年流动资产平均只增长了0.55%，而流动负债却增长了13.61%。流动负债大幅度增加，是影响该指标转差的主要原因，这需要我们高度警惕。

(2)速动比率的分析。从【表12－2】数据来看，本公司近三年的速动比率指标分别是134.17%、176.83%和105.10%，各年指标都高于经验值，表明公司的短期偿债能力高于社会整体水平，财务风险不大。但这也从另一个角度说明了公司的流动资产当中应收款项所占的比率较多，特别是其他应收款项目，其三年数据平均值为3262万元，有过多的资金流出到与经营业务无关的领域，需要我们予以重视。

2. 长期偿债能力指标分析。通过对【表 12－2】中数据分析，公司近三年长期负债比例不大、财务风险不大，但赚取利润的能力在下降。下面对公司的长期偿债能力指标中的资产负债率和利息保障倍数进行分析。

（1）资产负债率的分析。从【表 12－2】数据来看，本公司近三年的资产负债率指标分别是 49.64%36.90% 和 45.53%，表明公司总体的负债比例不大、扩张规模不大、财务风险不大。

（2）利息保障倍数的分析。从【表 12－2】数据来看，本公司近三年的利息保障倍数指标分别是 13.08 倍、8.60 倍和 1.33 倍，从具体数字来看，公司仍具有较强偿付借款利息的能力；但从其趋势来看，在资产总额稳中有升、资产负债率平稳的情况下，该项指标发生锐减，说明公司赚取利润的能力在下降，偿付借款利息的能力迅速减弱并可能恶化。

3. 赢利能力指标分析。通过对【表 12－2】中数据分析，公司近三年无论是与销售额，还是与投资额有关的赢利能力指标都在迅速下滑，反映出经济环境和市场变化的巨大影响。下面就反映公司赢利能力的主要指标即与销售额有关的毛利率、销售净利率和与投资额有关的总资产净利率、净资产利润率，分别进行分析：

（1）与销售额有关的指标分析

A. 毛利率的分析。从【表 12－2】数据来看，公司近三年毛利率都在 15% 以上，产品与服务有一定竞争力，但该指标在迅速下滑，说明整体上正面对着巨大的市场竞争及市场结构压力问题，这是压缩产品与服务赢利空间的主因。这几年，公司在内部挖潜方面做了大量工作，如提高了生产能力水平和加强了成本费用控制等，并取得好成效。但从国内外市场结构来看，在国外由于国际金融风暴影响使得外需市场低迷和萎缩，再加上人民币汇率不断升值，销售额与毛利率同步严重下滑；而国内得益于扩大投资、拉动内需政策的影响，保持了销售稳步增长以及毛利率稳中有升的局面。公司再考虑到经济环境存在众多不确定因素等情况，经营策略也采取了保守和稳健原则，如直销店在减少，投资研发在减少，这可能将会对公司未来的产品竞争力（毛利率水平）带来影响。公司内、外销收入及毛利率情况见【表 12－3】。

表 12－3　　向外销比例及毛利变动表

项目	行次	2008 年	2009 年	2010 年
营业收入	1	26884.03	27682.17	24592.93
其中：出口收入	2	13473.82	12090.15	7492.14
占总收入百分比	3	50.12%	43.67%	30.46%
内销收入	4	13410.21	15592.02	17100.79
占总收入百分比	5	49.88%	56.33%	69.54%
出口毛利率	6	0.28	0.23	－0.08
内销毛利率	7	0.22	0.21	0.26

B. 销售净利率的分析。从【表 12－3】的数据来看公司近三年销售净利率逐年下降，由 2008 年的 5.61% 下降到 2010 年的 1.54%，这需要公司在提升产品竞争力、提高毛利率的同时，需要注意进一步改进经营管理，如加速资金周转、减少在途资金、降低不合理费用等。

(2)与投资额有关的指标分析

A.总资产净利率的分析。从【表12-3】数据来看，公司近三年总资产净利率也是逐年下降，分别是9.21%、7.90%和2.40%，这需要检讨资产结构以及占用量的合理性。可以看出，公司的资产结构中绝大部分是流动资产，三年流动资产平均占有比为86.57%，而生产产品的设备、仪器等固定资产只占12.15%，三年内没有进行较大的生产能力和技术改造的投入与提升，这说明资产占用量分配的合理性存在问题。再看流动资产结构方面，通过资产形态转变获取利润的存货只占19.27%，而流出公司经营体外的其他应收款竟然占去了20.32%，需要赊购材料的预付账款也高达17.32%，这些都影响了企业资产获取利润的能力。

表12-4　　资产结构及其占用比利率　　单位:元

资产	2008年	占资产比	2009年	占资产比	2010年	占资产比	平均占比
流动资产	14691.09	87.76%	13086.19	85.52%	13970.08	86.42%	86.57%
其中:货币资金	1837.20	10.97%	1322.55	8.64%	1675.54	10.36%	9.99%
应收账款	3182.79	19.01%	2682.66	17.53%	2779.20	17.19%	17.91%
预付账款	3147.02	18.80%	2566.89	16.78%	2649.94	16.39%	17.32%
其他应收款	3266.81	19.51%	3237.73	21.16%	3281.15	20.30%	20.32%
存货	3186.82	19.04%	3009.97	19.67%	3088.21	19.10%	19.27%
非流动资产	2049.04	12.24%	2215.21	14.48%	2195.48	13.58%	13.43%
其中:固定资产	1903.93	11.37%	1988.73	13.00%	1950.59	12.07%	12.15%
资产总计	16740.13	100.00%	15301.40	100.00%	16165.57	100.00%	100.00%

B.净资产利润率的分析。从【表12-4】数据来看，公司近三年净资产利润率也是逐年下降，分别是19.53%、14.00%和4.09%。前两年的指标数据是不错的，远高出融资成本及市场收益率的期望值，但2010年的指标数据大幅下滑，严重影响了股东的回报和扩张信心，这是需要高度关注的问题。

4.营运能力指标分析。通过对【表12-4】中数据分析，公司近三年的营运能力指标轻微下滑，主要是销售收入下降造成的，但仍然属于平稳较好的水平。我们对营业周期指标分析，该指标的长短取决于存货周转天数和应收账款周转天数，2010年的营业周期保持在93天，表明公司将购进的原材料生产成产品，然后全部销售出去，再转变成现金所需要的平均天数为93天;对资产的周转率指标分析，它们反映了各类资产的利用效率，在流动资产周转率、固定资产周转率和总资产周转率中，最值得注意的是固定资产周转率指标，2010年为1248.59%，说明公司的固定资产利用效率高，管理水平好。

5.现金流量质量分析。通过对【表12-4】中数据分析，公司近三年的现金流量质量有以下特点:

(1)债务偿还支付能力2008年较差，2009年最好，2010年略好。各年情况是:2008年赊销应收账款和定货付账款金额较大而减少了较多的现金净流量;2009年偿还了大额银行借款和归还了大量赊购应付账款而减少了较多的负债;2010年因融资规模扩大而增加一定负债。

(2)利润分配支付能力逐年增强，这可以通过【表12-4】中的“净利润现金保障倍数”指标的变化情况看出。2010年度该指标大幅异常上升，是由于该年度的净利润下降比较严重而销售款回笼能力在提高所造成。

(3)资产补偿支付能力近两年也在增强，这可以通过【表12－4】中的“总资产现金回收率”指标的变化情况看出。我们对此发现，该指标高于具有基本相同分母的总资产净利润指标，说明公司现金回笼情况较好，经营活动现金净流量高于净利润。

(三)分析评述与结论

根据以上财务数据和指标分析，我们得出以下结论：

1. 通过对资产和负债数据及赢利能力指标等的分析，公司资产流动基本平稳，资产结构相对稳定；但资产结构及占用量存在不合理性，负债信用及融资政策或环境不稳定，都对财务活动产生负面影响。

2. 通过对资产和负债数据、偿债能力指标、营运能力指标及现金流量质量指标等的分析，公司财务活动趋向稳健，危机风险暂不存在；但从其趋势来看，公司赚取利润的能力在下降，偿付借款利息的能力迅速减弱。

3. 通过对资产和成本费用数据、赢利能力及营运能力指标等的分析，公司在内部挖潜、节约成本费用方面取得好成效。但公司在困难的经济环境下，经营策略采取保守和稳健原则，减少了直销店、研发和投资项目，这可能会给未来的竞争带来影响。

4. 通过对营运能力和现金流量质量指标等的分析，公司经营管理水平高，资产利用效率高，经营活动现金回笼好；但其发展趋势在逐步下滑，流动资金利用率仍可提高。

5. 通过对利润表数据、赢利能力和现金流量质量指标等的分析，公司持续增长能力和对投资者回报能力都在减弱，财务比率核心指标——净资产利润率已低于融资成本及市场收益率期望值；但对销售收入和净利润的现金配比能力在增强，体现了财务管理与控制的增强。

6. 通过对利润表数据和其他资料的分析，公司内外销发展趋势不平衡，出口业务下滑明显，并开始出现毛亏；内销业务仍有良好的发展，竞争力也在提升。

概括而言，公司资产流动基本平稳，资产结构需要完善，财务风险程度不高，管制运作能力较强，投资扩张意愿减弱，持续增长能力下滑，出口萎缩业绩转亏，股东回报能力下降。

(四)意见与建议

根据分析结论，我们提出以下建议：

1. 进一步完善资产结构及占用量，检讨对外授信政策与程序，控制预付账款不合理增加；分析检查非经营性资金占用，清理其他应收款的挂账并使其转回经营性用途。

2. 评估公司负债及融资政策，合理平衡股东长期借款和金融机构借款的比例结构与资金成本，并确保融资平台环境的稳定性。

3. 面对金融风暴冲击和国际拉动内需等好坏掺半的市场环境，调整好思路，做好市场布局和产品结构的工作，增加国内市场的发展力度以弥补出口市场的下滑。

4. 在坚持勤俭节约、挖潜增效同时，应该增强信心、树立目标，增加科研投入和市场的建设，提升产品竞争力。

5. 继续保持高效的工作作风和管理水平，进一步做好销货款回笼工作，特别是出口收汇工作，以减少汇率变动的损失。

6. 根据公司未来的发展方向和上市计划，公司虽然在目前困难的市场环境下经营业绩出现退步，但整体上财务状况健全、经营情况良好、管理团队优秀、员工队伍和谐，这些都是公司摆脱困境的保证，公司实现上市目标也是有财务基础的。

案例二：

株洲时代新材料科技股份有限公司的财务分析

一、株洲时代新材料科技股份有限公司有关资料

（一）公司简介

株洲时代新材料科技股份有限公司是湖南省重点高新技术企业，主要从事高分子材料复合改性材料、减振降爆弹性元件和特种涂料及新型绝缘材料三大系列领域的研制开发、生产销售，品种达500多种，主要应用于铁路、城市轨道交通装备行业，并大批量出口至北美、欧洲、香港等地，2002年12月19日该公司在上海证券交易所上市。

（二）会计数据和业务数据摘要

1. 公司2003年利润及其构成见【表12-5】

表12-5 利润表 单位:元

项目	金额
利润总额	39812795
净利润	30677101
主营业额利润	89696061
投资收益	-1214033
营业外收支净额	-18440
营业活动生产的现金流量净额	-33635136
现金及现金等价物增加额	-161931,908

2. 主要会计数据和财务指标见【表12-6】

表12-6 主要财务数据及财务指标

时间 项目	2003年12月31日	2002年12月31日
主营业务收入	206464232	157463933
净利润	30677101	25349554
总资产	494453786	388011420
股东权益	340461445	309764343
每股收益(元/股)	0.36	5.30
每股净资产(元/股)	4.00	3.61
净资产收益率(%)	3.01	8.18

3. 报告期内股东权益变动情况见【表12-7】

表 12－7 股东权益变动情况表

项目	期初数	本期增加	本期减少	期末数
股本	85148000	0	0	85148000
资本公积	186515782	0	0	186515782
盈余公积	11333888	6052513	0	17386401
法定公益金	2916734	2132706	0	5049440
未分配利润	23869939	28544393	8185219	44229113
合计	309784343	36729011	8185210	338328738

（三）业务报告摘要

1. 公司2002年度的经营情况

（1）公司财务状况及经营情况：公司总资产增加27.43%，主要是因为报告年度内固定资产增加所致，股东权益增加9.90%，主要是公司本年度实现利润增加所致；主营业务利润、净利润分别增加23.39%和21.02%，主要是公司培育新的利润增长点，大力开拓市场，是主营业务收入增长所致；现金及现金等价物净增加额减少181.25%，主要是因为公司实施募集资金项目和购买短期国债所致。从上述财务数据看，公司财务状况较好，盈利能力较强，经营比较稳健。

（2）在经营中出现的问题与困难及解决方案：

铁路市场仍是公司目前的主要市场之一，受铁道部宏观调控政策的影响，加上铁路25K车新造计划取消和部分产品降价，对公司实现收入和利润的增长形成较大的冲击。

面对上述影响，公司一方面抓住铁路货车改造量增加和铁路空气弹簧的市场机会，加大了和客户之间的联系，保证了销售计划的完成；另一方面，加大工程塑料制品、新型绝缘制品等铁路外市场产品的开发销售力度，国际市场的开发今年也卓有成效。

钢材、天然橡胶、化工原材料涨价对公司今年的经营造成不利影响。面对今年主要原材料持续涨价的状况，公司采取了积极的应对措施，一是通过建立免税工厂，扩大国际市场的销售，以争取更多的原材料进口配额；二是与客户进行友好协商，从长期合作出发，共同分担原材料涨价的不利因素。

2. 公司投资情况

该公司通过上海证券交易所向社会公众全额配售发行3500万A股，实际募集资金22032.78万元，截至2002年12月31日，本报告期内投入20814.30万元（其中7999.96万元募集资金根据董事会决议购买短期国债），累计投入21839.96万元，剩余192.82万元全部存入银行。

（四）财务报告

1. 审计报告

经湖南省会计师事务所审计并出具了湖南省股审字（2003）第002号无保留意见的审计报告。

2. 会计报表

3. 会计报表附注

（1）公司采用的主要会计政策。

(2)税项

(3)主要项目注释:

应收账款见【表 12－8】

表 12－8　　应收账款及其账龄情况表

账龄	期初数		期末数	
	金额(元)	比例(%)	金额(元)	比例(%)
1 年以内	5808386820	9333	102054044.63	91.7
1 年～2 年	2240510.10	3.62	8241768.77	7.34
2 年～3 年	506060.72	0.82	578449.71	0.52
3 年以上	146641.14	0.23	501297.77	0.44
合计	61871080.22	100	112275560.80	100

②长期投资。长期股权投资;共投资 10951205.20 元,其中对子公司投资 1175928.17 元,对联营企业投资为 9775277.03 元。

③主要固定资产及累计折旧见【表 12－9】。

表 12－9　　固定资产及折旧情况表

项目	期初价值	本期增加	本期减少	期末价值
原值				
房屋及建筑物	33333686	51794388		85128074
机械设备	14360842	35828741	353620	49833963
电子设备	5794617		181146	5613471
累计折旧:				
房屋及建筑物	2543808	1032799		3576607
机械设备	5026209	2268973	77673	7217509
电子设备	2720610	95870	23722	2790758

④关联方交易事项。

二、株洲时代新材料科技股份有限公司财务情况分析

(一)该公司经营业绩基本情况分析

1. 2002 年实现净利润为 2534.96 万元,与 2001 年的 1992.27 万元相比有较大增长,增长 27.24%;销售收入为 1.57 亿元,比 2001 年增长 31.12%。

2. 2003 年在上一年的基础上更上一层楼,净利润为 3067.71 万元,比上年增长 21.02%。

3. 每股税后收益为 0.36 元,比上一年增长 20%,从净利润的角度来看,该公司上了一个台阶。

(二)财务情况分析

1. 资产结构。2002 年公司不合理资金占用项目较少,资产的盈利能力较强,资产结构合理。2002 年与 2001 年相比,2002 年存货出现不合理增长,应收账款出现过快增长,预付货款增长较快。总体来看,流动资产增长慢于主营业务收入增长,并且资产的盈利能力有所提

高。因此与2001年相比，资产结构趋于改善。

2. 偿债能力。从支付能力来看，该公司2002年是有现金支付能力的，从资本结构和资金成本来看，公司增加负债能够给企业带来利润的增加。负债经营可行。

3. 经营协调性。从长期投资和融资情况来看，公司长期投融资活动能为企业提供20906.70万元的营运资本，投融资活动是协调的。从公司经营业务的资金协调情况来看，公司经营业务正常开展需要企业提供13216.05万元的流动资金。而公司投融资活动保证了企业企业经营活动的资金需求，经营业务是协调的。从两期数据来看，企业的资金状况是协调的，各项活动是有资金保证的。

4. 成本分析。2002年主营业务成本为11477.82万元，与2001年的8338.73万元相比有较大增长，增长37.64%。2002年销售费用为2093.85万元，与2001年的1591.76万元相比有较大增长，增长31.54%。2002年销售费用增长的同时，主营业务收入也有较大幅度的增长，并且收入增长快于投入的增长。公司销售活动取得了良好效果。2002年管理费用占销售收入的比例为14.49%，与2001年的16.14%相比变化不大，管理费用与销售收入同步增长，销售利润没有多大变化，管理费用支出正常。

5. 盈利能力。该公司2002年的营业利润率为19.88%，资产报酬率为8.95%，净资产收益率为8.18%，成本费用利润率为23.80%，公司实际投入到自身经营业务的资产为40516.11万元，经营资产的收益率为10.13%，而对外投资的收益率为－11.09%，从企业内外部资产的盈利情况来看，对外投资的收益率小于内部资产收益率，也低于企业负债资金成本水平，表明对外投资的盈利能力偏低，对外投资业务缺乏盈利能力，并且亏损程度加剧。

6. 营运能力。该公司2002年总资产周转次数为0.47次，比2001年周转速度加快，周转天数从899.40天缩短到780.04天，公司在资产规模增长的同时，使主营业务收入有较大幅度增长，表明公司经营业务有较大幅度的扩张，总资产周转速度有较大幅度的提高。

该公司2002年固定资产周转天数为160.80天，2001年为107.73天，2002年比2001年延长53.07天。该公司2002年存货周转天数为254.55天，2001年为136.15天，2002年比2001年延长18.40天。该公司2002年应收账款周转天数为145.49天，2001年为135.73天，2002年比2001年延长9.76天。从存货，应收账款，应付账款三者占用资金数量及其周转速度的关系来看，公司经营活动的资金占用有较大幅度的增加，营运能力明显下降。

7. 现金流量分析。公司通过销售商品，提供劳务所受到的现金为16134.53万元，它是公司当期现金流入的最主要来源，约占公司当期现金流入总额的56.48%。但是，由于公司当期经营业务的现金支出大于现金流入，因此经营业务自身不能实现现金收支平衡，经营活动出现了负的3363.51万元的资金缺口，公司通过增加负债所取得的现金也占不小比重，占公司当期现金流入总额的36.06%，但公司增加的负债仍然不足以偿还已到期的旧债。2002年公司投资活动需要资金17994.10万元；经营活动需要资金3363.51万元，企业经营活动和投资活动均需要投入资金，导致当年企业的现金流量净额为－16193.19万元，2002年从企业外部筹集的资金净额为5164.42万元。

8. 发展潜力。2002年企业新创造的可动用资金总额为3439.40万元。说明在没有外部资金来源的情况下，企业用于投资发展的资金如果不超过这一数额则不会给企业生产经营活动带来不利影响；反之，如果企业的新增投资规模超过这一数据，则在没有其他外部资金来源的情况下，必然占用生产经营活动资金，引起营运资本的减少，将会引起经营活动的资金紧张。在加速企业流动资产周转速度方面，如果使公司流动资产周转速度提高0.05次，则使流动资产占用缩短43.04天，由此而节约资金2434.46万元可用于企业今后发展。

9. 经营风险。该公司2002年盈亏平衡点为11630.37万元。从营业安全水平来看，公司承受销售下降打击的能力较强，经营业务的安全水平较高。从实现利润和负债资金成本的关系来看，公司负债经营的风险较小。

总之，从以上分析可得出结论：公司2002年资本结构较为合理，能够承担一定的经营风险。实现利润主要来自于内部经营业务公司盈利基础比较可靠。在市场份额迅速扩大的同时，营业利润也迅猛增加，但这主要是应收账款的贡献，应当关注应收账款的质量。公司的营运能力下降说明了公司的经营管理存在一定问题。现金流量净增加额也减少，主要是因为公司实施募集资金项目和购买短期国债所致。2002年比上年各项指标呈上升趋势，但应该控制对外投资的规模，提高公司的管理水平，以便能取得更好的经济效益。

复习思考题

1. 情况分财务析报告有哪些类别？
2. 财务情况分析报告的作用？
3. 编写财务情况分析报告的要求是什么？
4. 编写财务情况分析报告的步骤是什么？

参考文献

1. 郝晓雁. 财务报表分析[M]. 北京:中国商业出版社, 2013.
2. 上海国家会计学院. 财务报表分析[M]. 北京:经济科学出版社, 2011.
3. 张新民, 钱爱民. 财务报表分析[M]. 北京:中国人民大学出版社, 2011.
4. 池国华, 王玉红, 徐晶. 财务报表分析[M]. 北京:清华大学出版社;北京交通大学出版社, 2011.
5. 刘婧,何伟奇. 财务报表分析与应用[M]. 北京:中国物资出版社 ,2011.
6. 卢雁影. 财务分析[M]. 武汉:武汉大学出版社, 2011.
7. 孙福明, 章颖薇, 刘谨. 财务报表分析[M]. 北京:清华大学出版社, 2010.
8. 李桂荣. 财务报告分析[M]. 北京:清华大学出版社;北京交通大学出版社, 2010.
9. 张先治, 陈友邦. 财务分析[M]. 大连:东北财经大学出版社, 2010.
10. 朱学义, 李文美, 刘建勇, 朱亮峰. 财务分析教程[M]. 北京:北京大学出版社, 2009.
11. 郭泽光. 财务报告分析[M]. 北京:高等教育出版社, 2007.
12. 黄世忠. 财务报表分析－理论框架方法与案例[M]. 北京:中国财政经济出版社, 2007.
13. 中华人民共和国财政部. 企业会计准则[M]. 北京:经济科学出版社, 2006.
14. 王德发. 财务报表分析[M]. 北京:中国人民大学出版社, 2004.
15. 王华成, 刘俊勇, 孙薇. 企业绩效评价[M]. 北京:中国人民大学出版社, 2004.
16. 谭湘. 财务分析[M]. 广州:暨南大学出版社, 2004.
17. 钱爱民, 吴革. 企业财务报告分析[M]. 北京:中国金融出版社, 2003.
18. 张涛, 文新三. 企业绩效评价研究[M]. 北京:经济科学出版社, 2002.
19. 崔也光. 财务报表分析[M]. 天津:南开大学出版社, 2002.
20. 王淑萍. 财务报告分析[M]. 北京:清华大学出版社, 2002.
21. 余国杰. 高级财务会计[M]. 武汉:武汉大学出版社, 2002.
22. 张金昌. 财务分析与决策[M]. 北京:经济科学出版社, 2002.
23. 卢雁影. 财务分析[M]. 武汉:武汉大学出版社, 2002.
24. 刘株威. 上市公司虚假财务报表识别技术[M]. 北京:经济科学出版社, 2002.
25. [英]圣·普拉斯. 洞察财务报表奥秘[M]. 北京:中国标准出版社, 2001.
26. 李敏. 财务会计报告规范与分析技术[M]. 上海:上海财经出版社, 2001.
27. 金中泉. 财务报表分析[M]. 北京:中国财政经济出版社, 2001.
28. 罗音. 上市公司基础知识与财务报告分析[M]. 北京:中信出版社, 2000.
29. 闫达伍等. 高级会计学[M]. 北京:中国人民大学出版社, 1999.

30. 杜胜利. 企业经营业绩绩评价[M]. 北京:经济科学出版社, 1999.

31. Martin Fridson and Fermando Alvarez. Financial Statement Analysis - A Practitioner´s Guide,3rded.. John Wiley & Sons, Inc.. 2002.

32. Robert C. Higgins. Analysis for Financial Management. The McGraw - Hill Companies, Inc. 2001.

33. Leopold A. Bernstein John J. Wild. Financial Statement Analysis. The McGraw - Hill Companies, Inc. 2000.

34. J. Fred Weston Scott Besley. Essentitals of Managerial Finance. The Dryden Press, 1996.

读者反馈意见

亲爱的读者：

感谢您对《财务报表分析》的支持和热爱，为了今后为您提供更好的服务，请您抽出宝贵的时间来填写下面的意见反馈表，以便我们更好地对本教材做进一步改进，同时如果您在使用本教材的过程中遇到了什么问题，或者有什么好的建议，也请您来信、来电告诉我们。

地址：北京市丰台区科学城南极星大厦108室

电话：010 - 83794590/83794403

电子邮箱：caikai6223@263.net　QQ：649319527　QQ：1694299827

网址：WWW.KFHWH.CN

教材名称：《财务报表分析》

个人资料：

姓名：________年龄：________所在院校/专业________

文化程度：________通讯地址：________

联系电话：________电子信箱：________

您使用本书是作为：□指定教材□选用教材□辅导教材

您对封面设计的满意度：

□很满意□满意□一般□不满意□改进建议________

您对本书印刷质量的满意度：

□很满意□满意□一般□不满意□改进建议________

您对本书的总体满意度：

从语言质量角度看□很满意□满意□一般□不满意□

从科技含量角度看□很满意□满意□一般□不满意□

本书最令您满意的是：

□指导明确□内容充实□讲解详尽□实例丰富

您认为本书在哪些地方应进行修改？（可附页）

____

____

您希望本书在哪些方面可进行改进？（可附页）

____

____